Ελεύθερη Κατάδυση
Η Τεχνική του 2ου Επιπέδου

Από τα 10 στα 20 Μέτρα Βάθος

Ένας πλήρης οδηγός της τεχνικής
του 2ου επιπέδου ελεύθερης κατάδυσης

Γιάννης Δετοράκης

© Detorakis Freediving Books, Athens, Greece (Hellas) 2019

Συγγραφέας: Γιάννης Δετοράκης
Υποβρύχιες Φωτογραφίες: Γιάννης Δετοράκης
Σκίτσα, Πίνακες κλπ: Γιάννης Δετοράκης

Η αναδημοσίευση τμημάτων του βιβλίου επιτρέπεται μόνο για σχολιασμό ή επιστημονικούς λόγους. Είναι υποχρεωτική η αναφορά του τίτλου του βιβλίου, του ονόματος του συγγραφέα και εκδότη και της ημερομηνίας έκδοσης. Οποιαδήποτε αντιγραφή ή χρήση του έργου απαγορεύεται σύμφωνα με τον νόμο, χωρίς την έγγραφη άδεια του εκδότη και συγγραφέα.

ISBN: 978-960-92757-8-1
© Yannis Detorakis
e-mail: detorakis.yannis@gmail.com
web: www.freediving-books.com
Επιμέλεια: © Δώρα Παπαδοπούλου

Περιεχόμενα

Πρόλογος

Η λογική των επιπέδων στην ελεύθερη κατάδυση 9

Η απάντηση σε ένα δίλημμα: μελέτη ενός βιβλίου – οδηγού της τεχνικής και προπόνηση ή μόνο εκπαίδευση; 10

Ο σκοπός του 2^{ου} επιπέδου 11

Το 2° επίπεδο: εισαγωγή στην τεχνική της βαθιάς ελεύθερης κατάδυσης 12

Κεφάλαιο 1

Η Ρύθμιση της Πλευστότητας πριν από Κάθε Κατάδυση 13

1.1. Ο τρόπος εφαρμογής του κανόνα ουδέτερης πλευστότητας (στα δύο-τρίτα του βάθους) στη βαθιά κατάδυση 13

    1. Ο πρακτικός τρόπος υπολογισμού των βαρών με καταδύσεις 13

    2. Ο θεωρητικός τρόπος υπολογισμού των βαρών στην επιφάνεια 14

1.2. Οι ζώνες παρόμοιας πλευστότητας στην περιοχή των 10 με 20 μέτρων βάθους 16

1.3. "Ο κανόνας των δύο-τρίτων" στην βαθιά ελεύθερη κατάδυση: εγγύηση της μέγιστης ασφάλειας αλλά και μεγάλων επιδόσεων 18

    1. Μία απεικόνιση σε σκίτσο των έργων κατάδυσης και ανάδυσης στον "κανόνα των δύο τρίτων" 22

    2. Δοκιμή άλλων τεχνικών ρύθμισης της πλευστότητας και εντοπισμός των προβλημάτων που δημιουργούν 22

Κεφάλαιο 2

Η Προετοιμασία μίας Ελεύθερης Κατάδυσης 25

2.1. Ενεργητική και παθητική χαλάρωση του σώματος 26

    1. Η παθητική σωματική χαλάρωση 26

        - Η τοποθέτηση του σώματος στην επιφάνεια 26

        - Η στήριξη – το κράτημα από τον πλωτήρα, στη διάρκεια της προετοιμασίας 28

    2. Η ενεργητική σωματική χαλάρωση 29

        - Η τεχνική της "φωτεινής και ζεστής μπάρας" που "σκανάρει" το σώμα 30

2.2. Πνευματική παθητική και ενεργητική χαλάρωση (αυτοσυγκέντρωση) 31
    1. Παθητική πνευματική χαλάρωση 31
    2. Ενεργητική πνευματική χαλάρωση 32
        - Οι τεχνικές του εστιασμένου διαλογισμού: το μυστικό όπλο της ελεύθερης κατάδυσης μεγάλων επιδόσεων 33
        - Η τεχνική της εστίασης στην παρατήρηση ενός μικρού ψαριού ή ζωύφιου στην επιφάνεια 33
        - Η τεχνική της εστίασης στην προβολή ενός εικονικού βίντεο της σχεδιαζόμενης κατάδυσης.....33
        - Η τεχνική της εστίασης στην προβολή ενός εικονικού βίντεο ηρεμίας και χαλάρωσης 33

2.3. Η σειρά και η διάρκεια των τεχνικών προετοιμασίας 36
    - Βήμα 1°: Επιλογή του χρόνου διάρκειας κάθε βήματος και συνεννόηση με το ζευγάρι 36
    - Βήμα 2°: Τοποθέτηση του σώματος σε θέση χαλάρωσης – κράτημα από τον πλωτήρα 36
    - Βήμα 3°: Έλεγχος και επαναφορά της αναπνοής σε φυσιολογικό – κανονικό ρυθμό ηρεμίας ...37
    - Βήμα 4°: Σκανάρισμα από την φωτεινή μπάρα (ενεργητική σωματική χαλάρωση) 38
    - Βήμα 5°: Εστίαση στην παρατήρηση ενός μικρού ψαριού ή ζωύφιου στην επιφάνεια 38
    - Βήμα 6°: Εστίαση στην προβολή ενός εικονικού βίντεο της σχεδιαζόμενης κατάδυσης 38
    - Βήμα 7°: Εστίαση στην προβολή ενός εικονικού βίντεο ηρεμίας και χαλάρωσης 38
    - Βήμα 8°: Οι τελικές αναπνοές πριν την κατάδυση 38
        - Ο γενικός κανόνας: διατήρηση μίας φυσιολογικής αναπνοής τα τελικά 10 λεπτά πριν την άπνοια 38
        - Το τελικό λεπτό αναπνοής πριν την άπνοια: ελεύθερη επιλογή αναπνοών από τον δύτη
            1. Τεχνική των πολύ βαθιών – μεγάλων αναπνοών 39
            2. Τεχνική της διατήρησης αναπνοών ηρεμίας (φυσιολογική αναπνοή) 39
            3. Τεχνική των μακρόχρονων εκπνοών 41
    - Βήμα 9°: Η τελική εισπνοή πριν την κατάδυση 41

Κεφάλαιο 3

Οι Κινήσεις της Φάσης Κατάδυσης 43

3.1. Η σειρά των κινήσεων στη φάση κατάδυσης 43

3.2. Εντοπισμός των πιθανών "λαθών" σε κάθε κίνηση και εφαρμογή νέων τεχνικών 2ου επιπέδου 44

3.3. Το βγάλσιμο του αναπνευστήρα από το στόμα 45

3.4. Η εγκατάλειψη της επιφάνειας: Το "σπάσιμο" της μέσης και το γλίστρημα στην κάθετη θέση βύθισης κάτω από την επιφάνεια 46

1. Το σπάσιμο της μέσης – η βουτιά με το κεφάλι και τα χέρια μπροστά και το λύγισμα της μέσης: ανάλυση της κίνησης στο δεύτερο επίπεδο εμπειρίας της τεχνικής 49

2. Το γλίστρημα στην κάθετη θέση βύθισης κάτω από την επιφάνεια 52

3.5. Οι πιθανές κινήσεις που σχετίζονται με τις εξισώσεις στα αυτιά στη φάση της κατάδυσης 61

- Η τοποθέτηση και η κίνηση του χεριού με το οποίο γίνονται οι εξισώσεις 62

- Η υδροδυναμική τοποθέτηση του αγκώνα του χεριού που εξισώνει πάνω στο θώρακα 62

3.6. Η κίνηση των ποδιών και των πτερυγίων σε όλη τη φάση της κατάδυσης 62

1. Η τεχνική της καλής πεδιλιάς 62

- Το άνοιγμα των ποδιών σε 60 μοίρες γωνία 64

- Η αποφυγή του γονατίσματος των ποδιών 64

- Ο παλμός κάμψης των λεπίδων στην συνεχόμενη κίνηση, όπως η φάση κατάδυσης 66

- Η δύναμη – η ένταση της πεδιλιάς 66

2. Οι κινήσεις των πτερυγίων από την μία ζώνη βάθους στην επόμενη, στη φάση κατάδυσης 68

- 1η ζώνη: οι πρώτες δύο – τρεις πολύ δυνατές πεδιλιές της διαφυγής από την επιφάνεια 68

- 2η ζώνη: τα μέτρα με θετική πλευστότητα έως ότου αυτή μηδενιστεί και γίνει ουδέτερη 68

- 3η ζώνη: η διαδρομή μέχρι τον βυθό ή το επιθυμητό βάθος κατάδυσης, στο ένα – τρίτο του βάθους, δηλαδή στην ζώνη της αρνητικής πλευστότητας 69

- Η ανάγκη της χρήσης βαθύμετρου ή υπολογιστή ελεύθερης κατάδυσης 70

3.7. Η υδροδυναμική στάση του σώματος του δύτη στη φάση της κατάδυσης 70

Κεφάλαιο 4

Οι Χειρισμοί Εξίσωσης της Πίεσης στα Αυτιά με την Πίεση Περιβάλλοντος 87

4.1. Οι διαφορές των εξισώσεων ανάμεσα στη ζώνη βάθους 0 - 10 μέτρων και την ζώνη των 10 - 20 μέτρων 87

4.2. Η επιλογή του κατάλληλου χειρισμού εξίσωσης της πίεσης στο 2ο επίπεδο της τεχνικής 91

1. Ο χειρισμός Βαλσάλβα (Valsalva) 91

- Τρόπος εκτέλεσης στο 2ο επίπεδο 91

- Πλεονεκτήματα και μειονεκτήματα της μεθόδου Βαλσάλβα 91

2. Ο χειρισμός Φρένζελ (Frenzel) 94

- Τρόπος εκτέλεσης στο 2ο επίπεδο 94

- Πλεονεκτήματα και μειονεκτήματα της μεθόδου Φρένζελ 94

3. Ο χειρισμός "εκούσιου ανοίγματος των ευσταχιανών" ή "της σύσπασης της μαλακής υπερώας" (VTO – Voluntary Tubal Opening) 96

- Τρόπος εκτέλεσης στο 2ο επίπεδο 96

      1) Άμεση πρόκληση σύσπασης της μαλακής υπερώας 98

      2) Έμμεση πρόκληση σύσπασης της μαλακής υπερώας 98

      - Τα πλεονεκτήματα της τεχνικής 99

      - Τα μειονεκτήματα της τεχνικής 99

4.3. Υποβρύχιες ασκήσεις: καταδύσεις εξάσκησης στις τεχνικές εξίσωσης της πίεσης **102**

      - Ο εντοπισμός των προσωπικών βαθών εξίσωσης 102

      - Η προπόνηση στα εντοπισμένα προσωπικά βάθη εξίσωσης 104

4.4. Η εξίσωση της πίεσης του αέρα μέσα στη μάσκα με την πίεση περιβάλλοντος **105**

Κεφάλαιο 5

Οι Κινήσεις της Φάσης Ανάδυσης 107

5.1. Η παραμονή στον βυθό στην βαθιά ελεύθερη κατάδυση **107**

5.2. Το γενικό προφίλ της ανάδυσης στις βαθιές καταδύσεις **108**

5.3. Τα βήματα της ανάδυσης στην βαθιά ελεύθερη κατάδυση **110**

    1. Αργό γύρισμα του σώματος σε όρθια στάση για ανάδυση 110

    2. Ξεκόλλημα από τον βυθό 110

    3. Οι πεδιλιές της ανάδυσης (στη ζώνη αρνητικής πλευστότητας) 112

    4. Η τελική πεδιλιά (στην ζώνη ουδέτερης πλευστότητας) 116

    5. Ακίνητη στάση του σώματος (ζώνη θετικής πλευσ/τας), στην τελική φάση της ανάδυσης 116

    6. Η τοποθέτηση των χεριών στην ανάδυση: σε θέση χαλάρωσης ή σηκωμένα προς τα πάνω 116

    7. Η ταχύτητα ανάδυσης και η ομαλή αυτόματη εξίσωση της πίεσης στα αυτιά 123

    8. Η εισπνοή του διαστελλόμενου αέρα μέσα από την μάσκα 124

    9. Έλεγχος της επιφάνειας για πιθανά εμπόδια, με μία μικρή περιστροφή του σώματος 124

  10. Συνάντηση και ανταλλαγή βλέμματος με το ζευγάρι αν αυτό έχει καταδυθεί στα 5 μέτρα 126

  11. Τοποθέτηση του αναπνευστήρα υποβρυχίως 126

      - Τεχνική 2^η: ανάδυση με στήριξη στην επιφάνεια, χωρίς τον αναπνευστήρα 130

  12. Άδειασμα του αναπνευστήρα κάτω από την επιφάνεια 130

  13. "Ξάπλωμα"- οριζοντίωση του σώματος σε θέση χαλάρωσης στην επιφάνεια 134

  14. Η πρώτη μεγάλη ανακουφιστική εισπνοή στην επιφάνεια 134

  15. Το σήμα του "OK" ("Είμαι καλά") προς το ζευγάρι 134

  16. Η αναπνοή αμέσως μετά την ανάδυση (Το πρώτο λεπτό αναπνοής) 136

  17. Το τελικό σήμα "OK" προς το ζευγάρι μετά το ένα λεπτό αναπνοής 136

5.4. Τα πιο συνηθισμένα λάθη που γίνονται στις κινήσεις της ανάδυσης **138**

Κεφάλαιο 6

Ο Ρόλος του Ζευγαριού Ασφαλείας στην Βαθιά Ελεύθερη Κατάδυση 145

6.1. Ενέργειες του ζευγαριού πριν την κατάδυση του υποστηριζόμενου ελεύθερου δύτη 145

    1. Κράτημα του χρόνου με το ρολόι για τα βήματα της προετοιμασίας του δύτη 145

    2. Παρακολούθηση της αναπνοής του δύτη στην διάρκεια της χαλάρωσης 145

    3. Παρατήρηση της στάσης του δύτη στην επιφάνεια, εντοπισμός και διόρθωση λαθών 145

    4. Παρατήρηση της περιοχής γύρω τους και προειδοποίηση για πιθανούς κινδύνους 145

6.2. Ενέργειες του ζευγαριού κατά την διάρκεια της κατάδυσης του υποστηριζόμενου δύτη 146

    1. Παρακολούθηση του δύτη από την επιφάνεια ή με κατάδυση σε μικρό βάθος 146

    2. Κατάδυση και συνάντηση με τον δύτη ανάμεσα στα 10 μέτρα και τα 5 μέτρα 150

    3. Συνοδεία του δύτη στην τελική φάση της ανάδυσής του, μέχρι την επιφάνεια 150

    4. Ανταλλαγή του πρώτου "OK" στην επιφάνεια μεταξύ δύτη και ζευγαριού ασφαλείας 150

6.3. Ενέργειες του ζευγαριού αμέσως μετά την ανάδυση του υποστηριζόμενου δύτη 150

    1. Παρακολούθηση της αναπνοής του δύτη για 1 λεπτό, μετά την ανάδυσή του 150

    2. Ανταλλαγή του $2^{ου}$ και τελικού σήματος OK ανάμεσα στον δύτη και το ζευγάρι ασφαλείας 150

Κεφάλαιο 7

Σχεδιασμός του Πλάνου μίας Βαθιάς Ελεύθερης Κατάδυσης, μίας Σειράς Καταδύσεων και μίας Ημερήσιας Εξόρμησης 151

7.1. Το πλάνο μίας βαθιάς ελεύθερης κατάδυσης 151

7.2. Η επιλογή του χρόνου, του διαλείμματος επαναφοράς, ανάμεσα σε δύο καταδύσεις 154

    1. Επιλογή $1^η$: τα 15 λεπτά διαλείμματος 154

    2. Επιλογή $2^η$: τα 10 λεπτά διαλείμματος 154

    3. Επιλογή $3^η$: το διάλειμμα που κρατάει όσο 3 φορές ο χρόνος της άπνοιας που κάναμε 156

7.3. Ο σχεδιασμός – το πλάνο – μίας σειράς από βαθιές ελεύθερες καταδύσεις 159

7.4. Ο σχεδιασμός μίας ημερήσιας εξόρμησης με βαθιές ελεύθερες καταδύσεις 163

Ομάδες αποφοίτων ελεύθερων δυτών 2004 – 2015, των προγραμμάτων Free Diver, Advanced Free Diver και Master Free Diver PADI, που εκπαίδευσε ο συγγραφέας στο καταδυτικό του κέντρο στην Αθήνα.

Πρόλογος

Η λογική των επιπέδων στην ελεύθερη κατάδυση

Η ιδέα να μοιραστούν τα βήματα εκμάθησης της ερασιτεχνικής ελεύθερης κατάδυσης σε τρία ή και περισσότερα επίπεδα, έως το βάθος των τριάντα μέτρων, έχει ένα καθαρά πρακτικό νόημα, αφού κάπου θα έπρεπε να "σπάσουν" τα μέτρα βάθους για να οριστεί εκεί το όριο κάθε επιπέδου της τεχνικής. Έτσι τα όρια κάθε επιπέδου ορίστηκαν από τον κάθε οργανισμό εκπαίδευσης κατ΄αρχή σαν βάθη αποφοίτησης, με την δυνατότητα των υποψήφιων μαθητών να καταδυθούν και λίγο βαθύτερα αν αισθάνονται άνετα στις τελικές καταδύσεις τους. Ο συγγραφέας στα τρία επίπεδα εκπαίδευσης που είχε σχεδιάσει και δίδασκε (2004 – 2016) ως PADI Distinctive Specialties, είχε τοποθετήσει τα όρια στα ίδια βάθη με τα όρια που είχε και ο οργανισμός CMAS από το 2001: στα 8 μέτρα βάθος για το 1° επίπεδο, στα 15 μέτρα βάθος για το 2° επίπεδο και στα 25 μέτρα βάθος για το 3° επίπεδο. Ο οργανισμός PADI στα δικά του προγράμματα εκπαίδευσης, που δημιούργησε από το 2016, έβαλε τα όρια των τριών επιπέδων στα 10 μέτρα βάθος για το 1° επίπεδο, στα 20 μέτρα για το 2° επίπεδο και στα 27 μέτρα βάθος για το 3° επίπεδο.

Ο διαχωρισμός της γνώσης της ελεύθερης στα διάφορα επίπεδα και στα όρια βάθους που έχουν, αντιστοιχεί και σε μία πολύ πραγματική και ουσιαστική κατάσταση εμπειρίας στην ελεύθερη κατάδυση. Στην εκπαίδευση των ερασιτεχνών δυτών παρατηρούνται κάποια πολύ συγκεκριμένα όρια – πρόκληση στην εκμάθηση της τεχνικής τα οποία πρέπει ο ελεύθερος δύτης να ξεπεράσει, μαθαίνοντας και τελειοποιώντας την κατάλληλη τεχνική ελεύθερης κατάδυσης. Για παράδειγμα μία πρώτη "γιγαντιαία" δυσκολία για το άτομο που θα ασχοληθεί για πρώτη φορά με την ελεύθερη κατάδυση είναι να μπορέσει να μάθει να εξισώνει την πίεση στα αυτιά του και να ξεπεράσει αυτό που θα λέγαμε "φράγμα" των 5 – 6 μέτρων βάθους σε ότι αφορά στην επιτυχία της εξίσωσης. Πρόκειται για ένα στάδιο εκμάθησης της τεχνικής που βασανίζει τόσο τον ίδιο τον νέο δύτη όσο και τον εκπαιδευτή του (αν γίνει σε σχολείο – συνήθως στο 1° επίπεδο). Έχω υπολογίσει, με βάση την εμπειρία εκπαίδευσης αρκετών εκατοντάδων ελεύθερων δυτών, ότι χρειάζονται τουλάχιστον 30 καταδύσεις με καθοδήγηση του εκπαιδευτή, από τα 3 έως τα 6 μέτρα, για να "ανοίξουν" τα αυτιά ενός νέου δύτη και οι ευσταχιανές σάλπιγγες να αρχίσουν να "υπακούνε" και να ανοίγουν, αφήνοντας τον αέρα να περάσει στο κάθε μέσο αυτί, στην εξίσωση Βαλσάλβα και να εξισωθούν οι πιέσεις στα αυτιά του. Αν αυτές τις βουτιές τις δοκιμάσει κανείς εκτός εκπαίδευσης στα πλαίσια μιας προπόνησης με το ζευγάρι του θα χρειαστούν πολύ περισσότερες καταδύσεις, οι οποίες φυσικά μπορεί να χρειαστούν εβδομάδες ή και μήνες ατομικής προσπάθειας.

Πρόκειται για ένα στάδιο της τεχνικής της ελεύθερης απόλυτα κρίσιμο και φυσικά απαραίτητο για να συνεχίσει κανείς πραγματοποιώντας καταδύσεις κάτω από τα 6 μέτρα βάθος, χωρίς να "κόβεται", να διακόπτεται, δηλαδή, η βουτιά του από προβλήματα ή αδυναμία εξίσωσης στα αυτιά. Θα λέγαμε ότι αποτελεί από μόνο του αυτό το στάδιο ένα επίπεδο - "προνήπιο" από μόνο του. Είναι μάλιστα πολύ πιθανό να το δούμε μελλοντικά ακόμα και σαν εισαγωγικό επίπεδο ή να ονομαστεί και 1° επίπεδο, με άλλα 3 μετά από αυτό. Τα άτομα που δεν έχουν βουτήξει ποτέ κάτω από 2 – 3 μέτρα βάθος θα χρειαστεί να συμπληρώσουν αυτές τις 30 εκπαιδευτικές βουτιές ή πολύ περισσότερες σε δική τους προπόνηση, ώστε να περάσουν αυτό το πρώτο στάδιο.

Ένα επόμενο όριο βάθους μετά το "φράγμα" των 5 – 6 μέτρων της εξίσωσης έρχεται στα 8 με 10 μέτρα βάθος, όπου ο νέος ελεύθερος δύτης έχοντας διανύσει αρκετά μέτρα ως τον βυθό διαπιστώνει πλέον την εντυπωσιακή μετατροπή της πλευστότητάς του σε αρνητική, μία δύναμη που θα του αντιστέκεται πλέον στην ανάδυσή του, όταν θα καταδύεται σε αυτά τα μέτρα ή και πιο βαθιά. Ο ελεύθερος δύτης λοιπόν που ολοκληρώνει τα απαραίτητα βήματα και "ανακαλύπτει" την τεχνική της ελεύθερης κατάδυσης, ώστε να βουτάει με σχετική άνεση ως τα 8 ή τα 10 μέτρα βάθος, θεωρείται ότι έχει αποκτήσει τις γνώσεις του $1^{ου}$ επιπέδου της τεχνικής.

Η τεχνική του νέου ελεύθερου δύτη – γνώστη ή απόφοιτο εκπαίδευσης του $1^{ου}$ επιπέδου, του επιτρέπει βέβαια να φτάνει στα 8 με 10 μέτρα βάθος, αλλά πολύ σύντομα θα διαπιστώσει και ο ίδιος ότι έχει κενά που τον περιορίζουν τελικά και σε άπνοια και σε βάθος στην βουτιά του. Παράλληλα μετά από αρκετές βουτιές σε αυτά τα μέτρα θα του δημιουργηθούν πολλές νέες απορίες σχετικά με τις δυνατότητες βελτίωσης της τεχνικής του. Πράγματι ένας εκπαιδευτής της ελεύθερης κατάδυσης θα έχει να του μάθει πάρα πολλά νέα στοιχεία της τεχνικής, τα οποία μάλιστα δεν επιτρέπεται να τα δείξει κανείς στον αρχάριο δύτη, όταν κάνει το 1ο επίπεδο, γιατί θα του προκαλούσε περισσότερο άγχος και σύγχυση, (αυτό που στα αγγλικά αποκαλείται "task overloading"), δυσκολεύοντας τελικά την διαδικασία εκμάθησης, με ελάχιστο όφελος, γιατί ο νέος δύτης δεν θα είναι ακόμα σε θέση να εφαρμόσει πιο προχωρημένες τεχνικές στην βουτιά του.

Πρόκειται για την νέα σειρά γνώσεων του $2^{ου}$ επιπέδου της τεχνικής, που καλύπτουν μία πιο προχωρημένη και τελειοποιημένη εκτέλεση όλης της βουτιάς: από τις τεχνικές προετοιμασίας και χαλάρωσης πριν την άπνοια, το "γλίστρημα" εγκατάλειψης της επιφάνειας, την κίνηση των ποδιών και των πτερυγίων στη φάση κατάδυσης, την τελειοποίηση της τεχνικής Βαλσάλβα και την εκμάθηση νέων τεχνικών εξίσωσης, την ρύθμιση της πλευστότητας και φυσικά την τελειοποίηση των κινήσεων για την ανάδυση ως την επιφάνεια και την τεχνική επαναφοράς μετά την ανάδυση, στην επιφάνεια.

Η απάντηση σε ένα δίλημμα: μελέτη ενός βιβλίου – οδηγού της τεχνικής και προπόνηση ή μόνο εκπαίδευση;

Ο ελεύθερος δύτης έχει να επιλέξει ανάμεσα στην συμμετοχή του σε ένα εκπαιδευτικό σχολείο $2^{ου}$ Επιπέδου ή στην προπόνηση και εξάσκηση στη θάλασσα με άλλους ερασιτέχνες ελεύθερους δύτες. Ιδανική επιλογή είναι φυσικά η εκπαίδευση από έναν καλό εκπαιδευτή και με βάση ένα καλά σχεδιασμένο πρόγραμμα ενός οργανισμού. Η εμπειρία μας έχει δείξει ότι η φυσική παρουσία του εκπαιδευτή δίπλα στον δύτη είναι αναντικατάστατη. Ο συνδυασμός και των δύο, δηλαδή του καλού βιβλίου – πρακτικού οδηγού αλλά και της εκπαίδευσης είναι η ιδανική επιλογή: Ας μην ξεχνάμε ότι ο απόφοιτος δύτης του $1^{ου}$ επιπέδου έχει άφθονο χρόνο να εξασκηθεί στις ελεύθερες καταδύσεις με τους φίλους του και να δοκιμάσει πιο προχωρημένες τεχνικές και λίγο μεγαλύτερα βάθη, να δει που φτάνουν τα όρια της άνετης παραμονής του και να του δημιουργηθούν νέες απορίες και αναζητήσεις στην τεχνική, ώστε να φτάσει με άνεση στην επόμενη εκπαίδευση του $2^{ου}$ επιπέδου. Αλλά και μετά από αυτό το σχολείο θα έχει άφθονο χρόνο να δοκιμάσει αναλυτικά στη θάλασσα με τους φίλους του, τις νέες γνώσεις του και να εμπεδώσει όλα όσα διδάχτηκε ή ανακάλυψε μέσα σε ένα καλό βιβλίο – οδηγό της τεχνικής! Έτσι η εκπαίδευση και ένα σωστό βιβλίο – οδηγός της τεχνικής δένουν με ιδανικό τρόπο μεταξύ τους, με όλα όσα έχουν να προσφέρουν για μία εντυπωσιακή εξέλιξη ενός ατόμου στην ελεύθερη κατάδυση!

Ο σκοπός του 2ου επιπέδου

Το πρώτο νέο στοιχείο της τεχνικής το οποίο προκαλεί συνήθως την μεγαλύτερη έκπληξη, σαν νέα γνώση, στον ελεύθερο δύτη που ξεκινάει την εκμάθηση του 2ου επιπέδου, είναι ο νέος τρόπος χαλάρωσης πριν την κατάδυση, που διδάσκεται. Ο υποψήφιος δύτης του 2ου επιπέδου θα εντυπωσιαστεί διαπιστώνοντας ότι αν αφιερώσει περισσότερο χρόνο, μερικά λεπτά δηλαδή, στην προετοιμασία της άπνοιας και δεν βιαστεί, όπως συνηθίζουν όλοι οι νέοι δύτες, να καταδυθεί, θα πετύχει μία πολλαπλάσια διάρκεια της απνοιάς του, τόσο μεγαλύτερη που δεν φανταζόταν ποτέ ότι θα την πετύχαινε τόσο εύκολα και τόσο σύντομα στην εξέλιξη του σαν ελεύθερος δύτης! Θα διαπιστώσει επίσης ότι η δύναμη της συνήθειας θα θέλει να τον παρασύρει να μην χαλαρώνει αρκετή ώρα και ότι χρειάζεται μεγάλη αυτο-πειθαρχία για να πετύχει να αλλάξει την συνήθεια της βουτιάς με σύντομες έως μηδενικές, σε χρόνο, προετοιμασίες, αλλά και να κρατιέται σε στάση χαλάρωσης και ηρεμίας και να μην σπαταλάει ενέργεια στην επιφάνεια με περιττές κινήσεις.

Μία δεύτερη μεγάλη βελτίωση που πετυχαίνουμε στο 2º επίπεδο είναι ότι ο δύτης είναι πλέον έτοιμος, δηλαδή διαθέτει μια μικρή αλλά αρκετή εμπειρία από καταδύσεις, για να διορθώσει την στάση του σώματος του στην κατάδυση, να το φέρει σε πιο κάθετη – υδροδυναμική στάση, αλλά και σε πιο χαλαρή στάση ταυτόχρονα. Για παράδειγμα η κάμψη του κεφαλιού στις 90 μοίρες, στο ύψος του αυχένα, ώστε ο δύτης να βλέπει τον βυθό όσο καταδύεται, είναι κάτι που επιτρέπουμε στον νέο δύτη, για να μην αγχωθεί ή να μην "λοξοδρομήσει" στην πορεία του προς το βυθό, αλλά ο δύτης του 2ου επιπέδου θα χρειαστεί να συνηθίσει με το κεφάλι του σε όρθια, υδροδυναμική, στάση και όχι σε ορθή γωνία με το σώμα, στη φάση κατάδυσης. Η στάση των χεριών έχει επίσης ιδιαίτερη σημασία στην υδροδυναμική κίνηση του δύτη. Στο 2º επίπεδο οι δύτες έχουν κατά κανόνα τα χέρια μπροστά, ακόμα και αν χρειαστεί το ένα χέρι να πηγαινο-έρχεται στην μύτη για τις εξισώσεις Βαλσάλβα ή Φρένζελ. Αντίθετα οι νέοι δύτες στο 1º επίπεδο απλά αφήνουν πίσω τα χέρια τους και κρατάνε το ένα χέρι στη μύτη για τις εξισώσεις Βαλσάλβα.

Ένας τρίτος τομέας με δυνατότητες μεγάλων βελτιώσεων στο 2º επίπεδο είναι η κίνηση των ποδιών και των πτερυγίων στην κατάδυση. Ο δύτης είναι τώρα σε θέση να διδαχτεί και να εφαρμόσει αναλυτικά πολύ πιο τελειοποιημένη την τεχνική των κινήσεων στην κατάδυση και να ανακαλύψει τις δυνατότητες των πτερυγίων και των λεπίδων τους στον παλμό κίνησης που χρειάζονται.

Στο 1º επίπεδο ένας νέος δύτης μαθαίνει να εξισώνει την πίεση στα αυτιά του συνήθως με τον χειρισμό Βαλσάλβα μόνο, αφού δεν επαρκούν κατά κανόνα οι καταδύσεις που έχει κάνει σαν εμπειρία για να του επιτρέψουν να εξοικειωθεί και με πιο προχωρημένες τεχνικές. Δίνεται έμφαση στη σωστή εκτέλεση της εξίσωσης, δηλαδή στην ασφάλεια και στην διατήρηση της καλής υγείας των αυτιών που θα απειλούσαν οι λανθασμένοι χειρισμοί Βαλσάλβα, κυρίως αυτοί που γίνονται με καθυστέρηση ή με υπερβολική δύναμη. Στο 2º επίπεδο ο ελεύθερος δύτης θα προχωρήσει πολύ σημαντικά στο θέμα των χειρισμών εξίσωσης δίνοντας έμφαση σε δύο πράγματα:

1) Στην εκτέλεση των χειρισμών εξίσωσης με τέτοιο τρόπο ώστε πέρα από την ασφάλεια και την καλή υγεία των αυτιών του να εξασφαλίζει την λιγότερη δυνατή διατάραξη της ηρεμίας και της χαλάρωσης, αυξάνοντας σημαντικά την άπνοια του και
2) Την εκμάθηση και άλλων τεχνικών εξίσωσης, όπως ο χειρισμός Φρένζελ και οι παραλλαγές του, για παράδειγμα ο χειρισμός Φρένζελ με το στόμα γεμάτο αέρα στις πιο βαθιές καταδύσεις ("Frenzel Mouth-fill"). Ιδανικός στόχος, αν καταφέρει να φτάσει σε αυτόν ένα άτομο στο 2º επίπεδο, ανάλογα με την ευκολία που θα δει ότι έχει στην εκτέλεση του, είναι ο χειρισμός

Εκούσιου Ανοίγματος των Ευσταχιανών (VTO – Voluntary Tube Opening), η πιο προχωρημένη τεχνική εξίσωσης που προσπαθούμε να διδάξουμε κυρίως στο 3º επίπεδο, λόγω της ιδιαίτερης εμπειρίας που απαιτεί να έχει ο δύτης στην ελεύθερη κατάδυση.

Το 2º επίπεδο ανεβάζει γενικά σε γνώσεις τεχνικής τον δύτη τόσο εντυπωσιακά, σε σχέση με το 1º επίπεδο, ώστε κάνει την διαφορά τους να φαίνεται σαν κάτι μεταξύ του Δημοτικού σχολείου και του Γυμνάσιου. Στηριζόμαστε φυσικά σε μία πολλή καλή βάση τεχνικής που απέκτησε στο 1º επίπεδο και έχει ήδη φέρει τον δύτη στα 8 με 10 μέτρα βάθος, ώστε με τις νέες βελτιώσεις σε όλο το περιεχόμενο της τεχνικής του να βρεθεί και πάλι να βουτάει άνετα μέχρι τα 15, 18 ακόμα και τα 20 μέτρα βάθος, με μία πολύ καλή εκτέλεση της κάθε άπνοιας, χωρίς λάθη και παραλήψεις.

Το 2º επίπεδο: εισαγωγή στην τεχνική της βαθιάς ελεύθερης κατάδυσης

Η τεχνική του 2^{ου} επιπέδου θα επιτρέψει, όπως τονίσαμε, στον ελεύθερο δύτη να καταδύεται με άνεση μέχρι τα 15 ή και τα 20 μέτρα βάθος. Αυτή ακριβώς η περιοχή, η ζώνη βαθών, όπως λέμε στη γλώσσα της ελεύθερης, αποτελεί και το όριο της βαθιάς ελεύθερης κατάδυσης. Δηλαδή αν τοποθετήσουμε την αρχή αυτών των καταδύσεων που θεωρούμε ως βαθιές ελεύθερες καταδύσεις για τον ερασιτέχνη στα 18 μέτρα βάθος (ένα γενικά αποδεκτό όριο της βαθιάς ελεύθερης), τότε το 2º επίπεδο το φτάνει και ίσως το ξεπερνάει και λίγο αυτό το όριο, βάζοντας τον απόφοιτο ελεύθερο δύτη ουσιαστικά μέσα στην ζώνη της βαθιάς ελεύθερης κατάδυσης, έστω και αν είναι μόνο η αρχή της, από τα 18 μέτρα και κάτω. Τονίζουμε το θέμα του βάθους διότι είναι μία πολύ σοβαρή κατάκτηση για τον ελεύθερο δύτη, η οποία παράλληλα τον επιβαρύνει με νέες ευθύνες ιδιαίτερης προσοχής και πιστής εφαρμογής όλων των κανόνων ασφαλείας.

Στην βαθιά ελεύθερη κατάδυση δεν αστειευόμαστε με κανένα μέτρο ασφάλειας. Εκεί κάθε κανόνας και κάθε συνιστώμενη τεχνική γίνονται υποχρεωτικά βήματα και οι παραβιάσεις απαγορεύονται. Η ασφάλεια του δύτη μπαίνει σε πρώτη προτεραιότητα στην βαθιά κατάδυση. Η καλή επίδοση και η ψυχαγωγία γίνονται δευτερεύοντα θέματα, αλλά είναι αυτονόητο ότι ένας καλός δύτης στα θέματα ασφάλειας θα απολαύσει παράλληλα και τις άπνοιές του, ενώ το λιγότερο άγχος και η αίσθηση ασφάλειας και εμπιστοσύνης στις δυνάμεις του, θα του επιτρέψουν και καλύτερες επιδόσεις.

Για τον μέσο άνθρωπο τα 18 μέτρα, της έναρξης της ζώνης της βαθιάς ελεύθερης κατάδυσης, ίσως να μην ακούγονται σαν ένα εντυπωσιακό νούμερο, ωστόσο ο καθένας θα αλλάξει αμέσως γνώμη αν του ζητήσετε να κοιτάξει από τον δρόμο ένα κτίριο 10 ορόφων από πάνω του, που θα έχει περίπου ένα ύψος 18 μέτρων! Ένας δύτης λοιπόν που "κατεβαίνει" με άνεση και "ξανα-ανεβαίνει" αυτούς τους 10 ορόφους ως την επιφάνεια, έχει ήδη αναπτύξει μία εξαιρετική τεχνική και μια αξιοζήλευτη υδροβιότητα στην ελεύθερη κατάδυση. Αυτός είναι ο ελεύθερος δύτης του 2^{ου} επιπέδου της τεχνικής, της ελεύθερης κατάδυσης!

ΚΕΦΑΛΑΙΟ 1

Η Ρύθμιση της Πλευστότητας πριν από Κάθε Κατάδυση

1.1. Ο τρόπος εφαρμογής του κανόνα ουδέτερης πλευστότητας (στα δύο - τρίτα του βάθους) στη βαθιά κατάδυση.

Οι καταδύσεις του $2^{ου}$ επιπέδου μπορεί να είναι κοντά στο "επίσημο" όριο της βαθιάς ελεύθερης κατάδυσης, δηλαδή τα 18 μέτρα βάθος ή και να το ξεπερνάνε. Ένα βασικό μέτρο ασφάλειας στις βαθιές καταδύσεις είναι η πιστή εφαρμογή του "Κανόνα των Δύο-Τρίτων" στη ρύθμιση της πλευστότητας. Ο ελεύθερος δύτης χρησιμοποιεί πλέον κάθε του κατάδυση κάτω από το βάθος των 10 μέτρων, σε μία προσπάθεια ακόμα καλύτερης εξοικείωσης με τις αλλαγές της πλευστότητας στην βαθιά ζώνη και στην διαπίστωση ότι έχει ρυθμίσει σωστά τα βάρη του, παρακολουθώντας το πως αλλάζει σταδιακά η πλευστότητά του, όσο αυξάνεται το βάθος.

Ο "Κανόνας των Δύο-Τρίτων του Βάθους Κατάδυσης" ή "Κανόνας της Ουδέτερης Πλευστότητας", όπως λέγεται, ορίζει, όπως γνωρίζουμε από το 1° επίπεδο, ότι ο ελεύθερος δύτης ρυθμίζει τα βάρη στη ζώνη του στον αριθμό που απαιτείται, ώστε όταν φτάσει στα δύο-τρίτα του βάθους στο οποίο σκοπεύει να καταδυθεί, εκεί να έχει ουδέτερη πλευστότητα. Αν δηλαδή καταδυθεί ένας δύτης με στόχο να φτάσει στα 10 μέτρα βάθος, τότε στα 2/3 του βάθους αυτού, που είναι τα 10 μέτρα, θα πρέπει η πλευστότητα του να είναι ουδέτερη.

Ο κανόνας ισχύει φυσικά μόνο όταν ο δύτης χρησιμοποιεί στολή υγρού τύπου, όπου το νεοπρέν της στολής συμπιέζεται και οι φυσαλίδες αζώτου στο εσωτερικό του μικραίνουν σε όγκο από την αύξηση της πίεσης, ανάλογα με το βάθος, προκαλώντας αντίστοιχη μείωση στην άνωση που ασκεί η στολή συνολικά στον δύτη. Το γυμνό ανθρώπινο σώμα δεν έχει τόσο έντονες αλλαγές πλευστότητας στην ελεύθερη κατάδυση, συνήθως, με την συμπίεση των πνευμόνων, εμφανίζει ουδέτερη πλευστότητα στα 11 με 12 μέτρα βάθος και για αυτό δεν χρειάζεται καθόλου ζώνη με βάρη στις καταδύσεις κάτω από τα 15 μέτρα βάθος.

Η ρύθμιση της πλευστότητας σε ουδέτερη στο βάθος των 2/3, μπορεί να γίνει είτε πρακτικά με καταδύσεις στο συγκεκριμένο βάθος και τσεκάρισμα της πλευστότητας, έως ότου πετύχει ο δύτης την ουδέτερη πλευστότητα, είτε με θεωρητικό υπολογισμό και τοποθέτηση του σωστού αριθμού βαρών στη ζώνη πριν γίνει οποιαδήποτε βουτιά.

1. Ο πρακτικός τρόπος υπολογισμού των βαρών με καταδύσεις.

Στον πρώτο τρόπο έχουμε μία καθαρά πρακτική μέθοδο όπου αν για παράδειγμα η τελευταία βουτιά του ατόμου έγινε στα 12 μέτρα βάθος, με ουδέτερη πλευστότητα στα 2/3 θα είχε ουδέτερη στα 2/3 x 12 = 8 μέτρα βάθος. Αν τώρα θέλει ο δύτης να καταδυθεί βαθύτερα για παράδειγμα στα 18 μέτρα βάθος, τότε θα χρειαστεί να έχει ουδέτερη πλευστότητα στα 2/3 x 18 = 12 μέτρα βάθος. Αυτό πρακτικά σημαίνει ότι για να "μετακινηθεί' η ουδέτερη πλευστότητα σε μεγαλύτερο βάθος, από τα 8 στα 12 μέτρα, θα χρειαστεί ο δύτης να "ελαφρύνει" λίγο και να έχει θετική πλευστότητα όχι μέχρι τα 8, αλλά μέχρι τα 12 μέτρα, επομένως θα πρέπει να αφαιρέσει βάρος από τη ζώνη του, αυξάνοντας την διαδρομή της θετικής πλευστότητας έως τα 12 μέτρα βάθος. Πρακτικά αυτό σημαίνει περίπου ένα κιλό βάρος. Την πρώτη δοκιμή λοιπόν την κάνει ο δύτης με μία κατάδυση στα 12 μέτρα, έχοντας αφαιρέσει ένα κιλό από την ζώνη του: εκεί κάνει τον γνωστό έλεγχο αν έχει ουδέτερη πλευστότητα, αφήνοντας το σώμα του να αιωρηθεί σε οριζόντια στάση. Αν παραμένει σε αιώρηση έχει πετύχει την ουδέτερη και τα βάρη του είναι σωστά πλέον για καταδύσεις στα 18 μέτρα βάθος. Αν βυθίζεται θα χρειαστεί να αφαιρέσει κι άλλο βάρος, όπως ένα μισόκιλο βάρος. Αν το σώμα του κινηθεί προς την επιφάνεια θα πρέπει να προσθέσει ένα μισόκιλο βάρος.

2. Ο θεωρητικός τρόπος υπολογισμού των βαρών στην επιφάνεια.

Στον θεωρητικό τρόπο υπολογισμού και ρύθμισης της πλευστότητας χρησιμοποιούμε έναν απλό τύπο και ο αριθμός των βαρών στη ζώνη βγαίνει αυτόματα, αρκεί να γνωρίζουμε την ουδέτερη σε κάποιο άλλο βάθος, όπου έχει ήδη καταδυθεί ο δύτης και είχε ρυθμίσει εκεί σε ουδέτερη την πλευστότητά του. Ο τελικός μαθηματικός τύπος είναι ο εξής:

Βάρη νέας κατάδυσης (Β2) = Βάρη γνωστής κατάδυσης (Β1) x Πίεση βάθους ουδέτερης γνωστής βουτιάς (Π1) / Πίεση βάθους ουδέτερης νέας βουτιάς (Π2)

Β2 = Β1 x Π1/Π2

Αν πάρουμε σαν παράδειγμα ότι ένας ελεύθερος δύτης βούταγε με 5 κιλά βάρη στα 12 μέτρα και τώρα θέλει να καταδυθεί στα 18 μέτρα, τότε σύμφωνα με τον τύπο θα είναι:

Β1 (τα βάρη της γνωστής βουτιάς) = 5 m

Ουδέτερη πλευστότητα ο δύτης θα είχε στα 2/3 των 12 μέτρων δηλαδή στα 8 μέτρα βάθος. Επομένως:

Π1 (η πίεση στο βάθος ουδέτερης της γνωστής βουτιάς, δηλαδή τα 8 μέτρα) = 1,8 atm και

Στην νέα κατάδυση το βάθος ουδέτερης θα είναι τα 2/3 των 18 μέτρων δηλαδή τα 12 μέτρα. Επομένως:

Π2 (η πίεση στο βάθος ουδέτερης της νέας βουτιάς, δηλαδή στα 12 μέτρα) = 2,2 atm

Ο τύπος θα μας δώσει τον ακριβή αριθμό βαρών:

Β2 = Β1 x Π1/Π2 = 5 x 1,8/2,2 = 4,1 δηλαδή περίπου 4 κιλά βάρη

Αυτός ο υπολογισμός πρακτικά σημαίνει ότι αρκεί ο δύτης να αφαιρέσει ένα κιλό βάρος από την ζώνη του και θα είναι έτοιμος, με σωστά ρυθμισμένη την πλευστότητα του, για να καταδυθεί στα 18 μέτρα βάθος.

Υπολογισμός χωρίς τον τύπο, με βάση την άνωση στην επιφάνεια.

Στον θεωρητικό τρόπο, αν δεν θέλει κάποιος να θυμάται τον μαθηματικό τύπο, μπορεί απλά να θυμηθεί πως προκύπτει ο τύπος και να κάνει τον ίδιο υπολογισμό με λογικά βήματα. Δηλαδή:

Θέλουμε να βρούμε πόση άνωση έχει ο δύτης στην επιφάνεια (σε κιλά). Αν γνωρίζουμε μία πρώην βουτιά του θα το υπολογίσουμε εύκολα. Αν δηλαδή βούταγε στα 12 μέτρα με 5 κιλά βάρη, τότε θα είχε φτιάξει ουδέτερη την πλευστότητά του στα 8 μέτρα (στα 2/3 των 12 μέτρων).

Έλεγχος για ουδέτερη πλευστότητα καθώς ο δύτης διασχίζει το βάθος της ουδέτερης:

Ο έμπειρος δύτης ελέγχει πρακτικά την πλευστότητά του μηδενίζοντας την ταχύτητά του στο βάθος όπου θέλει να δει αν έχει πράγματι ουδέτερη πλευστότητα, παρακολουθώντας το βάθος με ακρίβεια στον υπολογιστή του, στο χέρι. Εκεί όπως θα σταματήσει, σε κάθετη θέση (αν και σε οριζόντια θέση είναι πιο εύκολο), θα διαπιστώσει αν χρειάζεται να κάνει κάποια διόρθωση στα βάρη του. Με άλλα λόγια θα δει αν μένει σε αιώρηση ή αν έχει θετική ή αν έχει αρνητική πλευστότητα, οπότε θα πρέπει να διορθώσει τα βάρη στη ζώνη του.

Αυτό σημαίνει ότι στα 8 μέτρα βάθος το σώμα του μαζί με την στολή που φοράει θα είχε άνωση 5 κιλά, μείον τα 5 κιλά της ζώνης ίσον μηδέν άνωση (ουδέτερη πλευστότητα). Τα 5 κιλά άνωση στα 8 μέτρα αν τα πολλαπλασιάσουμε με την πίεση στα 8 μέτρα θα μας δώσουν την άνωση που έχει ο δύτης στην επιφάνεια: 5 x 1,8 = 9 κιλά άνωση.

Κάναμε το πρώτο σημαντικό βήμα υπολογίζοντας, από μία γνωστή κατάδυση, πόση άνωση έχει ο δύτης (το σώμα του μαζί με την στολή που φοράει) στην επιφάνεια. Τώρα που γνωρίζουμε πόση άνωση έχει ο δύτης στην επιφάνεια μπορούμε να βρούμε για όλα τα βάθη που θα ήθελε να καταδυθεί πόσα βάρη θα πρέπει να βάλει στην ζώνη του. Αρκεί να διαιρέσουμε την άνωση επιφάνειας με την πίεση περιβάλλοντος στο βάθος ουδέτερης πλευστότητας της νέας κατάδυσης.

Αν για παράδειγμα επιθυμεί να συνεχίσει με βουτιές στα 18 μέτρα βάθος, εκεί θα χρειαστεί ουδέτερη πλευστότητα στα 12 μέτρα. Η πίεση στα 12 μέτρα βάθος είναι 2,2 atm επομένως διαιρώντας την άνωση επιφάνειας (9 κιλά) με την πίεση στα 12 μέτρα (2,2 atm), θα έχουμε την άνωση στο βάθος ουδέτερης, δηλαδή θα είναι:

9/2,2 = 4,1 (περίπου 4 κιλά). Άρα ο δύτης θα χρειαστεί 4 κιλά στη ζώνη του για να εξουδετερώσει τα 4 κιλά άνωσης στα 12 μέτρα βάθος και να έχει εκεί ουδέτερη πλευστότητα.

Μπορούμε να δούμε ένα ακόμα παράδειγμα με αντίστροφη ρύθμιση αυτή τη φορά, όπου ένα άτομο που καταδυόταν με 3 κιλά στη ζώνη του στα 20 μέτρα αποφασίζει να συνεχίσει πιο ρηχά στα 14 μέτρα βάθος. Πόσα βάρη θα πρέπει να προσθέσει στη ζώνη του;

Στις καταδύσεις του στα 20 μέτρα θα είχε ουδέτερη στα 2/3 των 20 μέτρων δηλαδή στα 13 περίπου μέτρα με πίεση εκεί 2,3 atm. Επομένως θα είχε ο δύτης 3 κιλά άνωση σε πίεση 2,3 atm, άρα 3 x 2,3 = 6,9 δηλαδή περίπου 7 κιλά άνωση στην επιφάνεια. Για τα 14 μέτρα θα χρειαστεί ουδέτερη στα 9 περίπου μέτρα όπου η πίεση είναι 1,9 atm. Άρα 7/1,9 = 3,7 κιλά βάρη στη ζώνη. Επομένως ο δύτης θα πρέπει να προσθέσει μισό με ένα κιλό βάρος στη ζώνη του για να συνεχίσει με ελεύθερες καταδύσεις στα 14 μέτρα βάθος!

1.2. Οι ζώνες παρόμοιας πλευστότητας στην περιοχή των 10 με 20 μέτρων βάθους.

Ένας νέος ελεύθερος δύτης που καταδύεται μέχρι τα 10 μέτρα βάθος έχει έρθει ήδη σε επαφή με αυτό που ονομάζουμε ζώνες παρόμοιας πλευστότητας στην ελεύθερη κατάδυση. Ο νέος δύτης γνωρίζει την αίσθηση της πολύ ισχυρής άνωσης στα πρώτα μέτρα της βουτιάς του, όπως και την αίσθηση μίας σταθερά ουδέτερης έως ελάχιστα αρνητικής πλευστότητας στα 7 με 10 μέτρα βάθος όπου τελειώνει τις καταδύσεις του.

Οι ζώνες πλευστότητας έως τα 20 μέτρα βάθος και το αυξανόμενο φάρδος τους στα βαθιά.

Ένας δύτης με ρυθμισμένη την ουδέτερη πλευστότητά του στα 13 μέτρα για να καταδύεται στα 20 μέτρα (σύμφωνα με τον κανόνα των 2/3) θα συναντήσει περίπου 4 στενές ζώνες αλλαγής της πλευστότητάς του έως τα 10 μέτρα, ενώ στη συνέχεια η πλευστότητα του θα παραμείνει για μερικά μέτρα ουδέτερη και μετά θα αλλάξει μόνο 2 φορές έως τα 20 μέτρα. Βλέπουμε το χαρακτηριστικά μεγάλο φάρδος που έχουν οι ζώνες όμοιας – σταθερής – πλευστότητας στην βαθιά ζώνη, από τα 10 έως τα 20 μέτρα βάθος.

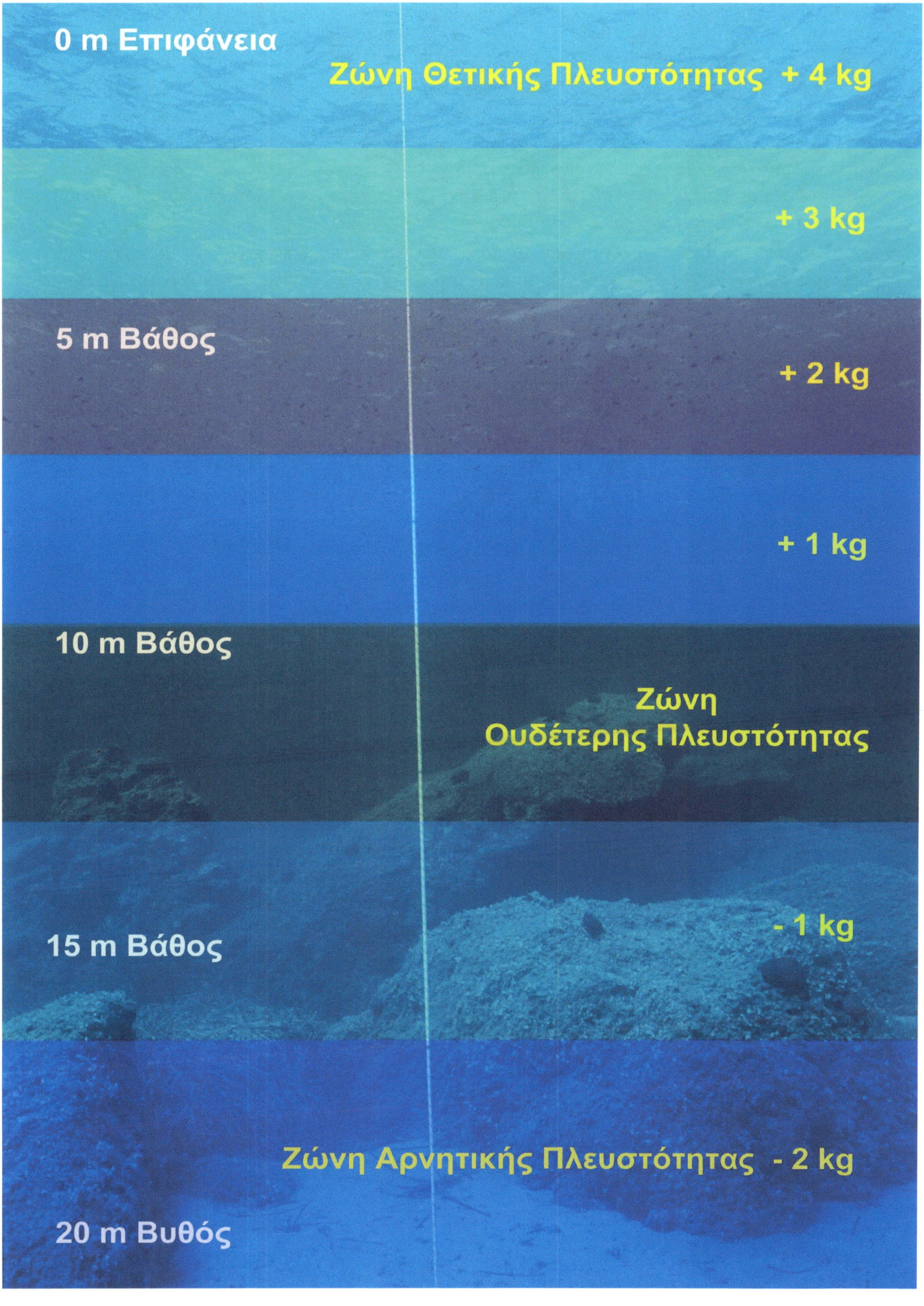

0 m Επιφάνεια

Ζώνη Θετικής Πλευστότητας + 4 kg

+ 3 kg

5 m Βάθος

+ 2 kg

+ 1 kg

10 m Βάθος

Ζώνη Ουδέτερης Πλευστότητας

− 1 kg

15 m Βάθος

Ζώνη Αρνητικής Πλευστότητας − 2 kg

20 m Βυθός

Στην βαθιά κατάδυση ο δύτης του 2ου επιπέδου θα διαπιστώσει ότι ανάμεσα στα 10 και στα 20 μέτρα, στον κάθετο άξονα του βάθους δηλαδή, η πλευστότητα παραμένει ίδια επί αρκετά μέτρα και δεν εμφανίζονται οι δραματικές αλλαγές της ζώνης των πρώτων δέκα μέτρων βάθους. Έτσι μετά τα 10 μέτρα η πλευστότητα μπορεί να παραμείνει λίγο αρνητική μέχρι τα 14 σχεδόν μέτρα. Αν ο δύτης κινηθεί μέσα σε αυτή τη ζώνη σταθερής σχεδόν πλευστότητας δεν θα έχει να ανησυχεί για κάποια απότομη αύξηση ή γενικά μεταβολή της αρνητικής του πλευστότητας.

Ανάλογα με το άτομο, τη στολή και τα βάρη που φοράει, το φαινόμενο επαναλαμβάνεται σε διαφορετικά βάθη, καθώς ο δύτης αλλάζει τα βάρη στη ζώνη του για να βουτήξει σε διαφορετικά βάθη. Έτσι με ουδέτερη πλευστότητα στα 14 μέτρα θα διαπιστώσουμε ότι η ουδέτερη εδώ έχει ζώνη με βάθη και όχι ένα οριακό βάθος, δηλαδή αρχίζει να είναι ουδέτερη στα 13 μέτρα, παραμένει ουδέτερη στα 14 όπου την ρυθμίσαμε έτσι αλλά συνεχίζει να είναι ουδέτερη και στα 15 και στα 16 μέτρα, φτιάχνοντας δηλαδή μία ολόκληρη ζώνη ουδέτερης πλευστότητας από τα 13 έως τα 16 μέτρα. Το ίδιο και μετά θα είναι λίγο αρνητική στα 18 αλλά δεν θα αλλάξει έως τα 19 - 20 μέτρα παραμένοντας η ίδια – δηλαδή λίγο αρνητική.

Η αιτία του φαινομένου των ζωνών όμοιας πλευστότητας είναι οι μικρότερες μεταβολές της πίεσης ανά μέτρο βάθους, ανάμεσα στα 10 με 20 μέτρα βάθους. Αυτό σημαίνει λιγότερη συμπίεση του νεοπρέν και των πνευμόνων του δύτη και τελικά μεταβάλει λιγότερο απότομα την άνωση και συνεπώς την πλευστότητά του. Για τον ίδιο λόγο όπως θα δούμε και οι εξισώσεις στα αυτιά είναι πολύ πιο εύκολες στη ζώνη των 10 με 20 μέτρων, σε σχέση πάντα με τα πρώτα 10 μέτρα βάθους.

Για παράδειγμα όταν ο ελεύθερος δύτης μετακινηθεί από τα 6 στα 10 μέτρα βάθος, η πίεση αλλάζει από 1,6 σε 2 atm, δηλαδή αυξάνεται 20%. Όταν ο δύτης μετακινηθεί από τα 16 μέτρα στα 20 μέτρα βάθος, η πίεση αλλάζει από 2,6 σε 3 atm, δηλαδή αυξάνεται κατά 13% μόνο, σχεδόν το μισό, που σημαίνει μία πολύ πιο ομαλή μεταβολή στην βαθιά ζώνη.

1.3. "Ο κανόνας των δύο-τρίτων" στην βαθιά ελεύθερη κατάδυση: εγγύηση της μέγιστης ασφάλειας αλλά και μεγάλων επιδόσεων.

Η ρύθμιση της πλευστότητας ώστε να είναι ουδέτερη στα δύο-τρίτα του βάθους της κατάδυσης εξασφαλίζει στον ελεύθερο δύτη μία άνετη ανάδυση σχεδόν στο σύνολό της: Αν για παράδειγμα έχει φτάσει ο δύτης στα 15 μέτρα βάθος, τότε η πλευστότητά του θα είναι ρυθμισμένη σε ουδέτερη στα 10 μέτρα. Στη συνέχεια θα γίνεται λίγο αρνητική στα 11 με 13 μέτρα και λίγο περισσότερο αρνητική στα 14 με 15 μέτρα βάθος. Πρακτικά αυτό σημαίνει μία εύκολη κίνηση του δύτη, από τα 15 έως τα 10 μέτρα της ουδέτερης, χωρίς ιδιαίτερη δυσκολία, παρά την μικρή δύναμη, δηλαδή, που θα τον τραβάει προς τον βυθό και θα αντιστέκεται στην ανάδυσή του.

Δύο – τρεις χαλαρές πεδιλιές είναι αρκετές να σηκώσουν το δύτη από τον βυθό και το βάθος της λίγο αρνητικής πλευστότητας έως το βάθος της ουδέτερης. Αυτό συμβαίνει για δύο λόγους:

1) Το μήκος της διαδρομής της ανάδυσης με αρνητική πλευστότητα θα είναι πάντοτε σχετικά μικρό, εφόσον το ρυθμίζουμε στο ένα-τρίτο του συνολικού βάθους. Επομένως η πρώτη διαδρομή της ανάδυσης που επιβαρύνεται με αρνητική πλευστότητα και αντίσταση στην ανάδυση του δύτη, θα είναι πάντα σχετικά μικρή, με λίγα μόνο μέτρα κάθετης ανάδυσης, που τελικά είναι εύκολη υπόθεση για έναν έμπειρο δύτη να τα διανύσει με χαλαρές πεδιλιές, με ήρεμες κινήσεις των πτερυγίων, κάνοντας μία ελάχιστη προσπάθεια.

Ο έμπειρος δύτης μπορεί κάθε στιγμή να σταματήσει τις πεδιλιές και με τον υπολογιστή ή με ένα βαθύμετρο, στο χέρι του, να τσεκάρει για 2 – 3 δευτερόλεπτα, τι πλευστότητα έχει στο συγκεκριμένο βάθος. Συνήθως το τσεκάρισμα γίνεται στο βάθος που θέλει να έχει ουδέτερη πλευστότητα, όπου και θα μείνει αιωρούμενος, αν έχει πετύχει να φορέσει τα σωστά βάρη.

2) Η αρνητική πλευστότητα μέσα σε αυτό το μικρό πρακτικά μήκος του ενός-τρίτου του συνολικού βάθους κατάδυσης δεν προλαβαίνει ποτέ να γίνει πολύ αρνητική. Αν για παράδειγμα ο δύτης είχε φτιάξει την ουδέτερη πλευστότητά του στο μισό βάθος, υπερφορτώνοντας την ζώνη του με βάρη, τότε στα 15 μέτρα βάθος θα είχε να αναδυθεί από τα 15 έως και τα 7 – 8 μέτρα με αρνητική πλευστότητα, μία αρκετά μεγάλη και κουραστική διαδρομή, αν σκεφτεί κανείς ότι θα ξεκίναγε από τον βυθό και με πολύ μεγάλη αρνητική πλευστότητα. Αντίθετα ο κανόνας των δύο-τρίτων εξασφαλίζει μία μικρή αρνητική πλευστότητα στον βυθό, η οποία αποτελεί το μικρότερο δυνατό εμπόδιο στο πρώτο ένα-τρίτο της ανάδυσης.

Το σημαντικότερο πλεονέκτημα της ρύθμισης των δύο-τρίτων είναι η πολύ εύκολη και άνετη τελική διαδρομή της ανάδυσης, η οποία είναι και η μεγαλύτερη σε μήκος διαδρομή, έως την επιφάνεια.

Καθώς ο ελεύθερος δύτης ξεκινάει με ουδέτερη πλευστότητα στο βάθος των δύο-τρίτων, για παράδειγμα στα 10 μέτρα, αν καταδύθηκε στα 15, αρκεί μία χαλαρή πεδαλιά για τον ανεβάσει στη ζώνη θετικής πλευστότητας 2 – 3 μέτρα πιο πάνω και από εκεί η όλο και αυξανόμενη άνωση και η πολύ θετική πλευστότητα που δημιουργεί θα επιταχύνουν την ανάδυση τόσο πολύ, ώστε να μην χρειαστεί καν ο δύτης να επιχειρήσει άλλη πεδαλιά: θα δούμε ότι εφαρμόζεται μία τεχνική χαλάρωσης και ηρεμίας σε όλη την διαδρομή της ανάδυσης με θετική πλευστότητα, χωρίς πεδαλιές ή άλλη κίνηση του σώματος, κάτι ιδιαίτερα σημαντικό αν σκεφτεί κανείς ότι αυτό ισχύει τουλάχιστον για τα δύο-τρίτα της ανάδυσης. Έτσι για μία βουτιά στα 15 μέτρα βάθος, ο δύτης θα συνεχίσει την ανάδυσή του από τα 10 μέτρα ή και νωρίτερα έως την επιφάνεια, χωρίς ουσιαστικά κάποια δική του κίνηση: η άνωση θα τον ανεβάσει γρήγορα και ξεκούραστα στην επιφάνεια.

Η μέθοδος των δύο-τρίτων αποτελεί με διαφορά τον πιο ασφαλή τρόπο ρύθμισης της πλευστότητας ειδικά στις πιο βαθιές ελεύθερες καταδύσεις, μετά τα 10 πρώτα μέτρα της ρηχής ζώνης. Το σαφές πλεονέκτημα που προσφέρει στον δύτη είναι μία άνετη, εύκολη και ξεκούραστη όσο μπορεί να γίνει ανάδυση, βάζοντας τον ελεύθερο δύτη να καταβάλει όλη του την προσπάθεια στην φάση της κατάδυσης προς τον βυθό, ώστε η ανάδυσή του να χρειάζεται ελάχιστη προσπάθεια.

Στην αρχή της κατάδυσης υπάρχουν δύο μεγάλα πλεονεκτήματα από πλευράς ασφάλειας: ο δύτης όσο μεγάλη προσπάθεια και αν χρειαστεί να καταβάλει στην πράξη είναι τελείως ξεκούραστος ακόμα και διαθέτει μέγιστα αποθέματα οξυγόνου στο σώμα του, εφόσον προετοιμάστηκε σωστά πριν την βουτιά. Επομένως μπορεί να ξοδέψει ενέργεια και οξυγόνο έως το βάθος που θα κατά φέρει να φτάσει με άνεση. Από εκεί δεν έχει να ανησυχεί για την ανάδυσή του: φυσιολογικά αυτή θα γίνει πολύ άνετα, χωρίς ιδιαίτερες απαιτήσεις σε οξυγόνο και ενέργεια. Γνωρίζοντας φυσικά από την καταδυτική φυσιολογία ότι η εξάντληση και η υποξία απειλούν τον ελεύθερο δύτη στη τελική φάση της ανάδυσης, καταλαβαίνουμε πόσο ασφαλής γίνεται η όλη βουτιά με την ρύθμιση των δύο-τρίτων.

Το χαρακτηριστικό της προσπάθειας μόνο στην φάση της κατάδυσης (και όχι στην ανάδυση) κάνει την μέθοδο των δύο-τρίτων και μία πρόκληση αύξησης των επιδόσεων με βελτίωση της τεχνικής κατάδυσης. Δηλαδή ο δύτης καλείται να βελτιώσει και να τελειοποιήσει την τεχνική της φάσης κατάδυσης της βουτιάς του σε όλα τα επίπεδα, ώστε να την κάνει πιο άνετη και επομένως πιο οικονομική σε ξόδεμα ενέργειας και οξυγόνου. Με αυτό τον τρόπο η εφαρμογή του κανόνα των δύο-τρίτων γίνεται ένα μεγάλο σχολείο το οποίο "παράγει" ελεύθερους δύτες με εξαιρετική τεχνική, αποτέλεσμα χιλιάδων καταδύσεων κόντρα στην πολύ θετική πλευστότητα της επιφάνειας και των πρώτων μέτρων, αλλά και όλης της μεγάλης σε μήκος διαδρομής όπου η άνωση αντιστέκεται στην βύθιση του ελεύθερου δύτη!

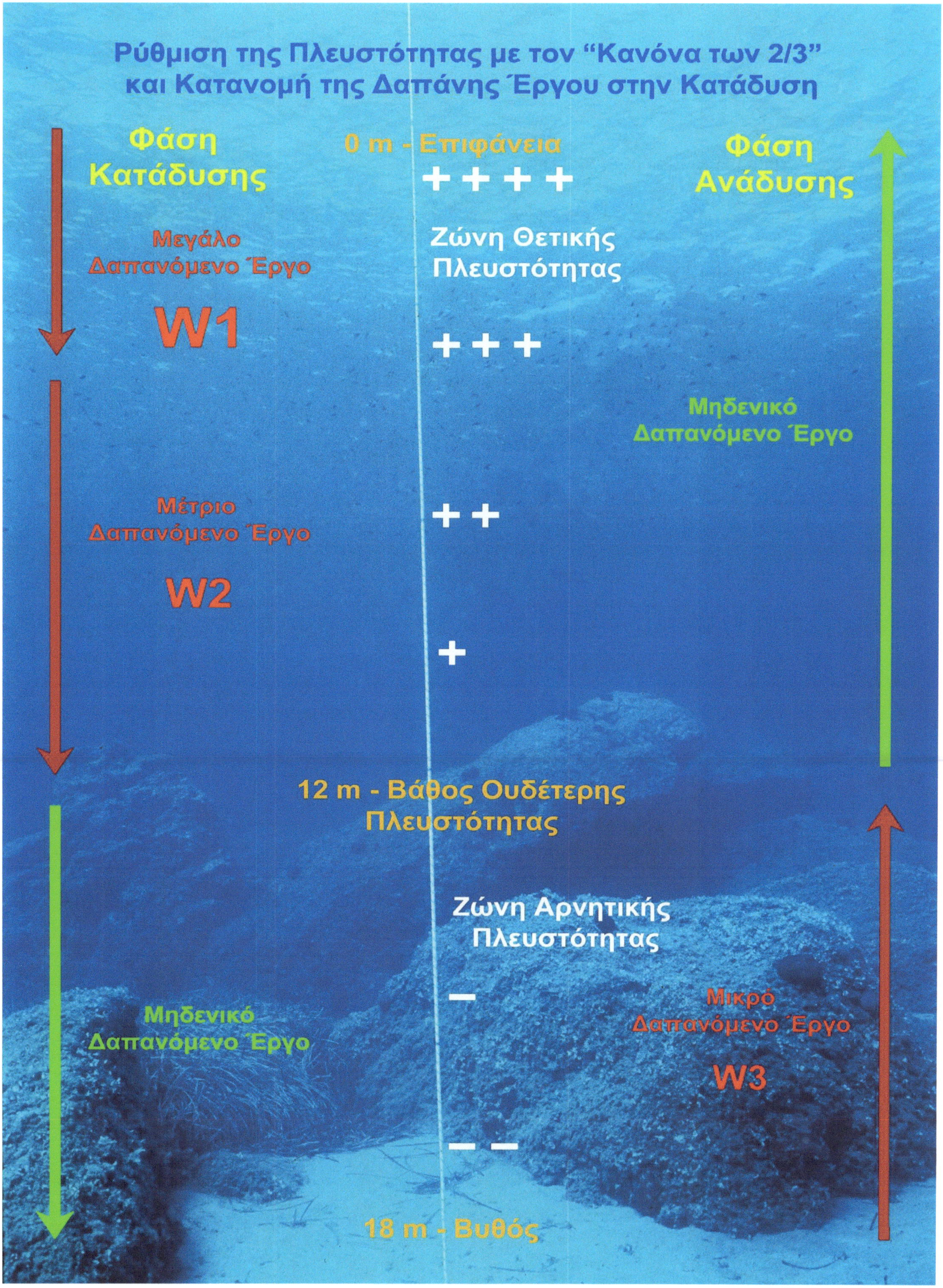

Ρύθμιση της Πλευστότητας με τον "Κανόνα των 2/3" και Κατανομή της Δαπάνης Έργου στην Κατάδυση

Φάση Κατάδυσης

0 m - Επιφάνεια

Φάση Ανάδυσης

+ + + +

Μεγάλο Δαπανόμενο Έργο

W1

Ζώνη Θετικής Πλευστότητας

+ + +

Μηδενικό Δαπανόμενο Έργο

Μέτριο Δαπανόμενο Έργο

+ +

W2

+

12 m - Βάθος Ουδέτερης Πλευστότητας

Ζώνη Αρνητικής Πλευστότητας

−

Μηδενικό Δαπανόμενο Έργο

Μικρό Δαπανόμενο Έργο

− −

W3

18 m - Βυθός

1. Μία απεικόνιση σε σκίτσο των έργων κατάδυσης και ανάδυσης στον "κανόνα των δύο-τρίτων".

Μία πιο "επιστημονική" απόδειξη της αξίας της ρύθμισης των δύο-τρίτων μπορεί να γίνει με ένα απλό σκίτσο που απεικονίζει όλη την κάθετη διαδρομή μίας βαθιάς ελεύθερης κατάδυσης και πάνω σε αυτή την διαδρομή σημειώνουμε το έργο που θα ξοδέψει ο δύτης. Ας πάρουμε λοιπόν σαν παράδειγμα μία ελεύθερη κατάδυση στα 18 μέτρα βάθος. Σύμφωνα με τον κανόνα των δύο-τρίτων η ουδέτερη πλευστότητα θα πρέπει να ρυθμιστεί να εμφανίζεται στα 12 μέτρα βάθος (στα δύο-τρίτα των 18 μέτρων). Αυτό σημαίνει ότι στην συγκεκριμένη βουτιά ο δύτης θα έχει να ξοδέψει "τρεις ποσότητες έργου", από πλευράς μυϊκής προσπάθειας:

Ένα πρώτο μεγάλο έργο W1 (το μεγαλύτερο ποσοτικά) στο ξεκίνημα και στα πρώτα μέτρα βάθους όπου θα έχει την μέγιστη αντίσταση από την άνωση (μέγιστη θετική πλευστότητα).

Ένα δεύτερο σημαντικό έργο W2 (αλλά μικρότερο του πρώτου) θα ξοδευτεί στην πιο εύκολη πλέον συνέχεια της φάσης κατάδυσης και έως το βάθος της ουδέτερης πλευστότητας (εδώ τα 12 μέτρα).

Το επόμενο πολύ μικρό αλλά υπαρκτό πάντα, έργο W3, που έχει να ξοδέψει ο δύτης, είναι η μικρή προσπάθεια για την ανάδυσή του από τα 18 έως τα 12 μέτρα της ζώνης ουδέτερης πλευστότητας. Αυτό θα είναι και το μικρότερο τελικό έργο όλης της βουτιάς. Όπως διαπιστώνει κανείς όλη η ενέργεια καταναλώνεται στην αρχή της βουτιάς ως το βάθος της ουδέτερης των 12 μέτρων και ενώ φυσικά ο δύτης είναι ακόμα ξεκούραστος και με μεγάλα αποθέματα οξυγόνου. Αν καταφέρει με την σωστή τεχνική το έργο W1 και το W2 να μην τον εξαντλήσουν, θα μπορέσει να εκμεταλλευτεί όλη την υπόλοιπη άπνοιά του στο βάθος στόχο των 18 μέτρων με μία άνετη παραμονή εκεί.

Το πολύ μικρό έργο της ανάδυσης W3 δεν χρειάζεται να ανησυχεί τον δύτη, απλά δεν εξαντλούμε κάθε περιθώριο, όπως είναι γνωστό, παραμένοντας στο βυθό, οπότε η ανάδυση είναι πάντα ένα εύκολο μικρό έργο, που θα γίνει μετά την λεγόμενη "ρήξη" της άπνοιας, δηλαδή μόλις ο δύτης αισθανθεί το πλησίασμα του τέλους της απνοιάς του (αν δεν αναδυθεί και νωρίτερα).

Η πρόκληση για τον ελεύθερο δύτη από το 2º επίπεδο και μετά είναι (καθώς έχει πλέον φτιάξει από το 1º επίπεδο μία καλή τεχνική με τα βασικά βήματα της όλης βουτιάς ως τα 8 με 10 μέτρα) να βελτιώσει και να εξελίξει την τεχνική του, ώστε το έργο εκκίνησης (W1) της κατάδυσης και το έργο κίνησης (W2) ως τα δύο - τρίτα του βάθους της ουδέτερης πλευστότητας να γίνονται όλο και μικρότερα. Με αυτό τον τρόπο θα φτάσει σε πολύ καλύτερες επιδόσεις σε άπνοια. Φυσικά υπάρχουν και άλλοι τομείς που εξελίσσονται με όλο και καλύτερες τεχνικές όπως ο τομέας της χαλάρωσης πριν την κατάδυση ή ο τομέας του εξοπλισμού, αλλά η τελειοποίηση της τεχνικής της κίνησης στην κατάδυση είναι ίσως το σημαντικότερο βήμα βελτίωσης στην εξέλιξη ενός ελεύθερου δύτη και δεν παύει να γίνεται όλο και πιο εντυπωσιακό σε υδροδυναμική εκτέλεση όσο βουτάμε και εξασκούμαστε σε καλύτερη κίνηση.

2. Δοκιμή άλλων τεχνικών ρύθμισης της πλευστότητας και εντοπισμός των προβλημάτων που δημιουργούν.

Σε ένα αντίστοιχο σκίτσο με το προηγούμενο θα μπορούσαμε να συγκρίνουμε τι θα συνέβαινε αν δεν εφαρμόσει κανείς την ρύθμιση των δύο-τρίτων του βάθους στην πλευστότητα, αλλά μία άλλη τεχνική που ίσως εκ πρώτης όψεως φαίνεται πιο εύκολη.

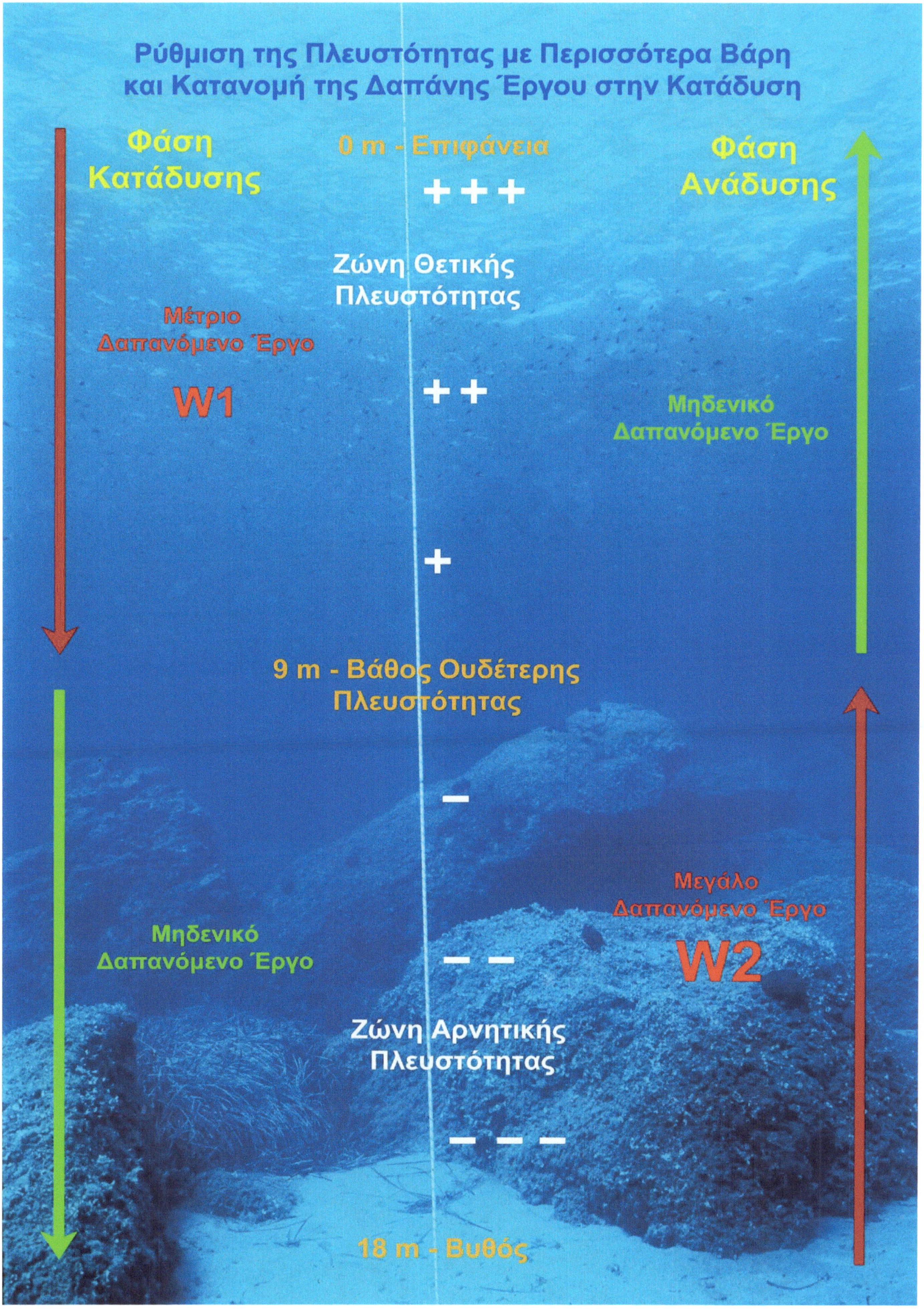

Ρύθμιση της Πλευστότητας με Περισσότερα Βάρη και Κατανομή της Δαπάνης Έργου στην Κατάδυση

Φάση Κατάδυσης

Φάση Ανάδυσης

0 m - Επιφάνεια

+++

Ζώνη Θετικής Πλευστότητας

Μέτριο Δαπανόμενο Έργο

W1

++

Μηδενικό Δαπανόμενο Έργο

+

9 m - Βάθος Ουδέτερης Πλευστότητας

−

Μηδενικό Δαπανόμενο Έργο

Μεγάλο Δαπανόμενο Έργο

W2

− −

Ζώνη Αρνητικής Πλευστότητας

− − −

18 m - Βυθός

Να βάλει δηλαδή περισσότερα βάρη στη ζώνη του και να ρυθμίσει την ουδέτερη πλευστότητα σε μικρότερο βάθος, για παράδειγμα στο μισό του βάθους κατάδυσης.

Αν η βουτιά είναι στα 18 μέτρα βάθος, τότε με τα κιλά που θα τοποθετήσει ο δύτης στη ζώνη του θα έχουμε ουδέτερη πλευστότητα στα 9 μέτρα (στο μισό του βάθους κατάδυσης). Έτσι στην αρχή της κατάδυσης το έργο εκκίνησης της βουτιάς (W1) θα είναι πολύ μικρότερο (σε σχέση με την ρύθμιση των δύο-τρίτων), δηλαδή ο δύτης θα έχει ένα πολύ πιο άνετο ξεκίνημα, με λιγότερη προσπάθεια.

Το έργο της υπόλοιπης κίνησης του δύτη ως τον βυθό (W2) θα είναι επίσης πολύ μικρότερο σε σχέση με την ρύθμιση των δύο-τρίτων διότι θα φτάσει σύντομα στα 9 μέτρα, με μικρή άνωση σε αυτή την διαδρομή και από εκεί και κάτω, έως τα 18 μέτρα θα έχει όλο και πιο αρνητική πλευστότητα, επομένως δεν θα χρειαστεί να ξοδέψει ο δύτης κανένα έργο: η βαρύτητα θα τον κατεβάσει γρήγορα στον βυθό, χωρίς πεδιλιές από τον ίδιο. Αφού λοιπόν είναι τόσο ευκολότερη η φάση κατάδυσης γιατί δεν χρησιμοποιούμε μία παρόμοια τεχνική ρύθμισης της πλευστότητας; Η απάντηση βρίσκεται στο απαιτούμενο έργο της ανάδυσης. Το έργο (W3) της ανάδυσης θα είναι τώρα εξαιρετικά βαρύ.

Ο δύτης ξεκινώντας την ανάδυσή του θα έχει να διανύσει τα πρώτα 9 μέτρα προς την επιφάνεια με πολύ αρνητική πλευστότητα, η οποία θα μειώνεται όσο ανεβαίνει ο δύτης, έως ότου γίνει ουδέτερη. Μόνο τα επόμενα 9 μέτρα ως την επιφάνεια θα είναι εύκολα με μία μικρή όμως θετική πλευστότητα, που δεν θα δώσει και ιδιαίτερη επιτάχυνση στην κίνηση του δύτη, ίσως δηλαδή και πάλι να χρειαστεί να κάνει λίγη πεδιλιά, ξοδεύοντας και άλλο επιπλέον έργο στην ανάδυσή του. Αν σκεφτεί κανείς ότι έχει ένα τόσο δύσκολο έργο στην ανάδυσή του θα θελήσει να φύγει νωρίτερα από τον βυθό, πολύ πριν αισθανθεί ότι του τελειώνει η άπνοια. Αλλά πόσο νωρίτερα θα πρέπει να φύγει, ώστε να έχει αποθέματα οξυγόνου για το κοπιαστικό έργο (W3) της ανάδυσης; Ένας τέτοιος υπολογισμός είναι πρακτικά αδύνατος και θα οδηγήσει είτε σε πρόωρη διακοπή κάθε βουτιάς, είτε σε επικίνδυνες αναδύσεις, με τον δύτη εξαντλημένο να κινδυνεύει από υποξία.

Μία διαφορετική μέθοδος ρύθμισης της πλευστότητας θα μπορούσε να είναι η χρήση ακόμα λιγότερων βαρών στη ζώνη, οπότε ο δύτης θα είχε ουδέτερη πλευστότητα πιο κοντά στον βυθό. Σε αυτή την τεχνική το μειονέκτημα είναι ότι ο δύτης θα είχε να κάνει σχεδόν ολόκληρη την φάση κατάδυσης με θετική πλευστότητα, κάτι πολύ κουραστικό και δαπανηρό σε έργο. Στην πράξη αυτή την μέθοδο την χρησιμοποιούμε στην τεχνική που λέγεται εναλλασσόμενα βάρη, όπου ο δύτης έχει πολύ λίγα βάρη ή και καθόλου βάρη στην ζώνη του, αλλά κρατάει στο χέρι ένα βάρος αρκετών κιλών το οποίο το εγκαταλείπει στον βυθό. Έτσι και η φάση κατάδυσης είναι πολύ πιο εύκολη, με ελάχιστο έργο, αλλά και η ανάδυση είναι εντυπωσιακά εύκολη, σαν να έχει πετάξει ο δύτης τη ζώνη και να αναδύεται μόνο με την άνωση της στολής του. Μειονέκτημα φυσικά της μεθόδου είναι ότι χρειάζεται το μάζεμα του βάρους από τον βυθό, μετά από κάθε κατάδυση, κάτι που είναι ιδιαίτερα κουραστικό αν το κάνει μόνος του ένας δύτης ή αν απλώς το μοιράζεται με το ζευγάρι του, χωρίς τη βοήθεια κάποιου τρίτου ατόμου.

Τα εναλλασσόμενα βάρη είναι η εξέλιξη της κατάδυσης με την πέτρα (την καμπανελόπετρα), το μάρμαρο που είχαν οι παλιοί Έλληνες βουτηχτές – σφουγγαράδες και δεν είναι τυχαίο ότι αυτοί είχαν έναν ή και περισσότερους βοηθούς πάνω στη βάρκα τους για να τους μαζεύουν από το σχοινί της την πέτρα, μετά από κάθε βουτιά τους για συλλογή σπόγγων.

"Ο κανόνας των δύο-τρίτων" αποδεικνύεται αξεπέραστος σε πλεονεκτήματα, τόσο στην ασφάλεια και στο αίσθημα αυτοπεποίθησης που δημιουργεί, όσο και στη δυνατότητα που δίνει για συνεχή βελτίωση της τεχνικής και μεγαλύτερες επιδόσεις.

ΚΕΦΑΛΑΙΟ 2

Η Προετοιμασία μίας Ελεύθερης Κατάδυσης

Η μεγάλη ανατροπή στην ως τώρα τεχνική και στις γνώσεις του ελεύθερου δύτη, ο οποίος μαθαίνει πλέον το 2ο επίπεδο, γίνεται στην προετοιμασία της κατάδυσης. Αν στο νέο ελεύθερο δύτη δεν μας απασχολεί αν θα χαλαρώσει για περισσότερο από ένα λεπτό και με ποιο τρόπο, από εδώ και πέρα, στις καταδύσεις κάτω από τα 10 μέτρα και με αυξημένη διάρκεια άπνοιας, θα εφαρμόζονται πολύ συγκεκριμένες τεχνικές προετοιμασίας και θα απαιτούν ένα χρόνο τουλάχιστον πέντε λεπτών, ώστε να εφαρμοστούν σωστά. Με τις νέες τεχνικές συζητάμε πλέον για ένα χρονικό διάστημα προετοιμασίας το οποίο θα φαινόταν τεράστιο και περιττό στον αρχάριο ελεύθερο δύτη του 1ου επιπέδου. Και ίσως να είχε και δίκιο, τουλάχιστον στο περιττό της υπόθεσης, διότι ο νέος δύτης μόλις ξεκινήσει την βουτιά του αντιμετωπίζει άπειρους παράγοντες, από τους οποίους κάποιοι θα του δημιουργήσουν αμέσως άγχος (στις πρώτες κινήσεις, όπως το "σπάσιμο της μέσης" για την βουτιά, στις σωστές πεδιλιές με την ανάλογη δύναμη και το άνοιγμα των ποδιών, στις εξισώσεις στα αυτιά, στην εξίσωση του αέρα στη μάσκα και σε τόσα άλλα).

Η απειρία του αρχάριου δύτη, σε πολλά από όσα θα συμβούν από την αρχή μίας βουτιάς, δεν του επιτρέπει να παραμείνει ήρεμος και χαλαρός, τουλάχιστον όχι όσο θα ήθελε και θα μπορούσε σαν άτομο. Έτσι δεν έχει ιδιαίτερο νόημα να τον συμβουλεύσει κανείς να χαλαρώνει πάνω από ένα λεπτό ή να εφαρμόζει πρόσθετες τεχνικές χαλάρωσης, η οποία θα χαθεί πρακτικά ήδη με το ξεκίνημα της βουτιάς του. Οπότε εστιάζουμε περισσότερο σε μία απλή (παθητική) σωματική χαλάρωση του αρχάριου, ικανή να "ξαναγεμίσει", τουλάχιστον, το σώμα του με οξυγόνο, δίνοντάς του μία καλή άπνοια στην επόμενη βουτιά, για τα δικά του πάντα δεδομένα.

Στο 2ο επίπεδο όχι μόνο αφιερώνουμε άφθονο χρόνο, στην πράξη τουλάχιστον πέντε λεπτών, στην χαλάρωση, αλλά την διακρίνουμε σε δύο τομείς και εφαρμόζουμε από δύο μεθόδους σε κάθε τομέα (σύνολο τέσσερεις τεχνικές) πριν από την κατάδυση: Η χαλάρωση διακρίνεται καταρχήν σε σωματική και σε πνευματική χαλάρωση (αυτοσυγκέντρωση – απομόνωση της σκέψης) και στη συνέχεια και για τα δύο, δηλαδή τόσο για το σώμα όσο και για τον εγκέφαλο, εφαρμόζονται τεχνικές χαλάρωσης που διακρίνονται σε τεχνικές παθητικής και σε τεχνικές ενεργητικής σωματικής χαλάρωσης και εστίασης της σκέψης αντίστοιχα, όπως θα δούμε αναλυτικά στην συνέχεια. Με άλλα λόγια στην ενεργητική χαλάρωση υποχρεώνουμε πλέον το σώμα μας να χαλαρώσει και τη σκέψη μας να εστιάσει, δεν περιμένουμε να συμβεί αυτό από μόνο του παθητικά, στη διάρκεια ενός χρονικού διαστήματος ηρεμίας, στην επιφάνεια της θάλασσας.

Θεμελιωτής των περισσότερων από τις μεθόδους, που μαθαίνει ο ελεύθερος δύτης να χρησιμοποιεί στην προετοιμασία της βουτιάς, στο 2ο επίπεδο, υπήρξε ο αγαπητός μας Ζακ Μαγιόλ, ο οποίος πρώτος μετέφερε αυτές τις τεχνικές με πρακτικό τρόπο στην ελεύθερη κατάδυση, από την "Χάθα Γιόγκα" (που σημαίνει στα ινδικά "άσκηση με αναπνοή") και τους ασκητές μοναχούς, που είχαν εμβαθύνει στα μυστικά της.

Στο 3° επίπεδο εφαρμόζονται ακόμα περισσότερες μέθοδοι προετοιμασίας κυρίως ενεργητικές, οι οποίες έχουν άμεσα χρήσιμα αποτελέσματα, όπως ότι προκαλούν βραδυκαρδία για παράδειγμα. Μία πρόσθετη τεχνική εκεί είναι και η διαφραγματική αναπνοή, η οποία προκαλεί ηρεμία και βραδυκαρδία, αλλά θα χρειαστεί και 4 – 5 λεπτά παραπάνω χρόνο αν ξεκινήσει την προετοιμασία του με αυτήν ο δύτης, οπότε στο 3° επίπεδο ο συνολικός χρόνος προετοιμασίας μίας βαθιάς κατάδυσης ή μίας μεγάλης σε διάρκεια άπνοιας, μπορεί να φτάσει και να ξεπεράσει τα 10 λεπτά!

2.1. Ενεργητική και παθητική χαλάρωση του σώματος

1. Η παθητική σωματική χαλάρωση

Ο ελεύθερος δύτης – υποψήφιος του $2^{ου}$ επιπέδου, έχει γνωρίσει την παθητική (σωματική) χαλάρωση από το 1° επίπεδο, όπου έμαθε να παραμένει σε ηρεμία, ακίνητος, στην επιφάνεια, στην λεγόμενη "στάση χαλάρωσης". Ο δύτης έπρεπε να μείνει έτσι τουλάχιστον επί ένα λεπτό, ώστε να ηρεμήσει και να χαλαρώσει, με αυτό τον απλό και παθητικό πάντα τρόπο.

Στην παθητική χαλάρωση μετράει μόνο ο χρόνος, σαν παράγοντας έναρξης και λήξης της χαλάρωσης, το άτομο δεν χρειάζεται να φροντίσει για κάτι άλλο. Είναι αυτονόητο ότι αποτελεί πλεονέκτημα να κρατάει τον χρόνο του ενός λεπτού το ζευγάρι μας, με το δικό του ρολόι στην επιφάνεια και όχι ο ίδιος ο δύτης που χαλαρώνει.

Ένα σήμα από το ζευγάρι μόλις συμπληρωθεί το ένα λεπτό, όπως με ένα ελαφρύ χτυπηματάκι – ακούμπημα στο χέρι, είναι αρκετό για να ειδοποιήσει τον δύτη. Αν επιθυμεί ο ίδιος ο δύτης να κρατάει τον χρόνο και όταν περάσει το ένα λεπτό να προχωρήσει στην επόμενη τεχνική, τότε ίσως είναι προτιμότερο να υπολογίσει κατά προσέγγιση το ένα λεπτό και να μην ασχολείται με το ρολόι του διακόπτοντας την παθητική του χαλάρωση.

Στο ατομικό μέτρημα του χρόνου μπορεί να χρησιμοποιηθεί και ένας υπολογιστής κατάδυσης ή ένα καταδυτικό ρολόι, αν διαθέτουν χρονόμετρο με ηχητικό συναγερμό στο τέλος του χρόνου χαλάρωσης.

Η μέθοδος της παθητικής χαλάρωσης χρησιμοποιείται και στο 2° επίπεδο σαν μία πρώτη καλή, γενική τεχνική χαλάρωσης, δηλαδή σαν το ξεκίνημα της διαδικασίας της όλης προετοιμασίας. Είναι ένα απλό και σίγουρο βήμα μίας πρώτης πετυχημένης εισόδου του ατόμου σε κατάσταση ηρεμίας.

Η τοποθέτηση του σώματος στην επιφάνεια

Η στάση του σώματος του ατόμου που χαλαρώνει είναι, όπως ήδη την γνωρίζει ο δύτης του $1^{ου}$ επιπέδου, πολύ συγκεκριμένη, σαφής και πάντα η ίδια: το σώμα του ατόμου που χαλαρώνει "αιωρείται" μπρούμυτα πάνω στην επιφάνεια, στην πιο δυνατή χαλαρή στάση, ώστε να αναπνέει από τον αναπνευστήρα, χωρίς αυτός να γεμίζει με νερά, καθώς το κεφάλι τείνει να βυθίζεται όλο και περισσότερο, όσο χαλαρώνουν οι μυς στο λαιμό.

Με άλλα λόγια ο δύτης πρέπει να αφήσει το κεφάλι του να βυθιστεί σχεδόν τελείως, σαν επιβεβαίωση ότι πραγματικά έχει καταφέρει να αφήσει να χαλαρώσουν οι μυς του λαιμού, όπου συγκεντρώνεται όλη η υπερένταση, εκτός αν αρχίσει να βάζει νερά ο αναπνευστήρας, ειδικά αν υπάρχει κυματισμός στην επιφάνεια.

Η στάση του σώματος του δύτη που χαλαρώνει, στην επιφάνεια: Με τα κίτρινα βελάκια τονίζονται τα σημεία μίας πετυχημένης στάσης, όπως είναι τα πόδια με τα πτερύγια να επιπλέουν ή έστω οι φτέρνες των ποδιών να αγγίζουν την επιφάνεια, τα γόνατα να είναι "λυμένα" διαγράφοντας μία μικρή γωνία, το ίδιο και οι αγκώνες των χεριών. Το κεφάλι του δύτη, που έχει χαλαρώσει ο λαιμός του, είναι πολύ βυθισμένο, σχεδόν ολόκληρο, κάτω από την επιφάνεια και μόνο το άκρο του αναπνευστήρα προεξέχει λίγο πάνω από την επιφάνεια για την αναπνοή.

Τα χέρια του ατόμου, που αφήνει το σώμα του να κάνει αυτή την παθητική χαλάρωση, όπως την αποκαλούμε, χαλαρώνουν και κρέμονται προς τον βυθό σχηματίζοντας μία μικρή γωνία στους αγκώνες, καθώς στην ιδανική, μέγιστη, μυϊκή χαλάρωση, οι αρθρώσεις δεν τεντώνονται σε ευθεία γραμμή, αλλά σχηματίζουν αυτή την χαρακτηριστική γωνία των 150 μοιρών περίπου (αντί για 180 μοίρες που θα ήταν η ευθεία γραμμή). Τα πόδια επίσης αφήνονται να χαλαρώσουν από το ύψος των μηρών έως τον αστράγαλο και σχηματίζεται και εδώ μία γωνία 150 μοιρών στα ελαφρά λυγισμένα γόνατα, απόδειξη της μέγιστης μυϊκής χαλάρωσης εκεί. Ανάλογα με το πάχος του νεοπρέν της στολής και με τα βάρη που φοράει ο δύτης στη ζώνη του, θα αφεθούν και τα πόδια να βυθιστούν λίγο και ίσως να καταλήξουν λίγο κάτω από την επιφάνεια, ιδιαίτερα με μία πολύ λεπτή στολή ή και με λίγο βαρύτερα από το ιδανικό πτερύγια. Εδώ να σημειώσουμε για παράδειγμα ότι βαριά, μέσα στο νερό, πτερύγια, τα οποία υποχρεώνουν σε βύθιση τα πόδια του δύτη, όταν αυτός πάει να χαλαρώσει, τελικά θα βυθιστούν και θα αναγκάσουν το σώμα του δύτη να γυρίσει σε κάθετη (σε όρθια) στάση στην επιφάνεια, κάνοντας έτσι αδύνατη την χαλάρωση. Μία λύση είναι να φορεθούν καλτσάκια με παχύ νεοπρέν τα οποία ίσως με την επιπλέον άνωσή τους να κρατάνε σε επίπλευση τα πόδια με τα βαριά πτερύγια. Διαφορετικά τα βαριά πτερύγια απορρίπτονται για καταδύσεις $2^{ου}$ και $3^{ου}$ επιπέδου, εφόσον εμποδίζουν σημαντικά την χαλάρωση.

Οι ευνοϊκές συνθήκες του νερού στην επιφάνεια, δηλαδή με ήρεμα νερά, χωρίς κυματισμό ή έντονο ρεύμα, προσφέρουν ένα αυτονόητο πλεονέκτημα, ώστε να μπορέσει ένα άτομο να διατηρήσει την στάση χαλάρωσης, ειδικά στις πιο προχωρημένες καταδύσεις , όπου θα χρειαστεί παραμονή αρκετών λεπτών στη στάση χαλάρωσης και ο δύτης θα έχει να απασχοληθεί με τις τεχνικές που επιθυμεί να εφαρμόσει στην προετοιμασία του. Τα ήρεμα νερά στην επιφάνεια αποτελούν πάντα μία εγγύηση πετυχημένης χαλάρωσης και επιτρέπουν την εφαρμογή και των πολύ πιο προχωρημένων τεχνικών, για αυτό βοηθάνε στις μεγάλες επιδόσεις στην ελεύθερη κατάδυση.

Η στήριξη – το κράτημα από τον πλωτήρα, στη διάρκεια της προετοιμασίας

Η πετυχημένη χαλάρωση απαιτεί να εξαλειφτεί και το άγχος της παράσυρσης του ελεύθερου δύτη στην επιφάνεια, στη διάρκεια ενός χρόνου αρκετών λεπτών όπου αυτός έχει συγκεντρώσει όλη την προσοχή του στην προετοιμασία του και είναι πιθανό να έχει κλειστά και τα μάτια του, οπότε δεν θα αντιληφθεί εύκολα μία πιθανή μετακίνησή του από το νερό.

Ένα μικρό, αδιόρατο, επιφανειακό ρεύμα ή ένα ελάχιστο κύμα είναι αρκετά για να μετακινήσουν πολλά μέτρα μακριά το σώμα του δύτη που χαλαρώνει στην επιφάνεια. Αν υπάρχει μάλιστα εντονότερο ρεύμα ή κύμα στην επιφάνεια, τότε το σώμα του ακίνητου δύτη θα μετακινηθεί με την φορά του ρεύματος ή του κύματος και μέσα στα λίγα λεπτά που χαλαρώνει θα μετακινηθεί εκατοντάδες μέτρα ή θα πρέπει ο δύτης να έχει ανοιχτά τα μάτια του και να κολυμπάει ελαφρά με τα πτερύγια, επιστρέφοντας κάθε τόσο στο αρχικό σημείο όπου θέλει να βρίσκεται, στην επιφάνεια. Έτσι είναι υποχρεωτική η χρήση ενός πλωτήρα από τον οποίο θα κρατηθεί το άτομο που προετοιμάζεται για κατάδυση σε όλη τη διάρκεια της προετοιμασίας του, ώστε και το σώμα του να μείνει ακίνητο για σωματική χαλάρωση (χωρίς να χρειάζεται να κολυμπήσει με τα πτερύγια κόντρα σε ρεύμα ή σε κύμα) και ο ίδιος ο δύτης να μην αγχώνεται ότι ενώ χαλαρώνει μπορεί να τον μετακινήσει το νερό σε άλλη θέση στην επιφάνεια.

Ο πλωτήρας που θα χρησιμοποιήσουμε αρκεί να έχει έναν βολικό κρίκο ή θηλιά ή ένα σχοινάκι για να κρατηθεί με το ένα του χέρι ο δύτης.

Ο πλωτήρας μπορεί να είναι αγκυροβολημένος στον βυθό (με βαρίδια στην άκρη του σχοινιού πάνω στον βυθό ή να τον έχουμε δέσει σε βράχο του βυθού), όπως συνήθως γίνεται σε μία εξόρμηση προπόνησης στις ελεύθερες καταδύσεις. Ο πλωτήρας μπορεί επίσης να είναι δεμένος στο αγκυροβολημένο σκάφος μας ή σε μόλο ή βράχο της ακτής. Αυτό που μας ενδιαφέρει είναι να προσφέρει μία σταθερή στήριξη στον δύτη που προετοιμάζεται για βουτιά, εγγυώντας του ότι δεν θα τον μετακινήσει η κίνηση του νερού στην επιφάνεια. Ακόμα και το κράτημα ενός σχοινιού με το ένα χέρι, μπορεί να προκαλέσει μία στάση του σώματος στην επιφάνεια η οποία να εμποδίζει στην σωστή σωματική χαλάρωση. Φροντίζουμε να αφήνουμε ακόμα και το χέρι που κρατάει το σχοινί του πλωτήρα να κρέμεται προς το βυθό ώστε να είναι σε θέση ικανή να το χαλαρώσει πριν την κατάδυση.

Πρόβλημα στην χαλάρωση: όταν τα πόδια με τα πτερύγια βυθίζονται (κόκκινα βελάκια). Για την συγκεκριμένη εξόρμηση, η μόνη λύση είναι να τραβάει ο δύτης προς τα κάτω το σχοινί του πλωτήρα (πράσινο βέλος), ενώ χαλαρώνει και η αντίθετη δύναμη θα ωθεί προς τα πάνω τα πόδια του και το κάτω μέρος του σώματός του γενικά (οριζόντιο βέλος). Όπως είναι φυσικό η χαλάρωση δεν θα είναι ιδανική σε αυτές τις συνθήκες. Στις επόμενες εξορμήσεις του ο δύτης μπορεί να λύσει το πρόβλημα φορώντας καλτσάκια νεοπρέν ή με ένα πιο παχύ νεοπρέν στα καλτσάκια του, για περισσότερη άνωση στα πόδια. Ένα πολύ βαρύ πέλμα πτερυγίου ή ένα ζευγάρι βαριές λεπίδες θα χρειαστούν αλλαγή για να διορθωθεί το πρόβλημα.

2. Η ενεργητική σωματική χαλάρωση

Η παθητική χαλάρωση του ενός τουλάχιστον λεπτού έχει εισάγει το άτομο σε κατάσταση ηρεμίας. Τώρα έχει σειρά μία δεύτερη τεχνική η οποία θα προκαλέσει περαιτέρω σωματική χαλάρωση. Αυτό θα το πετύχει ο δύτης με την σκέψη και την φαντασία του, εφαρμόζοντας μία τεχνική αυθυποβολής δηλαδή θα υποχρεώσει ουσιαστικά το σώμα του να χαλαρώσει. Η τεχνική είναι πολύ απλή, εύκολη στην εφαρμογή της και το μόνο που χρειάζεται είναι να συγκεντρωθεί το άτομο στην πραγματοποίησή της βήμα προς βήμα και να συνηθίσει στην εφαρμογή της ίδιας τεχνικής σε κάθε προετοιμασία για κατάδυση.

Η τεχνική της "φωτεινής και ζεστής μπάρας" που "σκανάρει" το σώμα.

Ο δύτης φαντάζεται ότι, όπως είναι ξαπλωμένος μπρούμυτα στην επιφάνεια, έρχεται ακριβώς από κάτω του (πολύ κοντά του, ώστε οριακά να μην τον αγγίζει) μία μακρόστενη φωτεινή μπάρα, με "ζεστό" κιτρινωπό φως, κάτι σαν υποβρύχια μακρόστενη λάμπα φωτισμού δηλαδή, η οποία όμως παράγει και θερμότητα που ζεσταίνει και χαλαρώνει το σώμα, τους μυς δηλαδή, όπου φωτίζει. Η φωτεινή και ζεστή μπάρα ξεκινάει μία κίνηση "σαν να βγάζει φωτοτυπία" τον δύτη ή σαν ένα υποβρύχιο σκάνερ.

Η μπάρα αρχίζει την κίνησή της από τα πόδια του ατόμου και ανεβαίνει πολύ αργά παραμένοντας κάθετη στο σώμα του. Ο δύτης φαντάζεται με την σκέψη του ότι η μπάρα "σκανάρει" πρώτα το ένα του πόδι και ότι όπου φωτίζει και ζεσταίνει η μπάρα οι μυς του χαλαρώνουν και "λύνουν" σε μία μέγιστη χαλάρωση: χαλαρώνουν τα δάκτυλα του ποδιού, το πέλμα, ο αστράγαλος, οι μυς της κνήμης, του γόνατου και καθώς η μπάρα ανεβαίνει και όλοι οι μυς της μίας γάμπας. Ακολουθεί η χαλάρωση του άλλου ποδιού: η ζεστή και φωτεινή μπάρα ξεκινάει πάλι από τα δάκτυλα του ποδιού και αρχίζει να ανεβαίνει. Είναι σημαντικό το άτομο να αισθάνεται την επαφή με την μπάρα: να αφήνει πίσω της ζεσταμένο και τελείως χαλαρό κάθε μυϊκό σύστημα που "φωτίζει" η μπάρα στην διαδρομή της. Έτσι αν χρειαστεί επιβραδύνουμε την σκέψη μας, για να φανταστούμε με μεγαλύτερη ακρίβεια την μπάρα.

Εδώ η ταχύτητα και η βιασύνη είναι καταστροφικά στοιχεία για την επιτυχία της μεθόδου. Δεν αγχωνόμαστε με το πόση ώρα θα χρειαστεί όλη η διαδικασία, θεωρούμε ότι διαθέτουμε άφθονο χρόνο στην διάθεσή μας.

Η φωτεινή μπάρα φτάνει στην λεκάνη ζεσταίνοντας και χαλαρώνοντας όλους τους μυς της περιοχής και προχωρά στην μέση, αρχίζοντας την άνοδο της σπονδυλικής στήλης του δύτη. Οι κοιλιακοί μυς λύνουν καθώς ζεσταίνονται το ίδιο και οι μυς στην πλάτη.

Σε λίγο η μπάρα έχει φτάσει στο ύψος του θώρακα και παρακολουθούμε με την σκέψη μας τα πλευρά και τους μυς τους να χαλαρώνουν ένα προς ένα καθώς φωτίζονται και ζεσταίνονται από την μπάρα. Ολόκληρος ο θώρακας χαλαρώνει και μένει ζεστός και λυμένος, ενώ τώρα η μπάρα αρχίζει να ανεβαίνει από τα δάκτυλα του ενός χεριού προς τα πάνω, λύνεται το χέρι και ο καρπός, ζεσταίνεται και λύνει και ο αγκώνας και σε λίγο η μπάρα φωτίζει και ζεσταίνει και τους μυς του ώμου.

Επαναλαμβάνουμε το ίδιο και για το άλλο χέρι, από τα δάκτυλα έως τον ώμο. Τώρα η φωτεινή μπάρα έχει φτάσει στο ύψος του λαιμού, εκεί που συγκεντρώνεται όλη η υπερένταση, στους μυς ειδικά γύρω από τον αυχένα. Αισθανόμαστε την περιοχή να ζεσταίνεται και τους μυς να λύνουν σε μία απόλυτη χαλάρωση.

Η μπάρα διασχίζει τώρα την τελική της διαδρομή φωτίζοντας το πρόσωπο και το μέτωπο του ατόμου, λύνοντας όλους τους μυς πάλι, μέχρι το ύψος των μαλλιών ψηλά στο κεφάλι.

Η διαδικασία της "φωτεινής μπάρας" αποτελεί έναν πολύ αποτελεσματικό τρόπο ενεργητικής χαλάρωσης, αλλά δεν είναι φυσικά η μοναδική τεχνική από τις άφθονες που διαθέτει η γιόγκα, ωστόσο την θεωρούμε σαν μία από τις καλύτερες τεχνικές, στην πρακτική της αποτελεσματικότητα σε πραγματικές συνθήκες, μέσα στην θάλασσα, δηλαδή, και όχι απλά πάνω σε κάποιο χαλάκι αίθουσας προπόνησης στη Χάθα Γιόγκα.

Το χρονικό διάστημα της μεθόδου με την φωτεινή μπάρα συνήθως είναι τα πέντε περίπου λεπτά. Ωστόσο στην πράξη και εφόσον ένας δύτης συνηθίσει να χρησιμοποιεί την μέθοδο πριν από κάθε κατάδυση, ο χρόνος της διάρκειάς της μικραίνει: οι πολύ έμπειροι δύτες την καταφέρνουν ακόμα και μέσα σε ένα λεπτό.

Εδώ το μυστικό είναι ότι δεν βιαζόμαστε και καλό είναι να μην βάζουμε το ζευγάρι μας να μας διακόπτει επειδή πέρασαν 2 ή 3 λεπτά. Ας δώσουμε χρόνο έως ότου αποκτήσει κανείς μεγάλη εμπειρία και γίνει και πιο γρήγορος. Είναι σαφές ήδη ότι ένας δύτης $1^{ου}$ επιπέδου που θα παρακολουθούσε ανύποπτος την προετοιμασία μας θα είχε ήδη αρχίσει να απορεί και να βαριέται με όλη αυτή την αναμονή των τόσων λεπτών, πολύ περισσότερο φυσικά ένας απλός παρατηρητής, που δεν γνωρίζει τίποτα από ελεύθερη κατάδυση θα απορούσε τι ακριβώς κάνει ένα άτομο επί τόσα λεπτά στην επιφάνεια και γιατί δεν έχει ακόμα καταδυθεί!

2.2. Πνευματική παθητική και ενεργητική χαλάρωση (αυτοσυγκέντρωση)

1. Παθητική πνευματική χαλάρωση

Στην διάρκεια της προετοιμασίας για ελεύθερη κατάδυση ένα άτομο έχει δύο επιλογές στην στόχευση της σκέψης του. Η πρώτη επιλογή είναι να αφήσει την σκέψη του να "περιπλανιέται" ελεύθερα και έτσι να σκέφτεται τυχαία οτιδήποτε περάσει από το μυαλό του. Αυτό το ονομάζουμε παθητική πνευματική χαλάρωση. Η προσπάθεια να αδειάσουμε το μυαλό μας από κάθε σκέψη και ειδικά από σκέψεις που μπορεί να προκαλέσουν άγχος ή απλά είναι άσχετες με την κατάδυση ή απλά η αποχή από κάθε προσπάθεια να σκεφτεί κανείς συγκεκριμένα θέματα, είναι βέβαιο ότι χαλαρώνει τον εγκέφαλο και έτσι μειώνει την κατανάλωση οξυγόνου και την παραγωγή διοξειδίου του άνθρακα στα εγκεφαλικά κύτταρα.

Με την παθητική πνευματική χαλάρωση έχουμε μία πρώτη οικονομία στην κατανάλωση οξυγόνου και γλυκογόνου από τον εγκέφαλο. Εδώ δεν απαιτείται κάποια ιδιαίτερη τεχνική για αυτό και είναι μία μορφή χαλάρωσης που την επιδιώκει ο πιο αρχάριος δύτης.

Μία πολύ βολική στάση για την ενεργητική σωματική και πνευματική χαλάρωση είναι το κράτημα του χοντρού σχοινιού της προπόνησης στον πλωτήρα και με τα δύο χέρια, αφηνοντάς τα λυγισμένα στους αγκώνες και με τα μάτια κλειστά ως το τέλος της προετοιμασίας.

Το μειονέκτημα της μεθόδου είναι ότι δεν είναι εύκολο να την πετύχει πραγματικά ένα άτομο και τελικά καταλήγει να έχει μικρή αποτελεσματικότητα. Επίσης ο εγκέφαλος, αν καταφέρει κανείς να αφήσει πραγματικά ελεύθερη την σκέψη του, έχει την τάση να "πηδάει" από θέμα σε θέμα, σε τυχαίες σκέψεις, κάποιες από τις οποίες μοιραία δεν θα συμφέρουν και τόσο πολύ όταν προετοιμάζεται κανείς για κατάδυση, αφού προκαλούν άγχος και αυξάνουν την κατανάλωση οξυγόνου και την παραγωγή διοξειδίου του άνθρακα στον εγκέφαλο.

Επομένως στην παθητική χαλάρωση δεν είναι και τόσο εγγυημένο ότι θα δημιουργηθεί μία αφθονία οξυγόνου στον εγκέφαλο πριν την κατάδυση. Θα μπορούσε μάλιστα κανείς να ισχυριστεί ότι σε ένα ποσοστό 50% ή και περισσότερο οι πιθανότητες είναι υπέρ τυχαίων σκέψεων που αγχώνουν και έχουν αρνητικά αποτελέσματα στην χαλάρωση.

2. Ενεργητική πνευματική χαλάρωση

Η εστίαση της σκέψης ενός ατόμου σε κάτι απόλυτα συγκεκριμένο έχει αποδειχθεί ότι προκαλεί την μέγιστη εγκεφαλική χαλάρωση, δηλαδή την μέγιστη οικονομία σε κατανάλωση οξυγόνου από τα κύτταρα του εγκεφάλου. Εδώ αξίζει να κάνουμε τρεις διευκρινήσεις για να δούμε πόσο σημαντικό είναι αυτό στην ελεύθερη κατάδυση με μεγαλύτερες απαιτήσεις.

Πρώτη διαπίστωση είναι ότι εστίαση της σκέψης μας είναι αρκετά εύκολο να επιχειρήσουμε στη διάρκεια μίας χαλάρωσης πρακτικά στην επιφάνεια της θάλασσας: για παράδειγμα να σκεφτούμε όλο το πλάνο της βουτιάς μας, σαν να βλέπουμε ένα βιντεάκι τον εαυτό μας πως θα κινηθεί και θα κάνει όλη την βουτιά με υποδειγματική εκτέλεση.

Άλλος τρόπος είναι να εστιάσουμε πάνω σε ένα ψαράκι στην επιφάνεια ή ένα μικρό πλαγκτονικό ζωάκι από αυτά που βλέπουμε άφθονα γύρω μας και να το παρατηρήσουμε για ένα – δύο λεπτά, χωρίς να σκεφτόμαστε κάτι άλλο. Αυτά είναι παραδείγματα εστιασμένης σκέψης: βάζουμε το μυαλό μας να ασχοληθεί αποκλειστικά με ένα θέμα επί ένα - δύο λεπτά ή και περισσότερο.

Δεύτερη διαπίστωση είναι η σχετικά πρόσφατη ανακάλυψη των ειδικών στη φυσιολογία ότι η κατανάλωση οξυγόνου στα κύτταρα του εγκεφάλου μειώνεται πολύ εντυπωσιακά όταν επιχειρεί το άτομο εστιασμένο διαλογισμό (ενεργητική πνευματική χαλάρωση) και όχι ελεύθερες – τυχαίες σκέψεις (παθητική πνευματική χαλάρωση). Αυτό το καταλαβαίνουν πολύ καλά όσοι είναι ελεύθεροι δύτες, γιατί όπως είπαμε διαπιστώνουμε στην πράξη ότι τυχαίες σκέψεις μπορεί να προκαλέσουν έτσι κι αλλιώς άγχος, αντί να βοηθήσουν στη χαλάρωση.

Τρίτη διαπίστωση είναι μία επίσης πρόσφατη ανακάλυψη της φυσιολογίας σύμφωνα με την οποία ο εγκέφαλος ενός ελεύθερου δύτη μπορεί να φτάσει να καταναλώνει 20 φορές (!!!) περισσότερο οξυγόνο από τους μυς των ποδιών του, στη διάρκεια μίας ελεύθερης κατάδυσης. Αυτό απαντάει στο ερώτημα γιατί να ασχοληθεί κανείς με πνευματική χαλάρωση και ειδικά με τον εστιασμένο διαλογισμό, στην προετοιμασία της κατάδυσης. Δεν έχουμε να κάνουμε με μία μικρή ποσότητα οξυγόνου που θα κερδηθεί, αλλά με τα συνολικά αποθέματα οξυγόνου στο σώμα μας, που διεκδικεί να τα καταναλώσει όλα ο εγκέφαλος!!!

Οι τεχνικές του εστιασμένου διαλογισμού: το μυστικό όπλο της ελεύθερης κατάδυσης μεγάλων επιδόσεων

Ο εστιασμένος διαλογισμός ταιριάζει απόλυτα στις πραγματικές συνθήκες προετοιμασίας του ελεύθερου δύτη, ενώ δηλαδή ο δύτης βρίσκεται στη θέση χαλάρωσης στην επιφάνεια της θάλασσας. Στο 2° και το 3° επίπεδο της τεχνικής επιλέγουμε από μία έως και τρεις διαφορετικές τεχνικές εστιασμένου διαλογισμού με διάρκεια από 1 έως και 2 ή 3 λεπτά για την κάθε τεχνική. Ο δύτης απλά επιλέγει αν θα χρησιμοποιήσει μία, δύο ή και τις τρεις αυτές τεχνικές πριν την κατάδυση, ανάλογα με την ανάγκη του να πετύχει μεγάλη άνεση στην βουτιά του ή μία μεγάλη επίδοση.

Η τεχνική της εστίασης στην παρατήρηση ενός μικρού ψαριού ή ζωύφιου στην επιφάνεια

Η πρώτη τεχνική στηρίζεται μόνο στην παρατήρηση με τα μάτια: ο δύτης εστιάζει το βλέμμα του σε ένα ψαράκι κοντά του, πχ πάνω στο σχοινί της προπόνησης, ή σε ένα πλαγκτονικό ζωάκι της επιφάνειας δίπλα του και το παρατηρεί, εστιάζοντας πάνω του όλη του την προσοχή. Πρόκειται για μία απλή και εύκολη τεχνική που βοηθάει να εστιάσει το μυαλό μας σε κάτι απλό, διώχνοντας κάθε άλλη πιθανή αγχωτική σκέψη. Μειονέκτημα εδώ είναι ότι συμμετέχουν μόνο τα μάτια μας και όχι και άλλες αισθήσεις. Έτσι σε δεύτερη φάση μπορούμε να προχωρήσουμε σε κάτι πιο αποδοτικό – στην επόμενη τεχνική.

Η τεχνική της εστίασης στην προβολή ενός εικονικού βίντεο της σχεδιαζόμενης κατάδυσης

Στη δεύτερη τεχνική ο δύτης φαντάζεται με κλειστά τα μάτια του ολόκληρο το "βιντεάκι" της βουτιάς που θα επιχειρήσει, σαν να υπήρχε κάποιος που θα βιντεοσκοπούσε την βουτιά του και σαν να την εκτελούσε με τον πιο τέλειο τρόπο, όπως ο ίδιος θα το ήθελε καλύτερα. Πρόκειται για μία τεχνική εστιασμένου διαλογισμού που ονομάζεται "ενόραση" – βιντεάκι της φαντασίας μας δηλαδή με απλά λόγια ("visualization" στα αγγλικά). Το πλεονέκτημα εδώ, είναι εκτός από την εστίαση της σκέψης σε κάτι πολύ θετικό, αισιόδοξο και χαλαρωτικό, είναι ότι ο δύτης προβάλει και το πλάνο της βουτιάς του και σιγουρεύει το σχέδιο του με περισσότερη αυτοπεποίθηση.

Η τεχνική της εστίασης στην προβολή ενός εικονικού βίντεο ηρεμίας και χαλάρωσης

Μία τρίτη τεχνική αποτελεί ένα ακόμα "βιντεάκι ηρεμίας και χαλάρωσης", το οποίο κανονικά το έχει ήδη έτοιμο στο μυαλό του ο δύτης από τις προπονήσεις του στην ξηρά στο διαλογισμό και στην Χάθα γιόγκα. Αυτό το βίντεο είναι προσωπικό, το επιλέγει δηλαδή ο ίδιος ο δύτης είτε φτιάχνοντας το με την φαντασία του, είτε βγάζοντας το από πραγματικές μνήμες του. Το βίντεο πρέπει να έχει εξαιρετικά χαλαρωτική επίδραση και περιεχόμενο και να συμμετέχουν σε αυτό όλες οι αισθήσεις ώστε να το "ξαναζεί" κάποιος σαν πραγματική εμπειρία όταν το προβάλει στο μυαλό του. Ας δούμε ένα παράδειγμα ενός τέτοιου κατασκευασμένου μικρού βίντεο, διάρκειας ενός με δύο λεπτών τουλάχιστον, όπως το προβάλει στο μυαλό του, έχοντας κλείσει τα μάτια του, ο δύτης:

"Φανταστείτε ότι είσαστε ξαπλωμένοι ανάσκελα πάνω στην χρυσή και ζεστή άμμο, μίας καταπληκτικής παραλίας, σας ζεσταίνουν ευχάριστα οι μεσημεριανές ακτίνες του ήλιου, μπροστά σας ακούγεται ο έρημος παφλασμός από ένα μικρό κύμα στην άμμο και σαν ευχάριστη νότα ακούγονται από μακριά τα τιτιβίσματα από θαλασσοπούλια και γλάρους. Πίσω σας υπάρχει δάσος από πεύκα και μπορείτε να εισπνεύσετε χορταστικά την μυρωδιά από το ρετσίνι των πεύκων και το ιώδιο της θάλασσας."

Στο τέλος του συμφωνημένου χρόνου προετοιμασίας το ζευγάρι του δύτη ετοιμάζεται να του κάνει σήμα, ώστε αυτός να ξεκινήσει το 1 λεπτό των τελικών αναπνοών. Παρατηρούμε πως επιπλέουν οι φτέρνες των ποδιών, τα λυγισμένα γόνατα και τους αγκώνες και το πλήρως βυθισμένο κεφάλι με την μέγιστη χαλάρωση του λαιμού, ενώ ο αναπνευστήρας κρατιέται οριακά με το άκρο του λίγο πάνω από την επιφάνεια.

Στο συγκεκριμένο τεχνητό βιντεάκι, που θα μπορούσε άνετα να είναι και από μία πραγματική ανάμνηση, έχουμε φροντίσει να συμμετέχουν όλες οι αισθήσεις για να είναι αποτελεσματικό. Η εστίαση που προκαλεί είναι η μέγιστη δυνατή, εφόσον γίνει σωστά. Ο δύτης θα φροντίσει να χρησιμοποιεί τα ίδια "βιντεάκια" στις χαλαρώσεις του γιατί είναι αποδεδειγμένο ότι η επίδραση τους βελτιώνεται με την εξάσκηση και την επανάληψη τους.

Ο εστιασμένος διαλογισμός συνήθως ακολουθεί την ενεργητική σωματική χαλάρωση (πχ την φωτεινή μπάρα), χωρίς να υπάρχει εδώ κάποιος απόλυτος κανόνας. Αν για παράδειγμα δυσκολεύεται κανείς να πετύχει την σωματική χαλάρωση, τότε κάνοντας πρώτα τον εστιασμένο διαλογισμό θα βοηθηθεί να πετύχει και την σωματική του ενεργητική χαλάρωση.

Η καλύτερη τεχνική είναι στο τέλος του επιλεγμένου χρόνου κάθε βήματος να ειδοποιεί το ζευγάρι τον δύτη με ένα σήμα. Έτσι ο δύτης μπορεί να μείνει συγκεντρωμένος στις τεχνικές χαλάρωσης και διαλογισμού που θα εφαρμόσει, χωρίς να κοιτάει το ρολόι του ή να παραμένει σε ένα υπερβολικό, τυχαίο, χρόνο σε προετοιμασία.

Στο θέμα του εστιασμένου διαλογισμού θα επανέλθουμε συζητώντας το διάλειμμα επιφανείας ανάμεσα στις καταδύσεις. Η ίδια η ελεύθερη κατάδυση είναι τελικά τόσο ευχάριστη πνευματική εμπειρία και τόσο χαλαρωτική, ακριβώς επειδή επιδρά στον δύτη όπως ο εστιασμένος διαλογισμός, συγκεντρώνει και εστιάζει την σκέψη μας μόνο σε ότι συμβαίνει γύρω μας στο βυθό και πολλαπλασιάζει έτσι τα αποθέματα οξυγόνου στον εγκέφαλο για μεγάλη παραμονή. Έτσι μετά την ολοκλήρωση μίας ελεύθερης κατάδυσης το άτομο παραμένει και στην επιφάνεια υπό την ευχάριστη επήρεια της εμπειρίας ενός είδους "εστιασμένου διαλογισμού" – της ίδιας της κατάδυσης δηλαδή.

Αν ο δύτης φροντίσει να διατηρήσει για τα επόμενα λεπτά της επιφάνειας αυτή την ιδανική πνευματική φόρμα του και προσθέσει και τις τρεις τεχνικές εστιασμένου διαλογισμού πριν ξανακαταδυθεί θα έχει πετύχει να βρίσκεται σε ένα πρωτοφανές επίπεδο σωματικής και πνευματικής κατάστασης με μηδενισμένες τις καταναλώσεις οξυγόνου.

Αυτό αποτελεί το καταστάλαγμα της γνώσης για να περάσει κανείς στο 3° επίπεδο της τεχνικής ή στην αθλητική ελεύθερη κατάδυση: εκεί αντιμετωπίζεται η κάθε κατάδυση σαν σωματική και πνευματική προετοιμασία της επόμενης βουτιάς. Με άλλα λόγια η προετοιμασία μίας κατάδυσης δεν ξεκινάει από το μηδέν, αφού έχει γίνει μία ελεύθερη ή μετά από μία σειρά από ελεύθερες καταδύσεις.

Η προετοιμασία της κάθε βουτιάς είναι η προηγούμενη κατάδυση και ο βαθμός εστιασμένου διαλογισμού που προέκυψε από αυτήν ή από μία σειρά καταδύσεων. Έτσι και το τέλος μίας κατάδυσης με την ανάδυση και την επιστροφή στην επιφάνεια είναι ήδη η αρχή της επόμενης βουτιάς και καθορίζει την επιτυχία της, ανάλογα με τον βαθμό εστιασμένου διαλογισμού που δημιούργησε στον δύτη, στέλνοντας τον σε ανώτερο επίπεδο πνευματικής χαλάρωσης για να το χρησιμοποιήσει στην επόμενη κατάδυση του!

2.3. Η σειρά και η διάρκεια των τεχνικών προετοιμασίας

Η προετοιμασία γίνεται με κάποια σταθερά πάντοτε βήματα και με τις τεχνικές χαλάρωσης, όπου οι επιλογές είναι πιο ελεύθερες ως προς το ποιες τεχνικές θα χρησιμοποιηθούν και με ποια σειρά.

Αν τοποθετήσουμε την διαδικασία και τις τεχνικές της προετοιμασίας που είδαμε αναλυτικά, σε βήματα, θα έχουμε την ακόλουθη σειρά:

Βήμα 1°: Επιλογή του χρόνου διάρκειας κάθε βήματος και συνεννόηση με το ζευγάρι

Η πιο απλή τεχνική είναι να επιλέξει ο δύτης πόσο θέλει να διαρκέσει η φάση της σωματικής χαλάρωσης και ειδικά το "σκανάρισμα" από την φωτεινή μπάρα και πόσο επιθυμεί να διαρκέσει η αυτοσυγκέντρωσή του με όσες τεχνικές εφαρμόσει εκεί όπως το φανταστικό βίντεο της βουτιάς του και το βιντεάκι ηρεμίας και βραδυκαρδίας. Συνήθως βάζουμε το ζευγάρι να ειδοποιεί στο τέλος του διαθέσιμου χρόνου σωματικής χαλάρωσης με ένα σήμα του, όπως ένα χτυπηματάκι στον ώμο μας. Έτσι περνάμε στην φάση της αυτοσυγκέντρωσης και όταν ολοκληρωθεί και εκεί ο διαθέσιμος χρόνος το ζευγάρι μας επαναλαμβάνει ένα σήμα. Η συνέχεια θα είναι οι τελικές αναπνοές επί ένα λεπτό που το υπολογίζουμε χωρίς ρολόι και ακολουθεί η κατάδυση.

Ο υπολογισμός του χρόνου τυπικά χρειάζεται από 3 έως 5 λεπτά για κάθε τύπο χαλάρωσης, για παράδειγμα 4 λεπτά σωματική χαλάρωση και 3 λεπτά αυτοσυγκέντρωση. Αν επιχειρήσει ο δύτης να βρίσκει τον χρόνο μόνος του θα χαλάσει την χαλάρωσή του κοιτώντας το ρολόι του και κάνοντας υπολογισμούς. Ακόμα και με ένα χρονόμετρο με συναγερμό θα διακόψει στην μέση την χαλάρωση πριν ξεκινήσει η αυτοσυγκέντρωσή του. Επομένως χρειάζεται να αφήσει το μέτρημα στο ζευγάρι του και απλά να τον ενημερώσει σε ποιους χρόνους θα ήθελε να τον ειδοποιεί. Μπορεί να επιλέξει ειδοποίηση σε κάθε βήμα, ειδοποίηση στις δύο γενικές φάσεις (σωματική χαλάρωση – αυτοσυγκέντρωση) ή ειδοποίηση μόνο στο τέλος ολόκληρου του χρόνου (πχ διάρκειας 8 λεπτών) της προετοιμασίας.

Βήμα 2°: Τοποθέτηση του σώματος σε θέση χαλάρωσης – κράτημα από τον πλωτήρα

Ο δύτης σταματάει κάθε κίνηση στην επιφάνεια και παίρνει την θέση χαλάρωσης, κρατώντας με το ένα του χέρι κάποιο σχοινάκι του πλωτήρα.

Βήμα 3°: Έλεγχος και επαναφορά της αναπνοής σε φυσιολογικό – κανονικό ρυθμό ηρεμίας

Ένα απαραίτητο βήμα πριν ξεκινήσουν οι τεχνικές της προετοιμασίας είναι να ελέγξει το άτομο που είναι ήδη σε θέση χαλάρωσης αν έχει επανέλθει και η αναπνοή του σε φυσιολογικό ρυθμό ηρεμίας. Μετά από έντονο κολύμπι στην επιφάνεια ή στα πρώτα λεπτά μετά από μία σημαντική άπνοια είναι πιθανό να υπάρχει ακόμα ένα λαχάνιασμα το οποίο θα πρέπει να περιμένει ο δύτης να υποχωρήσει πριν ξεκινήσει τις τεχνικές προετοιμασίας της επόμενης άπνοιας. Μία άλλη περίπτωση είναι να έχει μπει η αναπνοή του δύτη ακούσια – χωρίς να το έχει προσέξει (κάτι που συμβαίνει κυρίως μετά από μακρόχρονη κολύμβηση στην επιφάνεια), σε φάση υπερβολικά βαθιάς αναπνοής από τον αναπνευστήρα. Εδώ έχουμε αναπνοή υπεραερισμού και πρέπει να διορθωθεί και να γίνει κανονική η αναπνοή πριν αρχίσει η προετοιμασία.

Με μία απλή παρατήρηση του τρόπου με τον οποίο αναπνέει, ο δύτης θα καταλάβει αμέσως αν η αναπνοή του είναι στα πλαίσια του φυσιολογικού και αν διαπιστώσει ότι έχει ξεφύγει από τον κανονικό της ρυθμό και βάθος, μπορεί να την διορθώσει αμέσως

Η πιο πρακτική τεχνική είναι να βάλει ο δύτης το ζευγάρι του να τον ειδοποιήσει μόνο 2 φορές συνολικά στην προετοιμασία του: μία φορά στο τέλος του χρόνου σωματικής χαλάρωσης και μία φορά στο τέλος της αυτοσυγκέντρωσης.

Βήμα 4°: Σκανάρισμα από την φωτεινή μπάρα (ενεργητική σωματική χαλάρωση)

Ο σχεδιασμός της σειράς εφαρμογής των τεχνικών προετοιμασίας δεν είναι απαραίτητα μία σταθερή συνταγή από το ένα έως το πέντε. Ανάλογα με το είδος της τελευταίας κατάδυσης και τις ανάγκες που θα έχει η επόμενη, ο δύτης επιλέγει ποιες τεχνικές θα χρησιμοποιήσει κάθε φορά και με ποια σειρά θα τις εφαρμόσει στην προετοιμασία του. Αν για παράδειγμα η τελευταία βουτιά ήταν μία βαθιά κατάδυση με αρκετά κουραστική, επομένως, διαδρομή κατάδυσης – ανάδυσης, μία λογική επιλογή θα είναι να ξεκινήσει ο δύτης την προετοιμασία του με την τεχνική "του σκαναρίσματος από την φωτεινή μπάρα", για ενεργητική σωματική χαλάρωση. Με αυτό τον τρόπο θα πετύχει από νωρίς μία πρώτη μεγάλη έναρξη φόρτισης των μυών και του σώματος γενικά με οξυγόνο, μία διαδικασία που θέλει τον δικό της χρόνο.

Να τονίσουμε εδώ ότι η καταδυτική φυσιολογία δίνει ότι απαιτείται χρόνος 15 λεπτών για την πλήρη επαναφόρτιση του σώματος με οξυγόνο μετά από μία ελεύθερη κατάδυση. Επομένως ακόμα και αν γνωρίζουμε ότι σε 5 λεπτά μετά την άπνοια θα έχουμε επανέλθει κατά 80% σε επάρκεια οξυγόνου ή ότι μετά από 10 λεπτά θα έχουμε φτάσει σε 90 – 95% επαναφόρτισης του σώματος σε οξυγόνο, είναι καλή ιδέα να ξεκινήσει κανείς με την ενεργητική σωματική χαλάρωση, ώστε να επιταχύνουμε την επαναπρόσληψη οξυγόνου από το σώμα. Αυτό θα μπορούσε να είναι ένας απαράβατος κανόνας όταν κάποιος βιάζεται να επιχειρήσει μία νέα απαιτητική άπνοια με μικρό διάλειμμα επιφανείας (μικρότερο των 10 - 15 λεπτών) σε σχέση με την προηγούμενη κατάδυση.

Βήμα 5°: Εστίαση στην παρατήρηση ενός μικρού ψαριού ή ζωύφιου στην επιφάνεια

Βήμα 6°: Εστίαση στην προβολή ενός εικονικού βίντεο της σχεδιαζόμενης κατάδυσης

Βήμα 7°: Εστίαση στην προβολή ενός εικονικού βίντεο ηρεμίας και χαλάρωσης

Τα βήματα 5, 6 και 7 είναι οι τεχνικές του εστιασμένου διαλογισμού στην ενεργητική πνευματική χαλάρωση (αυτοσυγκέντρωση) και συνήθως αν χρησιμοποιηθούν όλες (και οι τρεις) γίνονται με αυτή την σειρά από την πιο εύκολη και απλή δηλαδή προς την πιο δύσκολη και πιο απαιτητική.

Βήμα 8°: Οι τελικές αναπνοές πριν την κατάδυση

Ο γενικός κανόνας: διατήρηση μίας φυσιολογικής αναπνοής τα τελικά 10 λεπτά πριν την άπνοια

Ο έμπειρος ελεύθερος δύτης γνωρίζει έναν πρώτο γενικό κανόνα της φυσιολογίας ότι στα τελευταία δέκα λεπτά πριν από την άπνοια απαγορεύεται οποιοσδήποτε υπεραερισμός. Έτσι η προσπάθεια που κάνει στη διάρκεια της προετοιμασίας του για την άπνοια είναι να διατηρήσει φυσιολογική την αναπνοή του. Η αναπνοή από το στόμα, μέσω του αναπνευστήρα, αποτελεί ήδη μία σχετικά πιο βαθιά αναπνοή από αυτήν που θα έκανε το ίδιο άτομο σε κατάσταση ηρεμίας έξω από το νερό. Ωστόσο την θεωρούμε σαν φυσιολογική για τις συνθήκες της ελεύθερης κατάδυσης, όπως η αναπνοή μέσω του αναπνευστήρα. Για αυτό το λόγο χρειάζεται η αυτο-παρακολούθηση της αναπνοής, ώστε να μην ξεπεράσει σε όγκο αναπνεύσιμου αέρα αυτό που δεχόμαστε ως αναπνοή ηρεμίας και γίνει μία βαθιά αναπνοή, δηλαδή μεγαλύτερη σε όγκο αέρα από το φυσιολογικό, ανά λεπτό.

Το τελικό λεπτό αναπνοής πριν την άπνοια: ελεύθερη επιλογή αναπνοών από τον δύτη

1. Τεχνική των πολύ βαθιών – μεγάλων αναπνοών

Το τελευταίο λεπτό, πριν ξεκινήσει μία ελεύθερη κατάδυση δευτέρου επιπέδου, ο έμπειρος ελεύθερος δύτης έχει το ελεύθερο να αναπνεύσει όπως αυτός προτιμάει, με βάση την γενική αρχή ότι ακόμα και αν κάνει τις πιο βαθιές αναπνοές που θα μπορούσαν να γίνουν, ο χρόνος του ενός λεπτού (και ποτέ περισσότερο) δεν αρκεί για να θεωρηθεί αυτό σαν υπεραερισμός με πρακτικό αποτέλεσμα, δηλαδή ο όγκος αέρα ανά λεπτό στην αναπνοή ακόμα και αν γίνει μέγιστος στο τελικό λεπτό δεν αρκεί για να προκαλέσει επικίνδυνη μείωση του διοξειδίου του άνθρακα στο σώμα του δύτη, που είναι ο κίνδυνος του υπεραερισμού.

Ο σκοπός της επιλογής μεγάλων σε όγκο αναπνοών μόνο στο τελικό λεπτό δεν είναι ένας μίνι υπεραερισμός, αλλά η κινητοποίηση του καταδυτικού αντανακλαστικού που πετυχαίνουμε με την υπερβολική διαστολή και συστολή του θώρακα στην πραγματικά βαθιά – μεγάλη αναπνοή. Θέλουμε να κινητοποιηθεί η ελαστική επαναφορά του θώρακα, η τάση του θωρακικού κλωβού δηλαδή να αντιστέκεται στην συμπίεση του θώρακα και επομένως και του πνεύμονα, που προκαλεί η αυξημένη πίεση περιβάλλοντος. Αν δεν λειτουργήσει καλά η τάση ελαστικής επαναφοράς του θώρακα στην βαθιά κατάδυση τότε οι πνεύμονες του δύτη κινδυνεύουν με σύνθλιψη των κυψελίδων τους, έναν από τους πιο επικίνδυνους τραυματισμούς για τον ελεύθερο δύτη, όπως γνωρίζουμε από την φυσιολογία.

Μία πολύ βαθιά αναπνοή ή ακόμα και δύο ή τρεις, αν προλαβαίνει να τις κάνει κάποιος ήρεμα μέσα σε ένα λεπτό, είναι ένας πολύ καλός τρόπος να δοθεί το "μήνυμα" στο σώμα ότι θα γίνει βαθιά κατάδυση και επομένως ξεκινάει μία κινητοποίηση της ελαστικότητας του θωρακικού κλωβού με μία ή δύο - τρεις μεγάλες διαστολές και συστολές του με την αναπνοή μας. Οι μεγάλες αναπνοές λειτουργούν σαν ένας συναγερμός για το σώμα ότι πρόκειται να ξεκινήσει μία ελεύθερη κατάδυση, καθώς είναι πολλά αυτά που το ίδιο το σώμα έχει συνηθίσει να τα επαναλαμβάνει σε κάθε κατάδυση (καταδυτική ανταπόκριση του οργανισμού).

Οι πολύ βαθιές αναπνοές, από μία έως τρεις συνήθως σε αριθμό, είναι η επιλογή των περισσότερων έμπειρων δυτών πριν την βαθιά κατάδυση, αλλά υπάρχουν και άλλες τεχνικές που μπορεί να επιλέξει κανείς αν θεωρεί ότι του ταιριάζουν περισσότερο. Το μειονέκτημα για παράδειγμα των πολύ μεγάλων αναπνοών είναι ότι δημιουργούν ταχυκαρδία πριν την βουτιά, ανεβάζοντας πολύ πάνω από 100 τον καρδιακό παλμό του δύτη πριν βουτήξει. Έτσι πολλοί έμπειροι δύτες ακολουθούν άλλες τεχνικές αναπνοής στο τελικό ένα λεπτό και κάνουν μόνο μία τελική πολύ βαθιά αναπνοή πριν την κατάδυση, στο τέλος του ενός λεπτού.

2. Τεχνική της διατήρησης αναπνοών ηρεμίας (φυσιολογική αναπνοή)

Η "ελεύθερη επιλογή" του τρόπου αναπνοής που προσφέρεται στον δύτη στο τελικό λεπτό της προετοιμασίας δεν σημαίνει ότι τον συμφέρει απαραίτητα να επιλέξει να κάνει μέγιστες – βαθιές αναπνοές. Έτσι αν ένας δύτης θεωρεί ότι έχει περισσότερο ανάγκη την βραδυκαρδία σε σχέση με ένα πρόωρο "ξύπνημα" της ελαστικής επαναφορά του θώρακά του, αυτός θα επιλέξει έναν άλλο τρόπο αναπνοών το τελευταίο λεπτό. Το πιο απλό είναι να κρατήσει φυσιολογική την αναπνοή του ή να κάνει μόνο μία μεγάλη αναπνοή (βαθιά εισπνοή – βαθιά εκπνοή) στο τέλος του ενός λεπτού.

Η στιγμή της τελικής βαθιάς εισπνοής: η στολή θα βαθμολογηθεί εδώ, γιατί το σακάκι θα πρέπει να εμφανίσει ιδιαίτερη ελαστικότητα και να μην αντισταθεί καθόλου στην μεγάλη διαστολή του θώρακα του ελεύθερου δύτη.

3. Τεχνική των μακρόχρονων εκπνοών

Μία τρίτη επιλογή τρόπου αναπνοής στο τελικό λεπτό, ειδικά σε περιπτώσεις που χρειάζεται ενίσχυση της χαλάρωσης (όπως σε δύσκολες συνθήκες με κάποιο κυματισμό ή ρεύμα στην επιφάνεια, όπου δυσκολεύει γενικά η χαλάρωση), είναι η χρήση της τεχνικής των μακρόχρονων εκπνοών.

Ο δύτης σε αυτή την τεχνική κάνει μία γρήγορη βαθιά εισπνοή που την ακολουθεί μία αργή και μακρόχρονη εκπνοή. Στην διάρκεια της εκπνοής προκαλείται βραδυκαρδία και είναι εξαιρετικά ωφέλιμο αν μπορεί κανείς να προκαλέσει βραδυκαρδία στα τελικά δευτερόλεπτα πριν την βουτιά. Άλλωστε ο στόχος ολόκληρης της προετοιμασίας του ατόμου με όλες τις τεχνικές πνευματικής και σωματικής χαλάρωσης, που είναι η πτώση της κατανάλωσης οξυγόνου, εκδηλώνεται με βραδυκαρδία πρακτικά και το ίδιο γίνεται και στη διάρκεια της κατάδυσης: αν υπάρξει σωστή και ήρεμη εκτέλεση της βουτιάς εμφανίζεται βραδυκαρδία που γίνεται εντονότερη όσο πιο βαθιά κατεβαίνει ο δύτης, δηλαδή ενισχύεται πολύ με το βάθος.

Όπως και με τις βαθιές αναπνοές έτσι και στις μακρόχρονες εκπνοές η αναπνοή θεωρείται βαθύτερη του φυσιολογικού και δεν την κρατάμε ποτέ πάνω από αυτό το τελικό ένα λεπτό. Διαφορετικά θα πρόκειται πλέον για κανονικό υπεραερισμό με όλους τους πραγματικούς κινδύνους που συνεπάγεται αυτός για τον ελεύθερο δύτη.

Βήμα 9°: Η τελική εισπνοή πριν την κατάδυση

Η τελική εισπνοή πριν εγκαταλείψει ο ελεύθερος δύτης την επιφάνεια της θάλασσας χαρακτηρίζεται σαν "βαθιά εισπνοή" και σε γενικές γραμμές αποτελεί το 70% του πραγματικού μέγιστου δυνατού όγκου αέρα της εισπνοής, αυτού που στη φυσιολογία ονομάζεται ζωτική χωρητικότητα των πνευμόνων του ατόμου.

Ο έμπειρος ελεύθερος δύτης γνωρίζει ότι το 70% της μέγιστης δυνατής εισπνοής, δηλαδή τα δύο – τρίτα της ζωτικής χωρητικότητας των πνευμόνων, είναι ένας πραγματικά πολύ μεγάλος όγκος αέρα για μία εισπνοή. Είναι τόσο μεγάλη ποσότητα, ώστε για να την πετύχει στην τελική εισπνοή χρειάζεται πολύ καλή γνώση και εκπαίδευση στα τρία ξεχωριστά μέρη της αναπνοής.

Στην φυσιολογία η μέγιστη εισπνοή (ίση με την ζωτική χωρητικότητα) είναι ο όγκος αέρα μίας πλήρους εισπνοής. Πλήρης εισπνοή είναι το άθροισμα των τριών επιμέρους μερών της εισπνοής που είναι: η διαφραγματική, η πλευρική και η υψηλή θωρακική εισπνοή, καθεμία περίπου το ένα τρίτο της συνολικής, πλήρους εισπνοής. Επομένως για να πετύχει ένα άτομο να φτάσει στο 70% της πλήρους εισπνοής θα χρειαστεί να αρχίσει μία εισπνοή με το διάφραγμα, να γεμίσει σχεδόν τη διαφραγματική περιοχή, στη συνέχεια να γεμίσει σχεδόν την πλευρική εισπνοή και να ολοκληρώσει με γέμισμα σχεδόν με αέρα της υψηλής θωρακικής περιοχής. Η διαφορά με τον αρχάριο ελεύθερο δύτη είναι ότι αυτός δεν γνωρίζει την ανάλυση της πλήρους αναπνοής και θεωρεί ότι αυτό που κάνει αυθόρμητα, δηλαδή η μεγάλη υψηλή θωρακική εισπνοή, είναι μία πολύ βαθιά, πολύ μεγάλη εισπνοή. Στην πράξη όμως αυτό που εισπνέει είναι μόνο το 70% του ενός τρίτου του όγκου της πλήρους αναπνοής του, δηλαδή δεν εισπνέει ούτε το μισό όγκο της πραγματικής του ζωτικής χωρητικότητας πριν καταδυθεί.

Ο μεγάλος όγκος αέρα της τελικής εισπνοής προέρχεται από τις ανάγκες της βαθιάς κατάδυσης, όπως γνωρίζουμε από την φυσιολογία. Κατ' αρχήν χρειάζεται αρκετός όγκος αέρα στους πνεύμονες για να λειτουργήσει σωστά η συμπίεση τους και η συγκέντρωση αίματος στις κυψελίδες από το καταδυτικό αντανακλαστικό, χωρίς να υπάρξει κίνδυνος σύνθλιψης κυψελίδων. Ένα δεύτερο θέμα είναι ότι μία μεγάλη ποσότητα αέρα στους πνεύμονες θα επιτρέψει την παρουσία εκεί μίας σημαντικής ποσότητας οξυγόνου, σαν απόθεμα ασφαλείας, πέρα από το οξυγόνο που υπάρχει στο αίμα κλπ.

Το μειονέκτημα της εισπνοής μεγάλου όγκου αέρα είναι η ταχυκαρδία που προκαλεί στον δύτη μέχρι αυτός να φτάσει σε μερικά μέτρα βάθος όπου πλέον το καταδυτικό αντανακλαστικό επιβάλει την βραδυκαρδία και την διατηρεί ως το τέλος της βουτιάς. Δεύτερο μειονέκτημα είναι η αυξημένη άνωση στην επιφάνεια και στα πρώτα μέτρα της κατάδυσης, κάτι που θα αντιμετωπίσει ο δύτης με την τεχνική του στην γρήγορη διαφυγή από την επιφάνεια με τις σωστές κινήσεις και με τα ανάλογα βάρη στη ζώνη του.

Η εισπνοή μεγάλου όγκου αέρα δεν έχει να κάνει με κάποια προσπάθεια δέσμευσης μίας μεγάλης ποσότητας οξυγόνου μέσα στους πνεύμονες. Αποτελεί προσπάθεια γεμίσματος ενός "μπαλονιού" με αρκετό αέρα, ώστε να αντέξει στην συμπίεση της βαθιάς κατάδυσης και να μην συνθλιβεί. Αν δεν υπήρχε αυτή η ανάγκη μάλλον θα μειώναμε τον όγκο της τελικής εισπνοής, γιατί στην πράξη ο δύτης δεν έχει ανάγκη το οξυγόνο που περιέχεται εκεί και δεν θα προλάβει να το χρησιμοποιήσει, όπως γνωρίζουμε από την φυσιολογία.

Η εισπνοή μικρότερου όγκου αέρα από αυτό που γενικά περιγράφουμε σαν μία βαθιά εισπνοή μπορεί να αποδειχτεί επικίνδυνη, ιδιαίτερα στην βαθιά κατάδυση. Έτσι η τάση να πειραματιστούν κάποιοι με μικρές εισπνοές αέρα ώστε να καταδύονται πιο άνετα με λιγότερη άνωση, αποτελεί μία απαγορευμένη τεχνική, με ιδιαίτερα μεγάλο ρίσκο τραυματισμού των πνευμόνων (πνευμονικό βαρότραυμα).

Η εμπειρία και η εκπαίδευση στην ελεύθερη κατάδυση επιτρέπουν σταδιακά στον ελεύθερο δύτη να εντοπίσει τον πραγματικό όγκο αέρα που εισπνέει στην τελική εισπνοή του και με τον χρόνο να τον αυξήσει, φτάνοντας τον στο πραγματικό 70% της ζωτικής του χωρητικότητας. Τότε ο δύτης έχει την δυνατότητα να κάνει ακόμα και μεγαλύτερη εισπνοή, για αυτό και βάζουμε το όριο του 70%, καθώς μία μεγαλύτερη εισπνοή δεν θα του προσφέρει κάτι παραπάνω, αλλά θα έχει μειονεκτήματα γιατί θα δημιουργήσει μεγαλύτερη ταχυκαρδία και φυσικά θα προκαλέσει μεγαλύτερη άνωση. Επομένως η προσπάθεια κάποιου δύτη να κάνει μία πλήρη εισπνοή (100% του δυνατού όγκου αέρα) πριν καταδυθεί, εισπνέοντας όλη τη ζωτική χωρητικότητα των πνευμόνων του, δεν έχει νόημα στην ερασιτεχνική κατάδυση, παρά μόνο ίσως σε κάποιες καταδύσεις σε ρεκόρ βάθους, κάτω από τα 100 μέτρα.

Μία κρίσιμη λεπτομέρεια στην προσπάθεια του δύτη να κάνει μία αρκετά βαθιά τελική εισπνοή είναι να φοράει ένα σακάκι πολύ άνετο, ταιριαστό στα μέτρα του σώματος του δύτη και κατασκευασμένο από πολύ ελαστικό νεοπρέν. Για να ακολουθήσει η στολή την μεγάλη διαστολή του θώρακα στην βαθιά εισπνοή και να μην δημιουργήσει εμπόδια προβάλλοντας αντίσταση, θα πρέπει το υλικό της να είναι ειδικά μελετημένο, με υπερελαστική φόδρα (αν έχει φόδρα) και πολύ ελαστικό νεοπρέν και η στολή να είναι ραμμένη σωστά με ελάχιστες ραφές. Συνήθως οι στολές διαθέτουν ένα ενιαίο κομμάτι νεοπρέν μπροστά και ένα κομμάτι στην πλάτη του θώρακα, χωρίς άλλες ραφές, οι οποίες μειώνουν την ελαστικότητα της στολής.

Αν ο δύτης αισθανθεί την παραμικρή αντίσταση στην αναπνοές του ή στην βαθιά τελική εισπνοή, από την στολή του, στο ύψος του θώρακα, θα πρέπει να αλλάξει στολή, αφού οι πιθανότητες είναι ότι του είναι στενή ή έχει παλιώσει και έχει χάσει την ελαστικότητα της ή δεν έχει αρκετά καλό και ελαστικό υλικό. Το σημαντικό είναι το σακάκι να διευκολύνει πάντα την βαθιά αναπνοή με την ελαστικότητά του, που έτσι κι αλλιώς την χρειάζεται ο δύτης και για μεγάλη άνεση στις κινήσεις του και για τέλεια θερμική προστασία.

ΚΕΦΑΛΑΙΟ 3

Οι Κινήσεις της Φάσης Κατάδυσης

Η φάση της κατάδυσης αποτελεί το 80% στο σύνολο μίας επιτυχημένης ελεύθερης κατάδυσης. Η ανάδυση είναι απλώς η επιστροφή από ένα βάθος στο οποίο κατάφερες να φτάσεις διαθέτοντας την άνεση και την σιγουριά, την αυτοπεποίθηση που απαιτείται, ότι έως εκείνο το βάθος τουλάχιστον, κινείσαι με ασφάλεια. Ανάλογο είναι και το ποσοστό του έργου το οποίο θα πρέπει να δαπανήσει ο δύτης για να καταδυθεί, σε σχέση με το πολύ πιο μικρό έργο της ανάδυσης.

Στις δυσκολίες της κατάδυσης προστίθεται και η εξίσωση της πίεσης στα αυτιά με την πίεση του περιβάλλοντος, κάτι που μπορεί να δημιουργήσει άγχος, καθυστερήσεις ή και ακύρωση ακόμα μίας κατάδυσης που θα μπορούσε να ολοκληρωθεί άνετα αν δεν υπήρχαν τα προβλήματα εξίσωσης των αυτιών. Στο 2ο επίπεδο ο ελεύθερος δύτης έχει να δοκιμάσει και να εξοικειωθεί με νέες τεχνικές εξίσωσης της πίεσης στα αυτιά. Τεχνικές που εξασφαλίζουν πετυχημένες εξισώσεις με μεγαλύτερη ταχύτητα καθόδου και με ελάχιστες ή καθόλου παρενέργειες, όπως η ταχυκαρδία.

Ο ελεύθερος δύτης στο 2° επίπεδο μπαίνει σε μία πολύ πιο προχωρημένη και αναλυτική τεχνική που θα του επιτρέψει να διορθώσει τυχόν λάθη στις κινήσεις του όταν καταδύεται, αλλά και να τελειοποιήσει κάθε κίνηση της φάσης κατάδυσης τόσο πολύ, ώστε δεν θα έχει πλέον καμία σχέση με τις απλές κινήσεις μίας βουτιάς ενός δύτη του 1^{ου} επιπέδου εμπειρίας. Αυτό θα του επιτρέψει να βαθύνει αρκετά μέτρα, καθώς κερδίζει πολύ σε άπνοια βελτιώνοντας την τεχνική του. Παράλληλα θα του δώσει την αυτοπεποίθηση για να σχεδιάζει πλέον βαθιές ελεύθερες καταδύσεις οι οποίες επιταχύνουν και την απόκτηση μεγάλης πείρας μέσα στο νερό.

Όταν ο ελεύθερος δύτης θα εφαρμόσει στο σύνολο τους τις διορθώσεις, τις νέες τεχνικές και τις βελτιώσεις της υπάρχουσας τεχνικής κατάδυσης που περιέχονται στο 2° επίπεδο της γνώσης της ελεύθερης, τίποτα δεν θα θυμίζει πλέον τον αρχάριο δύτη του 1^{ου} επιπέδου που ήταν κάποτε. Η τεχνική του θα περάσει σε ένα άλλο "σύμπαν", όπου σε κάθε του κίνηση στη φάση κατάδυσης, αρχίζει να μοιάζει περισσότερο με ένα εξαιρετικά έμπειρο άτομο στην ελεύθερη κατάδυση και καθόλου με κάποιον αρχάριο δύτη των πρώτων δέκα μέτρων βάθους.

3.1. Η σειρά των κινήσεων στη φάση κατάδυσης

Η φάση της κατάδυσης είναι μία σειρά από ξεχωριστές κινήσεις – ενέργειες που θα εκτελέσει ο ελεύθερος δύτης ως το επιθυμητό βάθος.

Η σειρά στις κινήσεις της φάσης κατάδυσης δεν αλλάζει φυσικά στην ανώτερη τεχνική του 2^{ου} επιπέδου. Ο δύτης εξάλλου είναι καλό να ακολουθήσει τον τρόπο που έχει ήδη μάθει να καταδύεται και έχει ήδη αποκτήσει μία σημαντική εμπειρία κάνοντας καταδύσεις πάνω σε αυτά τα βήματα, τα οποία έμαθε στο 1° επίπεδο.

Μία λογική σειρά όλων των κινήσεων που θα εκτελέσει ο δύτης στη φάση της κατάδυσης είναι η ακόλουθη:

1. Το βγάλσιμο του αναπνευστήρα από το στόμα.

2. Η εγκατάλειψη της επιφάνειας: Το "σπάσιμο" της μέσης και το γλίστρημα στην κάθετη θέση βύθισης κάτω από την επιφάνεια.

3. Οι εξισώσεις της πίεσης στα αυτιά, από την επιφάνεια μέχρι το βυθό.

4. Ο τρόπος κίνησης των πτερυγίων σε όλη την διαδρομή, από την επιφάνεια μέχρι το βυθό.

5. Η εξίσωση της πίεσης του αέρα μέσα στη μάσκα.

6. Η θέση του κεφαλιού στην υδροδυναμική γραμμή του σώματος στην φάση κατάδυσης

3.2. Εντοπισμός των πιθανών "λαθών" σε κάθε κίνηση και εφαρμογή νέων τεχνικών $2^{ου}$ επιπέδου

Στην εκπαίδευση των ελεύθερων δυτών αναλύουμε την κάθε κίνηση και προτείνουμε δύο πράγματα στον μαθητευόμενο ελεύθερο δύτη του $2^{ου}$ επιπέδου:

Το πρώτο είναι να εντοπίσει τα πιθανά λάθη του και με την βοήθεια ενός παρατηρητή αν γίνεται, σε κάθε βήμα της φάσης κατάδυσης, όπως την εκτελεί σαν απόφοιτος $1^{ου}$ επιπέδου. Εδώ αξίζει να διευκρινίσουμε κάτι πολύ σημαντικό: στον απόφοιτο δύτη του $1^{ου}$ επιπέδου επιτρέπουμε να καταδύεται κάνοντας ενέργειες που σε ανώτερο επίπεδο εμπειρίας θεωρούνται λάθος. Αυτό γίνεται για να μην τον "υπερφορτώσουμε" με λεπτομέρειες που στο επίπεδο του δεν είναι τόσο σημαντικές, αλλά θα του προκαλέσουν άγχος και σύγχυση αν τον βάλουμε να τις εφαρμόσει από τόσο νωρίς.

Για παράδειγμα στην φάση κατάδυσης τον νέο δύτη (του $1^{ου}$ επιπέδου τεχνικής) τον αφήνουμε να σκύβει προς τα πίσω το κεφάλι του για να βλέπει καλύτερα μπροστά του τον βυθό και να μην αγχώνεται. Αν τον βάλουμε να διορθώσει την στάση του κεφαλιού του και να κοιτάει λίγο διαγώνια μόνο τον βυθό όσο καταδύεται (όπως κάνουμε στο $2^{ο}$ επίπεδο), θα συμβούν δύο παρενέργειες: πρώτον θα αρχίσει να κατεβαίνει διαγώνια χάνοντας το σχοινί κατάδυσης, γιατί δεν θα βλέπει καλά πλέον μπροστά του και δεύτερο θα αγχωθεί υπερβολικά, γιατί δεν θα έχει καλή εικόνα του βυθού όταν κατεβαίνει, με αποτέλεσμα να μειωθεί τόσο πολύ ο χρόνος της απνοιάς του ώστε να μην μπορεί πλέον να φτάσει στα επιθυμητά βάθη ως τα δέκα μέτρα. Αντίθετα στο $2^{ο}$ επίπεδο μία τέτοια στάση σώματος, με το κεφάλι υπό γωνία να κοιτάει τον βυθό, δεν την επιτρέπουμε, θεωρείται σημαντικό λάθος της τεχνικής. Τώρα όμως στο $2^{ο}$ επίπεδο υπάρχει περιθώριο να "ταλαιπωρηθεί" όσο χρειαστεί ο δύτης, κάνοντας πολλές καταδύσεις με στόχο να φτιάξει την στάση του κεφαλιού, έως ότου καταφέρει να διορθώσει την κλίση του κεφαλιού του προς τα πίσω και να καταδύεται σε μία ωραία, κάθετη και υδροδυναμική στάση όλου του σώματος του.

Το δεύτερο που προτείνουμε στον δύτη είναι να χρησιμοποιήσει τις νέες τεχνικές του $2^{ου}$ επιπέδου, αν υπάρχουν, αναβαθμίζοντας την τεχνική του, σε όποιο βήμα της φάσης κατάδυσης μπορεί να γίνει αυτή η αναβάθμιση σε πιο προχωρημένη τεχνική. Χαρακτηριστικό παράδειγμα αποτελούν οι νέες τεχνικές εξίσωσης της πίεσης στα αυτιά (σε σχέση με το $1^{ο}$ επίπεδο όπου εκεί δεν τις διδάσκει κανείς, καθώς δεν είναι ακόμα αρκετά έμπειροι οι νέοι δύτες να τις εφαρμόσουν), τις οποίες θα δοκιμάσει για να υιοθετήσει όποια μπορέσει.

Εδώ θα χρησιμοποιήσουμε αυτή τη μεθοδολογία παρουσιάζοντας τα πιθανά λάθη που γίνονται σε κάθε ένα από τα βήματα της φάσης κατάδυσης και τις τεχνικές που αποτελούν νέα, ανώτερη γνώση η οποία προορίζεται από το 2° επίπεδο της τεχνικής και πάνω.

3.3. Το βγάλσιμο του αναπνευστήρα από το στόμα.

Η πρώτη πραγματική κίνηση της κατάδυσης, μόλις ολοκληρωθεί η τελική βαθιά εισπνοή, είναι να έρθει το ένα χέρι του δύτη στο επιστόμιο του αναπνευστήρα, αν δεν ήταν τοποθετημένο ήδη εκεί στις τελικές αναπνοές και να βγάλει τον αναπνευστήρα από το στόμα. Με την κίνηση αυτή οριστικοποιείται η διακοπή της αναπνοής και η έναρξη της άπνοιας για τον ελεύθερο δύτη. Η επόμενη λογική κίνηση θα είναι ο δύτης να εγκαταλείψει όσο πιο γρήγορα μπορεί την επιφάνεια, καθώς ο χρόνος άπνοιας μετράει πλέον και κάθε δευτερόλεπτο του είναι πολύτιμο!

Στο πρώτο επίπεδο της τεχνικής τονίσαμε τους λόγους για τους οποίους βγαίνει ο αναπνευστήρας από το στόμα στο ξεκίνημα της φάσης κατάδυσης:

1. Με κλειστό το στόμα διευκολύνονται όλοι οι χειρισμοί εξίσωσης της πίεσης στα αυτιά (Ο χειρισμός Βαλσάλβα, ο χειρισμός Φρένζελ και ο χειρισμός "Εθελοντικού ανοίγματος των Ευσταχιανών").

2. Είναι κανόνας ασφαλείας ότι στην ανάδυση δεν πρέπει να έχει ο δύτης στο στόμα τον αναπνευστήρα διότι αν χάσει τις αισθήσεις του μπορεί να είναι δύσκολο για τον διασώστη να τον αφαιρέσει από ένα σφιγμένο σαγόνι και το θύμα κινδυνεύει να εισπνεύσει νερά από τον αναπνευστήρα, αν συνέλθει από μία υποξία με τον αναπνευστήρα ακόμα στο στόμα του.

Συμπερασματικά λοιπόν τόσο στην φάση κατάδυσης όσο και στην φάση της ανάδυσης δεν θέλουμε να υπάρχει ο αναπνευστήρας στο στόμα του δύτη και γι' αυτό τον βγάζουμε από την αρχή της βουτιάς

Α. Πιθανά λάθη στην εκτέλεση της κίνησης

Το βγάλσιμο του αναπνευστήρα χρειάζεται να αποτελεί μία αργή και ευγενική κίνηση, όχι δηλαδή βιαστική και απότομη, επειδή για παράδειγμα κάποιος το θυμήθηκε τελευταία στιγμή, ώστε να μην τραυματίσουμε τα ούλα και τα χείλη στο στόμα μας.

Σε μία βιαστική, γρήγορη, κίνηση για να βγει από το στόμα το επιστόμιο του αναπνευστήρα είναι πιθανό η βίαιη μετακίνηση του σωλήνα του αναπνευστήρα στο πλάι του κεφαλιού του δύτη, να σπρώξει το πλαίσιο της μάσκας και αυτή να βάλει νερά, καταστρέφοντας όλη την προετοιμασία της κατάδυσης, που έχει γίνει έως εκείνη την στιγμή.

Β. Βελτιώσεις στην τεχνική

Ο πιο έμπειρος δύτης φροντίζει να βάλει το χέρι του από νωρίς πιάνοντας το επιστόμιο του αναπνευστήρα, συνήθως στη διάρκεια των τελικών αναπνοών, πριν την τελική εισπνοή δηλαδή. Έτσι το χέρι του δύτη είναι έτοιμο, ήδη, από πριν, να βγάλει μαλακά το επιστόμιο, αμέσως μόλις τελειώσει η βαθιά εισπνοή του.

Τοποθετώντας το χέρι στο επιστόμιο του αναπνευστήρα από νωρίς, στις τελικές αναπνοές, είναι και ένας καλός τρόπος να δείξουμε στο καταδυτικό ζευγάρι μας ότι βρισκόμαστε στο τελικό λεπτό πριν την βουτιά. Η τοποθέτηση του χεριού δηλαδή στο επιστόμιο λειτουργεί σαν σήμα για το ζευγάρι ότι "είμαι στο τελικό λεπτό αναπνοής πριν την κατάδυση".

Το προσεκτικό και παρατηρητικό ζευγάρι ασφαλείας θα καταλάβει ότι ξεκινήσαμε μία άπνοια αμέσως μόλις δει το χέρι μας να βγάζει τον αναπνευστήρα από το στόμα, πριν ακόμα καταδυθούμε δηλαδή.

3.4. Η εγκατάλειψη της επιφάνειας: Το "σπάσιμο" της μέσης και το γλίστρημα στην κάθετη θέση βύθισης κάτω από την επιφάνεια.

Η αξιολόγηση της εμπειρίας ενός ελεύθερου δύτη είναι δυνατή και μόνο από την εικόνα που δίνει στον απλό παρατηρητή της επιφάνειας όταν καταδύεται: όλοι είμαστε εξοικειωμένοι με την καταπληκτική άνεση και σβελτάδα στην κίνηση ενός θαλάσσιου θηλαστικού, όπως ένα μεγάλο δελφίνι, όταν εγκαταλείπει την επιφάνεια. Φεύγει για τον βυθό με το κεφάλι του να σκύβει κάθετα μπροστά προς τον βυθό, το σώμα του γλιστράει ακαριαία προς τα εμπρός και τελικά προς τα κάτω από την επιφάνεια, σε κλάσματα δευτερολέπτου, σχεδόν πιο γρήγορα από όσο προλαβαίνει να δει το μάτι μας και στο τέλος η ουρά του οριακά σηκώνεται έξω από το νερό για να βυθιστεί και αυτή γρήγορα.

Το περίφημο αυτό "γλίστρημα κάτω από την επιφάνεια" στο ξεκίνημα της βουτιάς αποτελεί την δυσκολότερη από όλες τις κινήσεις της φάσης κατάδυσης. Εδώ αποκαλύπτει κανείς, θέλοντας και μη, την πραγματική του εμπειρία στην ελεύθερη κατάδυση. Εδώ θα ξεχωρίσει ο νέος δύτης από τον αρκετά έμπειρο και προχωρημένο, αλλά και αυτός θα φανεί πόσο περιθώριο βελτίωσης έχει δίπλα στο ασυναγώνιστο γλίστρημα ενός ατόμου με πολλές χιλιάδες καταδύσεις στο ενεργητικό του.

Το "σπάσιμο της μέσης" και η βύθιση σε κάθετη θέση, πριν αρχίσουν οι πεδιλιές.

(Φωτογράφιση καρέ-καρέ: 1φωτογραφία / δευτερόλεπτο)

Φωτογραφία 1: Ο δύτης έχει πάρει την τελική του εισπνοή και βγάζει τον αναπνευστήρα από το στόμα.

Φωτό 2: Κάνει μία μικρή πεδιλιά προς τα εμπρός για να πάρει φόρα, σκύβει με δύναμη το κεφάλι του και τεντώνει τα χέρια μπροστά.

Φωτό 3: Το δίπλωμα της μέσης του δύτη ολοκληρώνεται με γωνία του σώματος 90 μοιρών, ενώ με τις λεπίδες λίγο βυθισμένες "φρενάρει" οποιοδήποτε επιπλέον γλίστρημα του σώματος προς τα εμπρός στην επιφάνεια.

Φωτό 4: Η αδράνεια από το βυθιζόμενο κεφάλι και τα χέρια παρασύρει και το κάτω μέρος του σώματος του δύτη και αρχίζει η βύθιση και των ποδιών.

Φωτό 5: Ο δύτης απλά διατηρεί την κάθετη στάση βύθισης, καθώς βυθίζεται ακόμα από την δύναμη που είχε βάλει στο σπάσιμο της μέσης. Τα πτερύγιά του μόνο σηκώνονται ελαφρά κάθετα, έξω από το νερό, πριν βυθιστούν και αυτά.

Φωτό 6 έως 9: Η βύθιση του σώματος συνεχίζεται και βλέπουμε πως γλιστράνε σταδιακά και οι λεπίδες κάτω από την επιφάνεια. Ο δύτης φροντίζει να διατηρήσει μία υδροδυναμική κάθετη στάση προς τον βυθό και μόλις αισθανθεί ότι η άνωση σταματάει την βύθιση του θα ξεκινήσει τις πεδιλιές. Ωστόσο αν έχει βάλει αρκετή δύναμη στο σπάσιμο της μέσης τότε θα περιμένει να βυθιστούν τελείως και οι λεπίδες πριν αναγκαστεί να αρχίσει τις πεδιλιές. Η διαδρομή αυτή είναι "δωρεάν" οπότε συμφέρει να περιμένει.

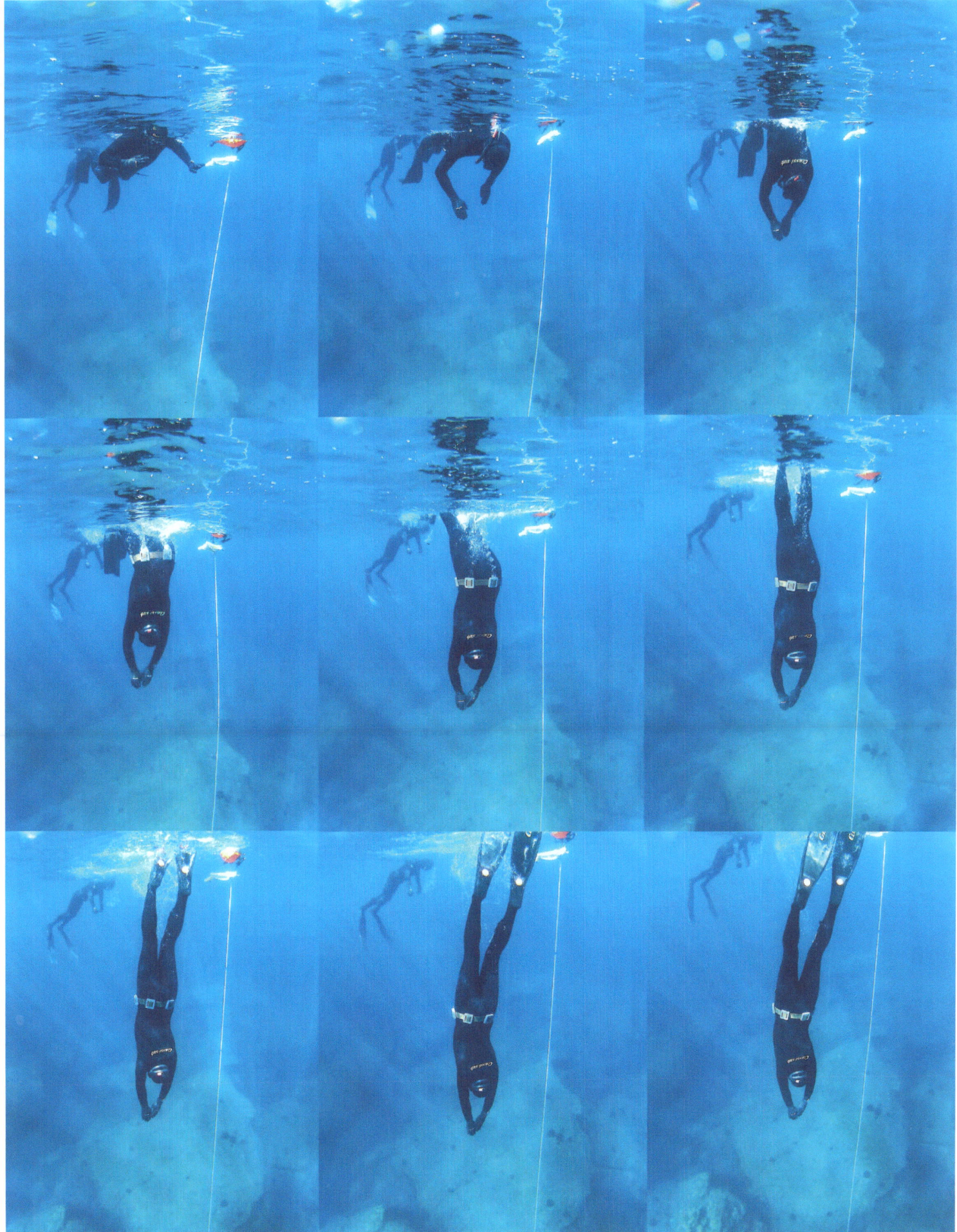

Η αιτία της δυσκολίας στην τελειοποίηση του ξεκινήματος της βουτιάς είναι ότι πέρα από το οποιοδήποτε ταλέντο διαθέτει κανείς θα χρειαστούν χιλιάδες καταδύσεις για να φτάσει να τελειοποιήσει το ξεκίνημα της βουτιάς του. Ειδικά στην αρχή, όπως είναι δηλαδή η αρχική εμπειρία ενός δύτη 1^{ου} επιπέδου, η βελτίωση του ξεκινήματος είναι εμφανής σε κάθε κατάδυση, δηλαδή και ο ίδιος ο δύτης αντιλαμβάνεται μία μικρή βελτίωση της τεχνικής του σε κάθε κατάδυση του. Αυτό φαίνεται εντυπωσιακό στον νέο ελεύθερο δύτη. Αργότερα στην εμπειρία ενός δεύτερου επιπέδου το ξεκίνημα, όπως και κάθε άλλη κίνηση, χρειάζεται μία τελειοποίηση και μία διόρθωση των πιθανών λαθών στην τεχνική. Εδώ χρειάζονται χιλιάδες επιπλέον καταδύσεις και το ιδανικό είναι ο εντοπισμός των πιθανών λαθών να γίνεται από έναν εκπαιδευτή ή έστω από ένα πολύ πιο έμπειρο ζευγάρι σε σχέση με τον δύτη που καταδύεται.

"Το σπάσιμο της μέσης" και το γλίστρημα σε κάθετη θέση κάτω από την επιφάνεια έχει τρεις βασικές αιτίες εξαιρετικής δυσκολίας στην τέλεια εκτέλεση του:

1. Η πρώτη δυσκολία είναι ότι αυτή η κίνηση δεν γίνεται με τα πτερύγια. Η κίνηση πρέπει να γίνει με το κεφάλι και τον κορμό του σώματος. Συμμετέχουν και τα πόδια και τα πτερύγια αλλά σε δευτερεύοντα ρόλο, μέσα στην κίνηση.

2. Δεύτερη δυσκολία είναι ότι η κίνηση δεν γίνεται μέσα στη μάζα του νερού όπως όλη η υπόλοιπη κατάδυση και ανάδυση, αλλά στην επιφάνεια, όπου ότι βγει από το νερό βρίσκεται στον αέρα και δεν προσφέρει πλέον ώθηση, για παράδειγμα αν ξενερίσει ένα πτερύγιο στην επιφάνεια παύει αμέσως να προσφέρει ώθηση όπως μέσα στο νερό. Θα λέγαμε ότι το σπάσιμο της μέσης και το βύθισμα του σώματος είναι μία μικρή βουτιά μέσα στην όλη κατάδυση, ειδικά για την εγκατάλειψη της επιφάνειας.

3. Στην επιφάνεια και στα πρώτα 5 μέτρα βάθους γενικά, το σώμα του ελεύθερου δύτη έχει την μέγιστη άνωση και τελικά την μέγιστη θετική πλευστότητα ακόμα και με αρκετά βάρη στη ζώνη. Αυτό σημαίνει ότι υπάρχει η μέγιστη αντίσταση στο ξεκίνημα της βουτιάς, ενώ σε όλη την υπόλοιπη φάση κατάδυσης μειώνεται πολύ η θετική πλευστότητα, γίνεται ουδέτερη και τελικά αντιστρέφεται και σε αρνητική που διευκολύνει την τελική φάση της κατάδυσης.

Το γλίστρημα επομένως σε κάθετη θέση κάτω από την επιφάνεια αποτελεί αντικειμενικά την πιο δύσκολη στιγμή της βουτιάς ακόμα και για τον εξαιρετικά έμπειρο ελεύθερο δύτη. Μόνο πλεονέκτημα του είναι η μεγάλη πείρα του, δηλαδή ότι έχει επαναλάβει τόσες χιλιάδες φορές την κίνηση αυτή με το σώμα του, ώστε πλέον την εκτελεί μηχανικά, με ιδιαίτερα ωραίο τρόπο και με ένα υδροδυναμικό στυλ. Η εξάσκηση, λοιπόν, στην κίνηση είναι ο μόνος τρόπος να πετύχει ένας δύτης την όλο και καλύτερη εκτέλεσή της.

Στο πρώτο επίπεδο εμπειρίας της τεχνικής ο ελεύθερος δύτης θεωρούμε ότι έχει πετύχει την κίνηση (σπάσιμο της μέσης και γλίστρημα σε κάθετη θέση) αν καταφέρει με σχετικά ήρεμες κινήσεις εκτέλεσης της βουτιάς, να βρεθεί το σώμα του βυθισμένο κάτω από την επιφάνεια και ιδίως αν καταφέρει να βυθιστούν και οι λεπίδες των πτερυγίων του κάτω από την επιφάνεια, οπότε μετά αρχίζει πλέον η κίνηση των λεπίδων και η πολύ πιο εύκολη πορεία προς τον βυθό! Αυτό σημαίνει ότι ο δύτης πρέπει να φτάσει με το γλίστρημα κάτω από το νερό, περίπου στα 2 με 2,5 μέτρα βάθος ώστε να βυθιστούν και οι λεπίδες των πτερυγίων, πριν ακόμα αρχίσει να κινεί τα πτερύγια!

Στο δεύτερο επίπεδο ζητάμε από τον πολύ πιο έμπειρο ελεύθερο δύτη να πετύχει με ένα πολύ υδροδυναμικό γλίστρημα μία βύθιση του σώματος του τουλάχιστον στα 3 με 4 μέτρα βάθος. Η κίνηση γίνεται όπως την γνωρίζει από το 1° επίπεδο, χωρίς όμως την απλωτή των χεριών και φυσικά χρειάζεται να γίνει με πολύ οικονομικό τρόπο, ακριβώς σαν γλίστρημα και όχι σαν ένα κουραστικό σύνολο κινήσεων που θα καταναλώσουν ενέργεια και πολύτιμο οξυγόνο. Ο δύτης θα πρέπει να φτάσει να έχει βυθίσει και τις λεπίδες των πτερυγίων του, το λιγότερο ένα μέτρο κάτω από το νερό, με το γλίστρημα, πριν αρχίσει η κίνηση των πτερυγίων για την φάση κατάδυσης.

Στο τρίτο επίπεδο σαν εκπαιδευτής ζητούσα πάντα από τους μαθητές μου να ξεκινήσουμε τα πρακτικά του σχολείου μας με το σπάσιμο της μέσης και το γλίστρημα έως ένα κόμπο του σχοινιού κατάδυσης στα 6 μέτρα βάθος! Σε ακόμα ανώτερο επίπεδο, όπως εκείνο των πρωταθλητών ελεύθερης κατάδυσης, αν προσέξουμε πως αρχίζει μία κατάδυση τους θα δούμε ότι μπορεί να φτάσουν μέχρι και τα 10 με 12 μέτρα βάθος μόνο με την κίνηση του γλιστρήματος, στην βουτιά τους, πριν ακόμα αρχίσουν οποιαδήποτε κίνηση με τα πτερύγια.

1. Το σπάσιμο της μέσης – η βουτιά με το κεφάλι και τα χέρια μπροστά και το λύγισμα της μέσης: ανάλυση της κίνησης στο δεύτερο επίπεδο εμπειρίας της τεχνικής

Στην εκτέλεση της κίνησης ο δύτης, αφού έχει απομακρύνει τον αναπνευστήρα από το στόμα του, σκύβει απότομα με το κεφάλι του και τεντώνοντας τα χέρια του μπροστά, σημαδεύοντας προς τον βυθό και χρησιμοποιώντας την αδράνεια που του προσφέρει το βάρος του κεφαλιού του, πετυχαίνει ένα σπάσιμο της μέσης του σε γωνία 90 μοίρες. Το σώμα του δύτη κάτω από την μέση του παραμένει στην επιφάνεια. Η δύναμη ωστόσο της κίνησης είναι τόσο μεγάλη ώστε ο δύτης συνεχίζει να βυθίζεται με τα χέρια τεντωμένα μπροστά και έτσι τελικά ακολουθούν και τα πόδια με τα πτερύγια και έρχονται σε κάθετη θέση ως προς την επιφάνεια, ευθυγραμμιζόμενα με το σώμα του δύτη. Με άλλα λόγια χρησιμοποιώντας μόνο το βάρος του κεφαλιού του και την απότομη κίνηση διπλώματος του σώματος που κάνουν οι κοιλιακοί μύες ο δύτης καταφέρνει να βυθιστεί σε κάθετη θέση κάτω από την επιφάνεια.

Η επιτυχία της κίνησης στους πιο έμπειρους δύτες στηρίζεται σε δύο μυστικά.

Το πρώτο "μυστικό" είναι η γνώση ότι η αδράνεια από το βάρος του κεφαλιού προκαλεί την βύθιση του σώματος. Είναι ακριβώς το ανάστροφο από ότι γίνεται στον αέρα όταν ένας τερματοφύλακας δει την μπάλα να έρχεται στην πάνω διαγώνια γωνία του τέρματός του. Η μόνη του ελπίδα να αποκρούσει την μπάλα είναι να σηκώσει ψηλά τα χέρια του και να εκτοξεύσει το κεφάλι του πάνω προς τη γωνία: η αδράνεια από το βάρος του κεφαλιού του θα σηκώσει διαγώνια, ψηλά, όλο το σώμα του και θα μπορέσει να αποκρούσει την μπάλα. Αν δεν "πέταγε" το κεφάλι του ο τερματοφύλακας δεν θα μπορούσε μόνο με τα πόδια του να πηδήξει τόσο ψηλά. Η αδράνεια όμως από το βάρος του κεφαλιού εκτοξεύει όλο το σώμα σε ένα εντυπωσιακό διαγώνιο άλμα προς τα πάνω. Η κίνηση λοιπόν ακόμα και μέσα στο νερό πρέπει να γίνει απότομα και δυνατά με το κεφάλι και τα χέρια. Είναι ίσως η μοναδική στιγμή σε όλη την φάση κατάδυσης όπου μιλάμε για ανάγκη απότομης και δυνατής κίνησης.

Το δεύτερο "μυστικό" είναι ότι ο έμπειρος δύτης φροντίζει να πάρει λίγη φόρα στην επιφάνεια προς τα εμπρός με κάποια ελάχιστη κίνηση των πτερυγίων του πριν κάνει το σπάσιμο της μέσης. Δηλαδή θα λέγαμε ότι το άτομο παίρνει φόρα και σκύβει το κεφάλι για το σπάσιμο της μέσης έχοντας αποκτήσει μία ορμή προς τα εμπρός που διευκολύνει το πιο καλό σκύψιμο. Δύο με τρεις κινήσεις των πτερυγίων αρκούν να δώσουν αυτήν την ώθηση στο σώμα, ακριβώς πριν γίνει το σπάσιμο της μέσης. Την στιγμή του σκυψίματος ο δύτης χρησιμοποιεί πάλι τα πτερύγια, χαμηλώνοντας λίγο τις λεπίδες τους ώστε να φρενάρει απότομα την κίνηση προς τα εμπρός. Αυτό το μικρό "φρενάρισμα" με τις μύτες των λεπίδων είναι πολύτιμο γιατί εμποδίζει μία διαγώνια πορεία του δύτη και του επιτρέπει να γυρίσει σε τελείως κάθετη κίνηση προς τον βυθό.

Το "σπάσιμο της μέσης"

(Φωτογράφιση καρέ-καρέ: 1φωτογραφία / δευτερόλεπτο)

Ο δύτης έχει ήδη πάρει μία τελική εισπνοή και έχει βγάλει τον αναπνευστήρα. Παρακολουθούμε σε αυτά τα στιγμιότυπα μόνο το σπάσιμο της μέσης: πως τεντώνει τα χέρια προς τον βυθό (Φώτο 1 και μετά) και πως σκύβει με πολλή δύναμη το κεφάλι του (Φώτο 3 και 4) για να δώσει όλη την ώθηση που χρειάζεται η κίνηση. Στις φωτογραφίες 4 και 5 φαίνεται το φρενάρισμα που κάνει ο δύτης με τις λεπίδες του, ώστε να μην γλιστρήσει το σώμα του μπροστά στην επιφάνεια. Στο στιγμιότυπο νούμερο 6 βλέπουμε ότι τα πόδια ακολουθούν πλέον την βύθιση του σώματος, χωρίς να χρειάζεται να τα κινήσει ο δύτης, που τα αφήνει σε χαλάρωση.

Το "σπάσιμο της μέσης" με την κίνηση του χεριού για την πρώτη εξίσωση της πίεσης στα αυτιά.

(Φωτογράφιση καρέ-καρέ: 1 φωτογραφία / δευτερόλεπτο)

Το "σπάσιμο" της μέσης γίνεται εδώ σε συνδυασμό με την κίνηση του ενός χεριού για να το φέρει ο δύτης στην μύτη του, για την πρώτη εξίσωση της πίεσης στα αυτιά (σε βάθος 1 με 1,5 μέτρα – που είναι ένα προσωπικό βάθος, καθώς άλλα άτομα θα εξισώσουν στα 2 ή στα 2,5 μέτρα για πρώτη φορά).

Ο χειρισμός αυτός αφορά τις εξισώσεις με τεχνική Βαλσάλβα και Φρένζελ, αφού με τον χειρισμό "εκούσιας σύσπασης της μαλακής υπερώας" τα χέρια του δύτη παραμένουν ελεύθερα.

Παρατηρούμε την άριστη εκτέλεση του σπασίματος της μέσης με 90 μοίρες γωνία και το "φρενάρισμα", με το κατέβασμα των λεπίδων, στη διάρκεια του σπασίματος της μέσης.

2. Το γλίστρημα στην κάθετη θέση βύθισης κάτω από την επιφάνεια.

Η εικόνα όλης της κίνησης του δύτη στην εγκατάλειψη της επιφάνειας είναι ότι ξεκινάει με μία μικρή κίνηση προς τα εμπρός (με 2 - 3 πεδιλιές), φρενάρει την κίνηση με τις λεπίδες σκύβοντας δυνατά και απότομα το κεφάλι του και τα χέρια προς το βυθό και αφήνει στη συνέχεια την αδράνεια που έχει δημιουργηθεί να βυθίσει και το υπόλοιπο σώμα του, οπότε τα πόδια και τα πτερύγια γλιστράνε και αυτά κάτω από την επιφάνεια και έρχονται σε κάθετη θέση. Ο δύτης έχει εγκαταλείψει λοιπόν την επιφάνεια, γλιστρώντας στα 2 – 3 μέτρα βάθος σε κάθετη θέση, με τα χέρια του τεντωμένα προς τον βυθό και τις λεπίδες των πτερυγίων να έχουν βυθιστεί περίπου ένα μέτρο κάτω από την επιφάνεια. Η επιτυχία της βύθισης σε αυτή την θέση θα επιτρέψει την επόμενη κίνηση της βουτιάς: το ξεκίνημα της κίνησης των πτερυγίων.

Ένας παρατηρητής της κατάδυσης έξω από το νερό, θα δει τον δύτη να γλιστράει και να χάνεται από την επιφάνεια, χωρίς να σηκωθούν όρθια τα πόδια του και τα πτερύγια ή να χτυπηθούν οι λεπίδες σε μία προσπάθεια βύθισης με κάποια άλλη, πολύ χειρότερη, τεχνική. Είναι η ίδια εικόνα που βλέπουμε όταν καταδύεται ένα θαλάσσιο θηλαστικό: απλά επιταχύνει λίγο προς τα εμπρός αλλά μετά γλιστράει και χάνεται επιτόπου, κάτω από την επιφάνεια, δεν δημιουργεί απόνερα, ούτε παλεύει να βυθιστεί χτυπώντας την ουρά του αδέξια στην επιφάνεια!

Α. Πιθανά λάθη στην εκτέλεση της κίνησης

- **Απλωτή με τα χέρια, την στιγμή της βύθισης.**

Ο νέος δύτης έχει συνηθίσει να βοηθάει την βύθιση κάνοντας και μία απλωτή με τα χέρια. Στο 2º επίπεδο αυτή η απλωτή με τα χέρια καταργείται πλέον γιατί αποτελεί σπατάλη ενέργειας και οξυγόνου, εφόσον τώρα ο πιο έμπειρος δύτης μπορεί να πετύχει την κίνηση χωρίς υποβοήθηση με την απλωτή των χεριών.

- **Διαγώνια κατάδυση και τοποθέτηση του σώματος αντί για κάθετη βύθιση.**

Αν ο δύτης βάλει μειωμένη δύναμη στο κεφάλι στο σπάσιμο της μέσης ή αν δεν φρενάρει την επιφανειακή ώθηση με τις λεπίδες των πτερυγίων, η βύθιση του σώματός του μπορεί να καταλήξει διαγώνια.

- **Χέρια τοποθετημένα μπροστά αλλά σε στραβή θέση και όχι κάθετα προς τον βυθό.**

Μία αδέξια τοποθέτηση των χεριών προς τα εμπρός αλλά σε λάθος γωνία δεν βοηθάει γιατί θέλουμε τα χέρια να σημαδεύουν κάθε στιγμή της κίνησης προς το βυθό έως ότου όλο το σώμα του δύτη να βυθιστεί και να ευθυγραμμιστεί με τα χέρια σε μία κάθετη ευθεία 90 μοιρών σε σχέση με το επίπεδο του βυθού. Πάνω σε αυτή την ευθεία θα κινηθεί στη συνέχεια ο δύτης και αυτή την ευθεία θα την δείχνει και το σχοινί της προπόνησης αν υπάρχει.

- **Διαγώνια βύθιση λόγω υπερβολικής δύναμης στο σπάσιμο της μέσης**

Ένα λεπτό άτομο ή ένας πολύ γυμνασμένος γενικά δύτης θα καταλήξει σε διαγώνια θέση βύθισης αν βάλει υπερβολική δύναμη στο σπάσιμο της μέσης.

- **Σήκωμα των ποδιών και των πτερυγίων κάθετα στον αέρα, μετά το σπάσιμο της μέσης, στην βύθιση.**

Βγάλσιμο του αναπνευστήρα, "σπάσιμο της μέσης" και κάθετη βύθιση πριν την πρώτη πεδιλιά.

(Φωτογράφιση καρέ-καρέ: 1 φωτογραφία / δευτερόλεπτο)

    Μία εξαιρετική εκτέλεση όλων των κινήσεων του ξεκινήματος μίας βαθιάς ελεύθερης κατάδυσης, πριν γίνει η πρώτη πεδιλιά της φάσης κατάδυσης. Η εγκατάλειψη της επιφάνειας γίνεται με τον πιο αριστοτεχνικό και οικονομικό σε ενέργεια τρόπο. Βλέπουμε το βγάλσιμο του αναπνευστήρα (Φώτο 1), την απότομη και δυνατή κίνηση σκυψίματος με το κεφάλι και τα χέρια μπροστά (στιγμιότυπα 3,4) και το σπάσιμο της μέσης σε γωνία 90 μοιρών (στιγμιότυπο 5). Ακολουθεί μία τέλεια βύθιση σε κάθετη θέση με τα πτερύγια να βυθίζονται εντελώς κάτω από την επιφάνεια, ενώ η βύθιση θα συνεχιστεί κι άλλο με την φόρα που έχει δώσει ο δύτης, οπότε δεν επιχειρεί ακόμα να κάνει την πρώτη πεδιλιά. Η εξίσωση στα αυτιά εδώ γίνεται με την μέθοδο εκούσιου ανοίγματος των ευσταχιανών (VTA) και ο δύτης έχει ελεύθερα τα χέρια του.

    Ορισμένοι δύτες αντί να τελειοποιήσουν το γλίστρημα αποκτούν την κακή συνήθεια να σηκώνουν κάθετα τα πόδια και τα πτερύγια έξω από το νερό μετά το σπάσιμο της μέσης. Συνήθως αυτό οφείλεται στην μειωμένη δύναμη σπασίματος της μέσης ή στο ότι δεν κάνουν αρκετά απότομα το σπάσιμο, όπως θα έπρεπε, οπότε μετά χρειάζονται το βάρος το ποδιών τους "να σπρώξει" την βύθιση του σώματος.

- Μη ικανοποιητική βύθιση του σώματος με τις λεπίδες να μένουν κατά το μισό ή και περισσότερο έξω από το νερό και με αποτέλεσμα να σηκώνουν αφρούς και απόνερα στην επιφάνεια, όταν αρχίζουν οι κινήσεις των πτερυγίων μετά την κίνηση βύθισης από την επιφάνεια.

Εδώ αιτία είναι κάποιο λάθος που επιβραδύνει την βύθιση στην εκτέλεση όλης της κίνησης. Επίσης υπάρχει η πιθανότητα της υπερβολικής άνωσης στην επιφάνεια, κάτι που παρουσιάζεται κυρίως στις χειμερινές στολές με παχύ νεοπρέν ή στις στολές με χονδρή φυσαλίδα μέσα στο νεοπρέν τους.

Η υπερφόρτωση με πρόσθετα βάρη δεν αποτελεί σωστή λύση γιατί θα δημιουργήσουν πρόβλημα υπερβολικής αρνητικής πλευστότητας στα βάθη της κατάδυσης. Η σωστή επιλογή είναι το κατάλληλο νεοπρέν κατασκευής της στολής (πιο λεπτό ή με πιο μικρές σε διάμετρο φυσαλίδες) για βαθιά κατάδυση.

Β. Βελτιώσεις στην τεχνική

Σε πρώτη φάση αναθεωρούμε όποια επιμέρους κίνηση ανήκει στο 1º επίπεδο και την καταργούμε, όπως για παράδειγμα η απλωτή των χεριών.

Σε δεύτερη φάση ο δύτης του $2^{ου}$ επιπέδου χρειάζεται να φτιάξει την σειρά των επιμέρους κινήσεων προσθέτοντας ότι δεν έκανε ως τώρα όπως η αρχική επιτάχυνση με τα πτερύγια ή και το φρενάρισμα με το ελαφρό χαμήλωμα των λεπίδων.

Η κίνηση εγκατάλειψης της επιφάνειας χρειάζεται ένα καλό συντονισμό ολόκληρης της σειράς των επιμέρους κινήσεων από τον δύτη. Με άλλα λόγια αφού βάλει στη σωστή σειρά κάποιος όλα τα απαραίτητα βήματα, θα πρέπει να εξασκηθεί πλέον στον τέλειο συντονισμό των επιμέρους κινήσεων και αυτό αποτελεί έργο ζωής για την "καριέρα" ενός ελεύθερου δύτη. Ενώ δηλαδή δεν υπάρχει κάποια άλλη, ανώτερη τεχνική κίνησης που θα μπορούσε να μάθει για παράδειγμα σε ένα ακόμα ανώτερο επίπεδο τεχνικής, αυτό που θα έχει να κάνει μελλοντικά είναι η συνεχής εξάσκηση και βελτίωση του συντονισμού των ίδιων κινήσεων.

Για παράδειγμα ένας πολύ έμπειρος δύτης έχει συντονίσει τόσο καλά την διαδοχή των βημάτων όλης της κίνησης εγκατάλειψης της επιφάνειας, ώστε τον βλέπουμε να βυθίζεται με μία, φαινομενικά, κίνηση και να βρίσκεται αρκετά μέτρα κάτω από την επιφάνεια, σε μία άψογη, κάθετη, υδροδυναμική, θέση του σώματός του, με τα χέρια τεντωμένα προς τον βυθό, αλλά με χαλαρό τρόπο, χωρίς το τέντωμα των μυών τους να αυξάνει την κατανάλωση οξυγόνου στους μυς τους και με τα πόδια του ίσια και τις λεπίδες των πτερυγίων βυθισμένες πολύ κάτω από την επιφάνεια.

Μετά την επιτυχία αυτής της κίνησης, αυτό που μένει και βελτιώνεται με την εμπειρία είναι το βάθος της ίδιας της βύθισης του σώματος του δύτη. Δηλαδή κάποιος αρκετά έμπειρος ελεύθερος δύτης (όπως ένας απόφοιτος του $2^{ου}$ επιπέδου) θα βρεθεί στο τέλος της κίνησης σε κάθετη βύθιση με τις λεπίδες του βυθισμένες ένα μέτρο κάτω από την επιφάνεια.

Αντίστοιχα ένας πολύ πιο έμπειρος δύτης (όπως ένα απόφοιτος $3^{ου}$ επιπέδου) είναι πιθανό να πετυχαίνει να βυθίζονται οι λεπίδες των πτερυγίων του περισσότερο από δύο – τρία μέτρα, κάτω από την επιφάνεια, στο τέλος της κίνησης και πριν ακόμα αρχίσει την κίνηση των πτερυγίων για κατάδυση.

Σπάσιμο της μέσης και βύθιση σε κάθετη θέση: τα πιθανά λάθη στην εκτέλεση της κίνησης.

(Φωτογράφιση καρέ-καρέ: 1 φωτογραφία / δευτερόλεπτο)

Παράδειγμα 1: Μικρότερη από το κανονικό δύναμη στην κίνηση και διόρθωση με σήκωμα του ενός ποδιού έξω από το νερό την στιγμή της βύθισης.

Σε μία κατά τα άλλα τέλεια προσπάθεια ξεκινήματος της κατάδυσης, ο δύτης δεν έδωσε την κανονική ώθηση, αλλά λίγο μικρότερη και το αντιλαμβάνεται σαν έμπειρος, μόλις τελειώνει το σπάσιμο της μέσης (ότι δηλαδή δεν έχει δώσει αρκετή φόρα), οπότε χρησιμοποιεί το βάρος του αριστερού του ποδιού, σηκώνοντας το έξω από το νερό, ώστε με το βάρος του να κερδίσει την δύναμη βύθισης που του λείπει (σημειώνεται με το πράσινο βέλος στα στιγμιότυπα 6, 7 και 8). Εδώ η πρώτη πεδιλιά θα γίνει αμέσως μετά το στιγμιότυπο 9 όταν βυθιστούν λίγο ακόμα οι λεπίδες, διότι δεν υπάρχει αρκετή ώθηση για να φτάσει πιο βαθιά ο δύτης χωρίς πεδιλιά.

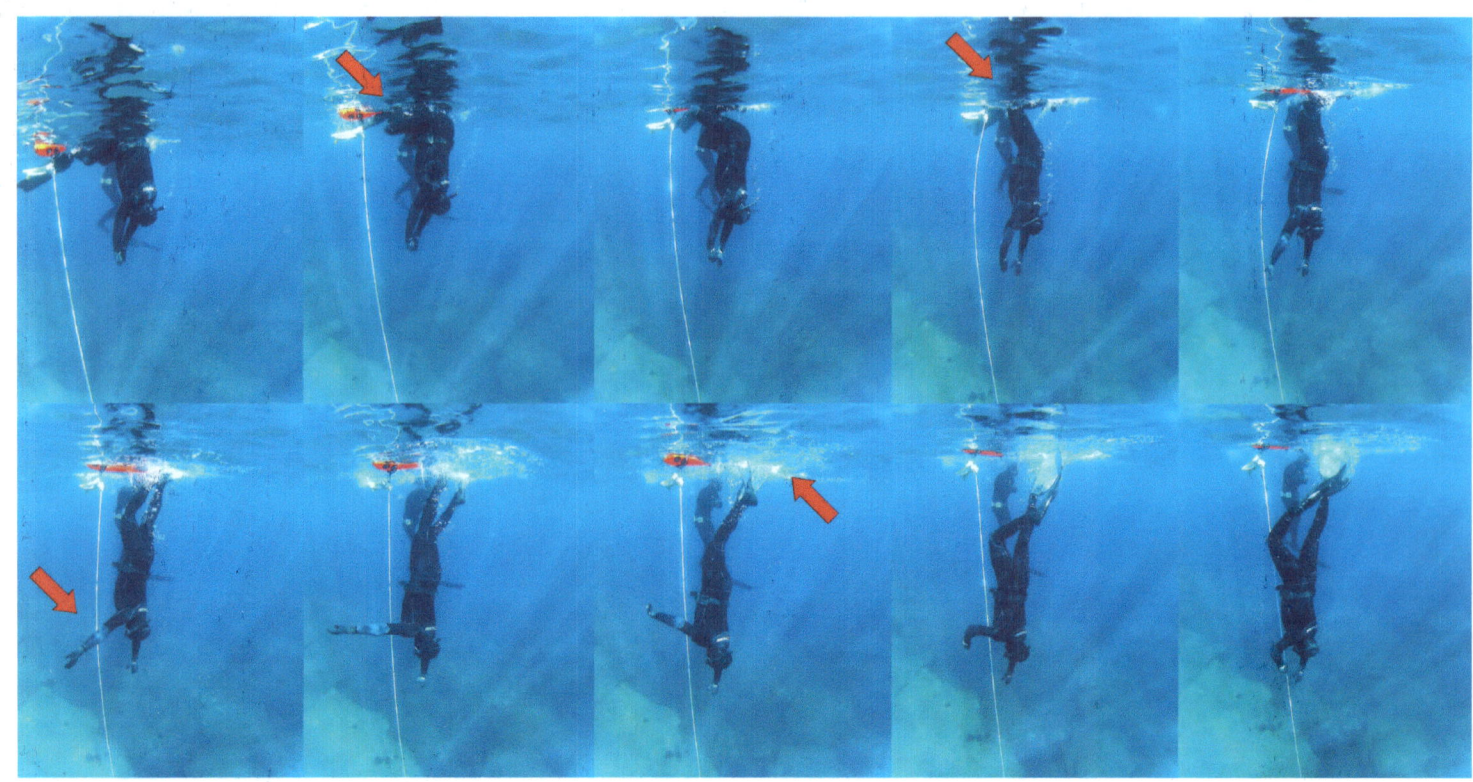

Σπάσιμο της μέσης και βύθιση σε κάθετη θέση: τα πιθανά λάθη στην εκτέλεση της κίνησης.

(Φωτογράφιση καρέ-καρέ: 1 φωτογραφία / δευτερόλεπτο)

Παράδειγμα 2: Πολύ μικρότερη από το κανονικό δύναμη στο σπάσιμο της μέσης και προσπάθεια διόρθωσης

Ο έμπειρος δύτης αν κατά λάθος δώσει πολύ μικρότερη δύναμη στο σπάσιμο της μέσης, αντί να ακυρώσει την βουτιά ίσως προσπαθήσει να την διασώσει κερδίζοντας ώθηση με άλλους τρόπους. Εδώ βλέπουμε ένα τέτοιο παράδειγμα. Ο δύτης έχει αντιληφθεί ήδη από το στιγμιότυπο 2 ότι δεν έδωσε αρκετή ώθηση και γονατίζει για να σηκώσει όρθια τα πόδια έξω από το νερό (κόκκινο βέλος) και με το βάρος τους να προσθέσει ώθηση. Επειδή ούτε αυτό δεν είναι αρκετό τελικά θα αναγκαστεί να κάνει και μία απλωτή με το ένα χέρι (στιγμιότυπο 6, βελάκι). Η μειωμένη βύθιση θα τον αναγκάσει τελικά να αρχίσει πεδιλιές με τις μισές λεπίδες έξω από το νερό (στιγμιότυπο 8, βελάκι), δημιουργώντας αρκετά απόνερα στην επιφάνεια από τα χτυπήματα των λεπίδων των πτερυγίων στον αέρα και στο νερό της επιφάνειας.

Σπάσιμο της μέσης και βύθιση σε κάθετη θέση: τα πιθανά λάθη στην εκτέλεση της κίνησης.

(Φωτογράφιση καρέ-καρέ: 1 φωτογραφία / δευτερόλεπτο)

Παράδειγμα 3: Σπάσιμο της μέσης με μικρότερη από το κανονικό δύναμη και προσπάθεια διόρθωσης

Σε αυτό το παράδειγμα ο δύτης αντιλαμβάνεται αμέσως ότι δεν έβαλε αρκετή δύναμη στο σπάσιμο της μέσης και επιχειρεί να το διορθώσει σηκώνοντας τα πόδια έξω από το νερό, ώστε να κερδίσει ώθηση βύθισης από το βάρος τους. Βλέπουμε πως γονατίζει στο στιγμιότυπο 2 (βελάκι) για να προλάβει να σηκώσει τα πόδια. Έτσι διασώζει το ξεκίνημα της βουτιάς, αλλά αναγκάζεται μόλις βυθιστούν οι λεπίδες να ξεκινήσει αμέσως πεδιλιές (στιγμιότυπο 9), αφού δεν έχει άλλη αδράνεια για περισσότερη βύθιση.

Σπάσιμο της μέσης και βύθιση σε κάθετη θέση: τα πιθανά λάθη στην εκτέλεση της κίνησης.

(Φωτογράφιση καρέ-καρέ: 1 φωτογραφία / δευτερόλεπτο)

Παράδειγμα 4: Υπερβολική δύναμη στο σπάσιμο της μέσης και προσπάθεια διόρθωσης.

Αν ο δύτης βάλει υπερβολική δύναμη στη κίνηση του σπασίματος τότε τα πόδια του θα πέσουν από την άλλη πλευρά (στιγμιότυπο 2, κόκκινο βέλος) και το σώμα του θα βρεθεί σε διαγώνια θέση με τα πόδια πίσω από το κεφάλι ή θα καταλήξει να κάνει κωλοτούμπα αντί για ξεκίνημα βύθισης! Εδώ ο δύτης προσπαθεί να επαναφέρει το σώμα του σε κάθετη θέση μετά το κακό ξεκίνημα, κάνει μία απλωτή με τα χέρια (στιγμιότυπο 2, βέλος) και τελικά με την οπτική βοήθεια του σχοινιού προπόνησης για να προσανατολιστεί, βρίσκει την κάθετη ευθεία για τον βυθό και με τις πεδιλιές καταφέρνει μετά από μερικά μέτρα να συνεχίσει πλέον κάθετα την φάση κατάδυσης.

Σπάσιμο της μέσης και βύθιση σε κάθετη θέση: τα πιθανά λάθη στην εκτέλεση της κίνησης.

(Φωτογράφιση καρέ-καρέ: 1 φωτογραφία / δευτερόλεπτο)

Παράδειγμα 5: Μεγαλύτερη από το κανονικό δύναμη, στο σπάσιμο της μέσης και διόρθωση.

Σε αυτό το ξεκίνημα της κατάδυσής του ένας δύτης βάζει λίγο μεγαλύτερη δύναμη από όσο θα έπρεπε στο σπάσιμο της μέσης του. Το αποτέλεσμα, όπως βλέπουμε με τα κόκκινα βέλη στα στιγμιότυπα 5 και 6, είναι τα πόδια του να "εκτοξευτούν" πίσω από την πλάτη του, αντί να σταματήσουν σε κάθετη θέση.

Για να αποφύγει την διαγώνια βουτιά ο δύτης ξεκινάει λίγο νωρίτερα τις κινήσεις των πτερυγίων και διορθώνει αμέσως σε κάθετη τη στάση του σώματος του, αφήνοντας όμως κάποια απόνερα στην επιφάνεια από την πρόωρη κίνηση των λεπίδων (στιγμιότυπα 7, 8 και 9).

Η κίνηση του ενός χεριού από τον δύτη γίνεται για χειρισμό εξίσωσης Βαλσάλβα ή Φρένζελ.

Σπάσιμο της μέσης και βύθιση σε κάθετη θέση: τα πιθανά λάθη στην εκτέλεση της κίνησης.

(Φωτογράφιση καρέ-καρέ: 1 φωτογραφία / δευτερόλεπτο)

Παράδειγμα 6: Πλάγια κλίση του σώματος στο σπάσιμο της μέσης και διόρθωση.

Σε αυτό το ξεκίνημα ο δύτης έκανε το σπάσιμο της μέσης με υπερβολικά χαλαρό το σώμα του, με αποτέλεσμα τα πόδια να γείρουν λίγο πλάγια, όπως βλέπουμε στα στιγμιότυπα 4,5 και 6 με τα βέλη. Στη συνέχεια διόρθωσε εύκολα την θέση του καθώς βυθιζόταν ακόμα και τελικά έφερε στη σωστή κάθετη θέση βύθισης όλο το σώμα του.

Σπάσιμο της μέσης και βύθιση σε κάθετη θέση: τα πιθανά λάθη στην εκτέλεση της κίνησης.

(Φωτογράφιση καρέ-καρέ: 1 φωτογραφία / δευτερόλεπτο)

Παράδειγμα 6: Λανθασμένη τοποθέτηση των χεριών στο σπάσιμο της μέσης και την βύθιση.

Στο παράδειγμα εδώ ο δύτης ξεχνάει να τοποθετήσει τα χέρια του σε κάθετη θέση προς το βυθό από την αρχή της κίνησης, όπως βλέπουμε στα στιγμιότυπα 1 και 2. Ακολουθεί μία αμήχανη θέση των χεριών του και τελικά θα κάνει μία απλωτή με τα χέρια για να βοηθήσει την βύθιση, όπως φαίνεται στο στιγμιότυπο 5, μια τεχνική των αρχάριων δυτών του $1^{ου}$ επιπέδου.

3.5. Οι πιθανές κινήσεις του ενός χεριού, που σχετίζονται με τις εξισώσεις στα αυτιά στη φάση της κατάδυσης.

Η ανάγκη της εξίσωσης της πίεσης στα αυτιά εμφανίζεται αμέσως μόλις εγκαταλείψει ο δύτης την επιφάνεια, καθώς ήδη τα αυτιά του θα βρεθούν σε βάθος 2 μέτρων, εκεί που όπως θα δούμε αναλυτικά στο κεφάλαιο των εξισώσεων, γίνεται ο πρώτος χειρισμός εξίσωσης.

Ανάλογα με την τεχνική που θα επιλέξει ο ελεύθερος δύτης για να κάνει τις εξισώσεις στα αυτιά του, θα κάνει και τις απαραίτητες κινήσεις. Στην πράξη υπάρχουν τρεις δυνατές επιλογές, τρεις τεχνικές εξισώσεων. Από αυτές όπως θα δούμε σε επόμενο κεφάλαιο η τεχνική VTO (Voluntary Tube Opening) – τεχνική Εκούσιου Ανοίγματος των Ευσταχιανών είναι η μόνη που δεν χρειάζεται πιάσιμο και κλείσιμο της μύτης όταν εκτελεί την εξίσωση ο δύτης. Αυτό επιτρέπει στον ελεύθερο δύτη που θα εξισώσει σε όλη την φάση κατάδυσης κάνοντας χρήση αποκλειστικά της μεθόδου εκούσιου ανοίγματος των ευσταχιανών, να κρατάει τα χέρια του μπροστά σε όλη την κατάδυση, διατηρώντας ένα τέλεια υδροδυναμικό σχήμα του σώματος. Ένας παρατηρητής δεν θα καταλάβαινε ότι ο δύτης εκτελεί εξισώσεις όσο καταδύεται ή πότε ακριβώς εξισώνει, με αυτή την μέθοδο, επειδή δεν χρησιμοποιεί το χέρι του, αλλά κάνει τις εξισώσεις κατευθείαν μέσα στη στοματική – ρινική κοιλότητα με τις εκεί μυϊκές ομάδες.

Η τοποθέτηση και η κίνηση του χεριού με το οποίο γίνονται οι εξισώσεις.

Η χρήση των δύο άλλων τεχνικών εξίσωσης της πίεσης στα αυτιά, δηλαδή του χειρισμού Βαλσάλβα ή του χειρισμού Φρένζελ, προϋποθέτει ότι το άτομο που επιχειρεί την εξίσωση θα πιάσει με το ένα χέρι τη μύτη του και θα την κρατάει κλειστή, πιέζοντας τα ρουθούνια, ώστε να μην διαφύγει αέρας, με την ελαφριά, σαν φύσημα, πίεση που ασκείται εκείνη την στιγμή. Ο χειρισμός εξίσωσης Βαλσάλβα ή ο χειρισμός Φρένζελ επαναλαμβάνονται περίπου κάθε δύο μέτρα βάθος σε όλη την διάρκεια της κατάδυσης. Επομένως ο ελεύθερος δύτης είτε θα βάλει αμέσως μετά την κίνηση βύθισης και θα κρατήσει το ένα χέρι του, μόνιμα, πάνω στην μύτη του ελαστικού πλαισίου της μάσκας, ώστε κάθε δύο μέτρα περίπου να κλείνει την μύτη και να εξισώνει, είτε θα φέρνει το χέρι πάνω στη μύτη του πλαισίου της μάσκας του σε κάθε εξίσωση που κάνει και μετά θα το τεντώνει πάλι μπροστά.

Ένας έμπειρος δύτης θα προτιμήσει να πηγαινοφέρνει το χέρι του στη μύτη για τις εξισώσεις ή θα το κρατήσει εκεί μόνο στα πρώτα δέκα μέτρα με τις συχνές και πιο αυξημένες σε ένταση εξισώσεις. Στη συνέχεια σε μεγαλύτερα βάθη επειδή και οι εξισώσεις γίνονται πρακτικά πιο αραιές, δηλαδή όχι ακριβώς κάθε δύο μέτρα αλλά πιο αραιά, οι περισσότεροι έμπειροι δύτες προτιμούν να έχουν τα χέρια υδροδυναμικά μπροστά και το ένα χέρι να πηγαινοέρχεται στην μύτη για τις εξισώσεις, όταν χρειαστεί.

Η υδροδυναμική τοποθέτηση του αγκώνα του χεριού που εξισώνει πάνω στο θώρακα.

Ο έμπειρος ελεύθερος δύτης του $2^{ου}$ επιπέδου δεν θα αφήσει τον αγκώνα του χεριού που χρησιμοποιεί στη εξίσωση να προεξέχει σε κάθετο επίπεδο σε σχέση με το σώμα του. Η βελτίωση εδώ της τεχνικής, σε σχέση με τον δύτη του $1^{ου}$ επιπέδου είναι ότι στην βελτιωμένη αυτή τεχνική ο δύτης θα "κολλήσει" τον αγκώνα στον θώρακα. Με τον τρόπο αυτό ο αγκώνας δεν λειτουργεί σαν φρένο στην κατάδυση, αλλά ενσωματώνεται στο ευθύγραμμο, χωρίς προεξοχές, σχήμα του σώματος σε όλη την φάση κατάδυσης. Η στάση αυτή εξοικονομεί ένα ακόμα ποσό ενέργειας για τον δύτη.

Ο "μαζεμένος" αγκώνας σε όσους εξισώνουν με χειρισμό Βαλσάλβα ή με Φρένζελ, έχει ιδιαίτερη σημασία στην βαθιά κατάδυση, όπου αν ο αγκώνας του χεριού προεξέχει σε όλη την διαδρομή της κατάδυσης, θα λειτουργεί σαν φρένο που αντιστέκεται στην κίνηση της βύθισης του δύτη και θα έχουμε άσκοπη σπατάλη έργου και οξυγόνου.

3.6. Η κίνηση των ποδιών και των πτερυγίων σε όλη τη φάση της κατάδυσης.

1. Η τεχνική της καλής πεδιλιάς.

Η βύθιση του σώματος σε κάθετη θέση θα φέρει τον ελεύθερο δύτη κάτω από την επιφάνεια, με κλειστά και σχετικά τεντωμένα τα πόδια του και με τα μακριά πτερύγια και τις λεπίδες τους να έχουν βυθιστεί αρκετά κάτω από την επιφάνεια, έτοιμα πλέον να αποδώσουν την ώθηση που θα χρειαστεί ο δύτης. Οι κινήσεις των πτερυγίων από το σημείο αυτό και μέχρι το βάθος της κατάδυσης έχουν δύο βασικά χαρακτηριστικά, τα οποία μας ενδιαφέρουν στο 2° επίπεδο:

1. Την τεχνική της πεδιλιάς, που περιλαμβάνει το άνοιγμα 60 μοιρών των ποδιών (μεγάλο άνοιγμα όπως λέμε), την αποφυγή γονατισμάτων των ποδιών (δηλαδή τη διατήρηση σχετικά τεντωμένων – ίσιων των ποδιών χωρίς να γονατίζουν στην πεδιλιά) και την ανακάλυψη του ιδανικού "παλμού" κίνησης κάθε λεπίδας και πτερυγίου.

Ο αγκώνας του χεριού που πιάνει την μύτη στην εξίσωση, είναι μαζεμένος και ακουμπάει πάνω στον θώρακα, ώστε να μην χαλάει το υδροδυναμικό σχήμα του σώματος, καθώς ένας αγκώνας που θα προεξείχε θα λειτουργούσε σαν φρένο στην κατάδυση.

2. Την ένταση, την δύναμη της ώθησης που θα ασκεί ο δύτης σε κάθε πεδιλιά.

Το άνοιγμα των ποδιών σε 60 μοίρες γωνία.

Απαραίτητο στοιχείο της τεχνικής μίας πετυχημένης πεδιλιάς είναι το άνοιγμα των ποδιών του δύτη σε μεγάλη γωνία μεταξύ τους, τουλάχιστον 60 μοιρών. Οι αρχάριοι ελεύθεροι δύτες συνηθίζουν να μην ανοίγουν αρκετά τα πόδια τους όταν καταδύονται σε μία τόσο σημαντική γωνία και γι' αυτό τον λόγο η πεδιλιά τους παραμένει μη αποδοτική και προβληματική γενικά για να δοκιμάσουν βαθύτερες καταδύσεις από τα πρώτα δέκα μέτρα.

Ο λόγος που επιδιώκουμε μεγάλο άνοιγμα των ποδιών στις 60 μοίρες, είναι η ανάγκη να κάνουν μεγάλη διαδρομή προς τα αριστερά – δεξιά οι λεπίδες των πτερυγίων, οι οποίες αν δεν τις λυγίσουμε πολύ, σε μεγάλο βαθμό λυγίσματος του υλικού τους, δεν αποδίδουν σε ώθηση, ούτε επιστρέφουν σε αυτό που ονομάζουμε "νευρική επαναφορά" για να δώσουν μία επιπλέον δωρεάν ώθηση. Ο καλύτερος τρόπος να καταλάβει κανείς πως πρέπει να κινεί τις λεπίδες του σε μία καλή – πετυχημένη πεδιλιά είναι να φανταστεί την κάθε μακριά λεπίδα των πτερυγίων του ότι θα πρέπει να κάνει ένα συνεχή κυματισμό σε αριστερή – δεξιά κάμψη, αλλά με σημαντική κάμψη μέχρι το μέσο του μήκους της λεπίδας, όχι να κάμπτεται μόνο η άκρη της κάθε λεπίδας. Για να έχουμε αυτόν τον μεγάλο κυματισμό και την μεγάλη κάμψη των λεπίδων δεν χρειάζεται δύναμη αλλά μεγάλη διαδρομή των πτερυγίων προς τα αριστερά και δεξιά, δηλαδή μεγάλο άνοιγμα των ποδιών του δύτη.

Η αποφυγή του γονατίσματος των ποδιών

Το γονάτισμα των ποδιών γίνεται συνήθως ασυνείδητα όταν ο δύτης αντί να τεντώσει το πόδι του για να ωθήσει προς το μπροστινό μέρος του ποδιού την λεπίδα, να λυγίσει δηλαδή προς τα εμπρός, αντί να ολοκληρώσει την κίνηση αυτή διπλώνει το πόδι του στο γόνατο. Αυτό μπορεί να συμβεί σε κάποιον δύτη με πολύ σκληρές λεπίδες που τον δυσκολεύουν στην κάμψη τους ή σε κάποιον που δεν φοράει ιδιαίτερα σκληρές λεπίδες αλλά έχει ο ίδιος σχετικά αδύναμα πόδια. Και στις δύο περιπτώσεις αυτές η λύση είναι η επιλογή πολύ πιο μαλακών και ευλύγιστων λεπίδων για το συγκεκριμένο άτομο.

Η πρώτη πεδιλιά μετά την βύθιση του σώματος.
(Φωτογράφιση καρέ-καρέ: 1 φωτογραφία / δευτερόλεπτο)
Μετά το σπάσιμο της μέσης ο δύτης αφήνει το σώμα του να βυθιστεί τουλάχιστον τόσο ώστε να βυθιστούν και ολόκληρες οι λεπίδες των πτερυγίων του κάτω από την επιφάνεια. Όπως βλέπουμε εδώ μετά από ένα τέλειο ξεκίνημα ο δύτης έχει γλιστρήσει σε κάθετη θέση κάτω από το νερό και αρχίζει την κίνηση των πτερυγίων κάνοντας μία πρώτη δυνατή πεδιλιά αμέσως μόλις βυθιστούν οι λεπίδες του (στιγμιότυπο 6). Η δύναμη της πρώτης αυτής πεδιλιάς φαίνεται από το μεγάλο λύγισμα των λεπίδων (στιγμιότυπα 7 και 8). Μετά από αυτή την πεδιλιά της γρήγορης διαφυγής από την επιφάνεια θα ακολουθήσουν κινήσεις των πτερυγίων με όλο και λιγότερη δύναμη, αλλά με μεγάλο άνοιγμα των ποδιών.

Το γονάτισμα στην πεδιλιά είναι πολλές φορές απλώς μία κακή συνήθεια ενός δύτη ο οποίος προτιμάει να διπλώνει τα πόδια του, την στιγμή που θα έπρεπε να κρατάει πιο ίσια τα πόδια του για να προκαλεί το δίπλωμα των λεπίδων του. Το γονάτισμα θεωρείται ότι χαλάει το υδροδυναμικό σχήμα του σώματος και δυσκολεύει την κατάδυση, εκτός του ότι δεν βοηθάει στην σωστή πεδιλιά.

Υπάρχουν ορισμένες ιδιαίτερες περιπτώσεις κυρίως πολύ μαλακών λεπίδων όπως αυτές από ανθρακονήματα (κάρμπον), όπου ένας έμπειρος δύτης κάνει ένα ελαφρύ γονάτισμα στην πεδιλιά του σκόπιμα και όχι από λάθος, γιατί έτσι αισθάνεται ότι λυγίζουν πιο αρμονικά οι λεπίδες και φροντίζει να διατηρεί έναν παλμό, ένα ρυθμό δηλαδή, για την καλή κάμψη τους και την απόδοση έργου από τις λεπίδες.

Ο παλμός κάμψης των λεπίδων στην συνεχόμενη κίνηση, όπως η φάση κατάδυσης.

Ένα τελικό πολύ χρήσιμο χαρακτηριστικό που αναζητάνε οι έμπειροι δύτες στα πτερύγια και τις λεπίδες τους είναι ότι προσπαθούν να βρουν με πιο ρυθμό είναι το ιδανικό να κάνουν πεδιλιά για να συντονιστούν με τον ιδανικό παλμό κάμψης της συγκεκριμένης λεπίδας.

Η γενική αρχή είναι ότι η σωστή πεδιλιά του έμπειρου ελεύθερου δύτη είναι πολύ αργή. Αυτό το μαθαίνει ήδη και το εφαρμόζει από το 1º επίπεδο της τεχνικής. Τα μακριά πτερύγια απαιτούν έναν πολύ αργό ρυθμό κίνησης – κάμψης των λεπίδων τους για να αποδώσουν σε ώθηση. Εδώ έχουμε την παρανόηση που κάνουν οι πολύ αρχάριοι δύτες ότι δηλαδή χρειάζεται γρήγορος παλμός πεδιλιάς για μεγάλη ώθηση. Εδώ αντίθετα έχουμε ένα δύτη που θα τον δούμε να κάνει πολύ αργή κίνηση στη πεδιλιά του, αλλά να αναπτύσσει πολύ μεγάλη ταχύτητα προς το βυθό, εξαιτίας της τεράστιας ώθησης των λεπίδων.

Με δεδομένο λοιπόν ότι κάποιος έχει πετύχει την αργή πεδιλιά με μεγάλο άνοιγμα των ποδιών του, χωρίς γονάτισμα των ποδιών, το επόμενο βήμα είναι να βρει τον παλμό κίνησης της συγκεκριμένης λεπίδας που έχει επιλέξει. Για παράδειγμα θα πρέπει να βεβαιωθεί ότι δίνει αρκετό χρόνο για την νευρική επαναφορά κάθε λεπίδας, αλλά χωρίς να σπαταλάει επιπλέον χρόνο, κάνοντας την κίνηση του επόμενου ποδιού αμέσως μετά. Ο συντονισμός του παλμού του δύτη με τον παλμό που ζητά η καινούργια λεπίδα του δεν είναι πάντα σίγουρος για αυτό το λόγο η αναζήτηση της ιδανικής προσωπικής του λεπίδας μπορεί να είναι έργο ετών για έναν ελεύθερο δύτη.

Η δύναμη – η ένταση της πεδιλιάς.

Ο ελεύθερος δύτης γενικά επιδιώκει να είναι πολύ οικονομικός στην καύση πολύτιμου οξυγόνου και στις απώλειες ενέργειας. Έτσι και στο θέμα της πεδιλιάς του επιδιώκει μία πολύ αργή, μεγάλη και εύκολη κίνηση και κάμψη των πτερυγίων και των λεπίδων του στη φάση κατάδυσης. Μοναδική εξαίρεση αποτελεί η επιφανειακή ζώνη, εκεί όπου γίνονται οι 3 - 4 πρώτες πεδιλιές οι οποίες αναγκαστικά είναι σχεδόν μέγιστης έντασης – δύναμης. Στην πορεία μάλιστα προς τον βυθό οι πεδιλιές γίνονται όλο και πιο ήπιες σε ένταση έως ότου σταματήσουν τελείως για να βυθιστεί πλέον ο δύτης με την αρνητική πλευστότητα και την ταχύτητα που ήδη έχει αποκτήσει. Η επόμενη δυνατή σχετικά πεδιλιά θα γίνει για το ξεκόλλημα από τον βυθό, ωστόσο δεν απαιτεί ιδιαίτερη ένταση, λίγο περισσότερη μόνο, σε σχέση με το φυσιολογικό.

Ο έμπειρος δύτης κρατάει μαζεμένο πάνω στον θώρακα τον αγκώνα του χεριού που πιάνει την μύτη στην εξίσωση. Βέβαια το σχήμα του σώματος του δύτη, θα ήταν ακόμα πιο υδροδυναμικό, αν είχε και τα δύο χέρια του ελεύθερα και τεντωμένα μπροστά, όπως κάνουν όσοι εξισώνουν με την μέθοδο του εκούσιου ανοίγματος των ευσταχιανών (VTO).

2. Οι κινήσεις των πτερυγίων από την μία ζώνη βάθους στην επόμενη, στη φάση κατάδυσης.

Οι κινήσεις των ποδιών και των πτερυγίων μπορούν να μοιραστούν στις βασικές ζώνες διαφορετικής πλευστότητας στη φάση κατάδυσης κυρίως ως προς την ένταση της πεδιλιάς, την δύναμη ώθησης δηλαδή που ξοδεύει σαν έργο ο δύτης. Η κατανομή των ζωνών με διαφορετική ένταση της πεδιλιάς είναι απλή:

1η ζώνη: Είναι οι πρώτες δύο – τρεις πολύ δυνατές (με την μέγιστη δύναμη ώθησης) πεδιλιές της διαφυγής από την επιφάνεια, μετά το σπάσιμο της μέσης και το γλίστρημα σε κάθετη θέση.

Εδώ ο δύτης αντιμετωπίζει την μέγιστη άνωση και την μέγιστη θετική πλευστότητα όλης της φάσης κατάδυσης. Στην πράξη έχει αφήσει ο ίδιος την πλευστότητα του να είναι θετική εδώ, όπου είναι ξεκούραστος στην αρχή ακόμα της βουτιάς του και μπορεί να ξοδέψει όση ενέργεια και οξυγόνο χρειάζεται, ώστε να διαφύγει αρκετά μέτρα από την επιφάνεια. Όλο το υπόλοιπο οξυγόνο και η ενέργεια που θα εξοικονομηθεί θα μπορέσουν να χρησιμοποιηθούν πλέον στη συνέχεια με άνεση και ηρεμία και με πολύ πιο οικονομικές κινήσεις.

Αν οι πρώτες δύο – τρεις πεδιλιές με την μεγάλη ώθηση γίνουν με επιτυχία τότε ο δύτης θα έχει δώσει στο σώμα του μία επιτάχυνση και μία ταχύτητα κατάδυσης προς το βυθό που θα μειώσουν πολύ την ανάγκη για περισσότερες πεδιλιές αργότερα. Εδώ καταλαβαίνει κανείς την αξία ενός βαθιού γλιστρήματος με το σπάσιμο της μέσης: αν ο δύτης βρεθεί στα 5 – 6 μέτρα βάθος, χωρίς πεδιλιές, θα έχει ήδη κάνει μία τεράστια εξοικονόμηση ενέργειας, που θα σπαταλούσε σε τρεις πεδιλιές μέγιστης έντασης για να τον πάνε από τα 2 μέτρα βάθος στα 6 μέτρα. Είναι ο λόγος που ο ελεύθερος δύτης θα προσπαθεί σε όλη του την "καριέρα" υποβρυχίως να βελτιώνει συνεχώς το ξεκίνημα του στην εγκατάλειψη της επιφάνειας.

2η ζώνη: Στην επόμενη ζώνη ακολουθούν τα μέτρα με θετική πλευστότητα η οποία θα μειώνεται έως ότου μηδενιστεί και γίνει ουδέτερη.

Ο δύτης μετά τις πρώτες δύο – τρεις πεδιλιές της επιφάνειας θα αισθανθεί αμέσως την διαφορά σε άνωση, καθώς θα έχει ήδη κατέβει σε μερικά μέτρα βάθος. Αυτό του επιτρέπει να χαλαρώσει την κίνηση των πτερυγίων του πλέον σε φυσιολογική δύναμη. Εδώ λοιπόν, σε αυτή τη ζώνη, όπου ακόμα υπάρχει θετική πλευστότητα και αυτή αντιστέκεται στην βύθιση του δύτη, περνάμε πλέον σε κανονική πεδιλιά, με όλα όσα προβλέπονται σε αυτήν.

Με την εφαρμογή του κανόνα των δύο-τρίτων στη ρύθμιση της πλευστότητας για ένα δεδομένο βάθος όπως για παράδειγμα τα 15 μέτρα, ο δύτης θα έχει ουδέτερη πλευστότητα στα 10 μέτρα βάθος. Αυτό σημαίνει, σε ότι αφορά στην κίνηση των πτερυγίων του, ότι στη 2η ζώνη δηλαδή από τα 5 και μέχρι τα 10 μέτρα βάθος θα έχει να εκτελέσει μερικές κανονικές κινήσεις των ποδιών και των πτερυγίων του: με αργό και μεγάλο άνοιγμα των ποδιών, καλό λύγισμα των λεπίδων και με το υπόλοιπο σώμα σε υδροδυναμική κάθετη θέση κατάδυσης (με τα χέρια μπροστά κλπ).

Εδώ η σωστή πεδιλιά είναι μία ήρεμη αλλά και αποδοτική κίνηση. Στη ζώνη αυτή υπάρχει ακόμα θετική πλευστότητα που αντιστέκεται στη βύθιση του σώματος επομένως ο δύτης θα χρειαστεί να ξοδέψει ένα μικρό έργο κάνοντας αποδοτικές πεδιλιές.

Αν το βάθος ήταν 20 μέτρα, σε μία πιο βαθιά ελεύθερη κατάδυση, η ουδέτερη πλευστότητα θα είχε ρυθμιστεί στα 2/3 του βάθους, δηλαδή στα 13 με 14 μέτρα. Έτσι η ζώνη 2 με τις κανονικές κινήσεις των πτερυγίων θα κάλυπτε τα βάθη από τα 5 μέτρα έως τα 14 μέτρα, θα ήταν δηλαδή μία σημαντική διαδρομή

10 μέτρων που θα περιλάμβανε και αρκετές εξισώσεις της πίεσης στα αυτιά. Σε μία τέτοια διαδρομή βαθιάς κατάδυσης προσθέτουμε μία ακόμα μεταβλητή για να τελειοποιήσουμε την πεδιλιά μας, σε σχέση με το 1° επίπεδο: Εδώ η ένταση, η δύναμη ώθησης στην πεδιλιά μας θα φροντίσουμε να μειώνεται σταδιακά. Έχουμε λοιπόν μία πρώτη κανονική πεδιλιά μπαίνοντας στην ζώνη 2 (μετά τα 5 μέτρα βάθος) και από την επόμενη πεδιλιά μειώνουμε λίγο την δύναμη ώθησης στα πτερύγια, στην επόμενη πεδιλιά μειώνουμε περισσότερο την δύναμη και τελικά φτάνοντας στο τέλος της διαδρομής της ζώνης αυτής (εδώ το τέλος είναι τα 14 μέτρα) η τελική πεδιλιά γίνεται με άπειρο-ελάχιστη ώθηση στις λεπίδες.

Η μεταβαλλόμενη, όλο και μικρότερη, δύναμη στην πεδιλιά γίνεται για οικονομία έργου και οξυγόνου και είναι τόσο πολύ πιο σημαντική όσο πιο βαθιά είναι η κατάδυση, οπότε είναι μεγαλύτερη η διαδρομή και μεγαλύτερο το ποσό του έργου που εξοικονομεί ο δύτης. Οι έμπειροι δύτες χρησιμοποιούν την μεταβλητή προς το λιγότερο, πεδιλιά, ακόμα για πιο ρηχές βουτιές τόσο από συνήθεια όσο και γιατί έστω και μία μικρή οικονομία οξυγόνου είναι πάντα χρήσιμη για μεγαλύτερη άπνοια.

Η διαδρομή μέσα στην ζώνη 1 της πολύ δυνατής άνωσης και στη ζώνη 2 της θετικής πλευστότητας, αποτελεί ουσιαστικά τα δύο-τρίτα της διαδρομής της φάσης κατάδυσης, όλη την διαδρομή δηλαδή με ενάντια την θετική πλευστότητα, έως ότου αυτή μηδενιστεί και γίνει ουδέτερη, εφόσον ο δύτης ακολουθεί τον κανόνα αυτόν στη ρύθμιση της πλευστότητας του. Πρακτικά λοιπόν η κατάδυση έως το βάθος αυτό της ουδέτερης πλευστότητας αποτελεί και το δυσκολότερο κομμάτι της κατάδυσης όπου θα ξοδευτεί σχεδόν όλο το έργο της φάσης κατάδυσης.

3η ζώνη: Μετά το βάθος της ουδέτερης πλευστότητας και μέχρι τον βυθό ή το επιθυμητό βάθος κατάδυσης, η διαδρομή θα αποτελεί το ένα – τρίτο του βάθους, δηλαδή την ζώνη της αρνητικής πλευστότητας.

Στο βάθος της ουδέτερης πλευστότητας έχουμε το χρονικό σημείο "μηδέν" της φάσης κατάδυσης: εδώ ο δύτης σταματάει τις πεδιλιές και κρατάει πλέον τεντωμένα τα πόδια του, πάντα σε χαλαρή στάση, όπως επίσης παύει και κάθε άλλη κίνηση εκτός από τις εξισώσεις στα αυτιά. Η διαδρομή του δύτη έως το βυθό θα γίνει ενώ αυτός θα παραμένει σε κάθετη υδροδυναμική θέση κατάδυσης, αλλά χωρίς να κάνει ο ίδιος κάποια κίνηση. Η ταχύτητα που είχε ήδη ο δύτης όταν έφτασε στο βάθος της ουδέτερης πλευστότητας τον παρασύρει πλέον βαθύτερα χωρίς ο ίδιος να κάνει άλλες κινήσεις των πτερυγίων και μάλιστα προστίθεται και επιπλέον επιτάχυνση στην βύθιση του καθώς βρίσκεται πλέον μέσα στη ζώνη αρνητικής πλευστότητας. Επίσης αν πρόκειται για βαθιά κατάδυση η ταχύτητα του δύτη μπορεί να αυξηθεί σημαντικά ως ότου φτάσει στο επιθυμητό βάθος διότι θα αυξηθεί πολύ η αρνητική πλευστότητα που επιταχύνει την βύθιση.

Αν εφαρμόσουμε το παραπάνω παράδειγμα μίας ελεύθερης κατάδυσης στα 20 μέτρα βάθος, η ζώνη της αρνητικής πλευστότητας θα καλύπτει τα βάθη από τα 14 έως τα 20 μέτρα. Εδώ λοιπόν θα δούμε έναν έμπειρο δύτη να σταματάει κάθε κίνηση στα 14 μέτρα βάθος και να αφήνει το βάρος του να τον βυθίσει όλο και πιο γρήγορα, με επιταχυνόμενο ρυθμό, στα 20 μέτρα βάθος.

Σε μικρότερα βάθη η ζώνη αρνητικής πλευστότητας είναι μία πολύ μικρότερη διαδρομή, ωστόσο η τεχνική εφαρμόζεται και εκεί με την ίδια ακρίβεια, γιατί προσφέρει έστω μία μικρή οικονομία έργου και οξυγόνου στον δύτη. Έτσι στο παράδειγμα της κατάδυσης στα 15 μέτρα βάθος η διαδρομή χωρίς κίνηση των πτερυγίων θα είναι μέσα στη ζώνη της αρνητικής πλευστότητας από τα 10 έως τα 15 μέτρα βάθος, που πρακτικά σημαίνει ότι ο δύτης θα εξοικονομήσει ένα έργο από δύο, το πολύ τρεις πεδιλιές, ένα μικρό έργο δηλαδή, αλλά όχι και ασήμαντο.

Η ανάγκη της χρήσης βαθύμετρου ή υπολογιστή ελεύθερης κατάδυσης

Ένα σημαντικό ερώτημα είναι πως εντοπίζει με ακρίβεια ένας έμπειρος δύτης τα διάφορα βάθη όπου θα έχει να κάνει όλες αυτές τις αλλαγές στην πεδιλιά του, από την επιφάνεια μέχρι τον βυθό.

Οι έμπειροι δύτες συνηθίζουν να εντοπίζουν μηχανικά, από συνήθεια, τα διάφορα βάθη, ειδικά στα πρώτα δέκα μέτρα, με καθαρά εμπειρικούς τρόπους, όπως ο αριθμός των πεδιλιών ή ο αριθμός των εξισώσεων που θα χρειαστούν να κάνουν. Ωστόσο και για τον έμπειρο δύτη είναι κανόνας ασφαλείας η υποχρεωτική ύπαρξη βαθύμετρου ή υπολογιστή κατάδυσης στο χέρι του, καθώς σε μεγαλύτερα βάθη δεν πετυχαίνει πάντα ο εμπειρικός υπολογισμός του βάθους.

Ένας λιγότερο έμπειρος δύτης μπορεί να κάνει με ακρίβεια τις αλλαγές στις πεδιλιές του στη φάση κατάδυσης κοιτώντας στην οθόνη του υπολογιστή του, στο χέρι του, τα βάθη όπου γίνονται οι αλλαγές στις πεδιλιές, αφού πρώτα υπολογίσει ποιο θα είναι το βάθος της ουδέτερης πλευστότητάς του στην βουτιά που σχεδιάζει να κάνει.

3.7. Η υδροδυναμική στάση του σώματος του δύτη στη φάση της κατάδυσης.

Η κάθετη στάση βύθισης που προσπαθεί να πετύχει ο ελεύθερος δύτης από την αρχή της κατάδυσης κάνοντας το σπάσιμο της μέσης και το γλίστρημα εγκατάλειψης της επιφάνειας, είναι η στάση που θα πρέπει μετά να διατηρήσει σε όλη την φάση κατάδυσης. Το ιδανικό στυλ αυτής της κάθετης, ανάποδης ουσιαστικά σε σχέση με την ξηρά, θέσης του σώματος, είναι να είναι τεντωμένος και ευθύγραμμος ο κορμός του σώματος του δύτη, να έχει τα χέρια του σχετικά τεντωμένα μπροστά του με ενωμένες τις παλάμες την μία πάνω στην άλλη, σημαδεύοντας πάντα κάθετα προς τον βυθό.

Τα πόδια του δύτη όταν σταματάει τις πεδιλιές παραμένουν ίσια, κλειστά μεταξύ τους και σχετικά τεντωμένα, πάνω στην ευθεία του υπόλοιπου σώματος. Το κεφάλι του δύτη είναι ίσως το πιο δύσκολο μέρος του σώματος να κρατηθεί στην σωστή ευθεία δηλαδή ίσιο και αυτό πάνω στην κάθετη ευθεία κατάδυσης. Οι αρχάριοι δύτες όπως τονίσαμε ήδη έχουν την τάση να σκύβουν πίσω το κεφάλι στην πορεία κατάδυσης, ώστε να κοιτάνε κάτω προς τον βυθό. Χρειάζεται αρκετή εξάσκηση και απόκτηση αυτοπεποίθησης και εμπειρίας στην ελεύθερη κατάδυση για να μπορέσει ένας δύτης να ισιώσει τελικά το κεφάλι του και να το διατηρεί στην όλη ευθεία της κάθετης γραμμής κατάδυσης, όσο διαρκεί η κίνηση της όλης πορείας κατάδυσης.

Το μυστικό είναι να κρατήσει κανείς όσο πιο ίσιο μπορεί το κεφάλι του ενώ καταδύεται, κοιτώντας με ένα διαγώνιο βλέμμα προς τον βυθό. Με αυτό τον τρόπο θα εξασκηθεί ένα άτομο σταδιακά να κάμπτει όλο και λιγότερο το κεφάλι του προς τα πίσω για να βλέπει καλύτερα κάτω. Εδώ μπορεί να βοηθήσει πολύ και το σχοινί της προπόνησης που το αγκυροβολούμε κάθετα και μπορούμε να καταδυθούμε κοιτώντας το μπροστά μας, ώστε να παραμένουμε σε κάθετο στυλ κατάδυσης ακολουθώντας απλά την ευθεία του σχοινιού προς τον βυθό. Φυσικά και πάλι θα πρέπει να συνηθίσει να αντιστέκεται κανείς στον πειρασμό να κοιτάξει προς το βυθό, σκύβοντας πίσω το κεφάλι του.

Το στυλ ενός έμπειρου δύτη σε κάθετη στάση βύθισης είναι ότι θα έχει το σώμα του σε μία απόλυτα ευθύγραμμη στάση από τις παλάμες των χεριών του ως τις λεπίδες των πτερυγίων του. Θα τον δούμε σε μία κάθετη στάση προς το βυθό με αρκετά τεντωμένα και ίσια τα πόδια και τα χέρια του. Αυτό δεν σημαίνει απαραίτητα ιδιαίτερο "νεύρο", ένα υπερβολικά δηλαδή τεντωμένο σώμα στο οποίο οι μυς δεν είναι σε χαλάρωση. Αντίθετα τόσο τα χέρια όσο και τα πόδια (όταν δεν κάνει πεδιλιές ο δύτης) θα πρέπει να μοιάζουν περισσότερο με την χαλαρή τους στάση της επιφανειακής χαλάρωσης, όπου όπως έχουμε τονίσει και τα πόδια είναι ελαφρά λυγισμένα στα γόνατα και τα χέρια είναι χαλαρά και ελαφρώς λυγισμένα στους αγκώνες.

Η πρώτη πεδιλιά μετά την βύθιση και το ξεκίνημα της κανονικής κίνησης των πτερυγίων.

(Φωτογράφιση καρέ-καρέ: 1 φωτογραφία / δευτερόλεπτο)

Στην κατάδυση φαίνεται η πρώτη πεδιλιά μετά το σπάσιμο της μέσης (στιγμιότυπο 4), η δεύτερη κίνηση των πτερυγίων που είναι επίσης πολύ δυνατή για αυτό και λυγίζουν οι λεπίδες τόσο πολύ στη διάρκειά της (στιγμιότυπο 5) και η επόμενη κανονική πλέον πεδιλιά της φάσης κατάδυσης με μεγάλο άνοιγμα των ποδιών (60 μοίρες γωνία) και με εφαρμογή πολύ μικρότερης δύναμης στα πτερύγια (στιγμιότυπο 6).

Βαθιά ελεύθερη κατάδυση – Η φάση κατάδυσης

Στιγμιότυπο 1: Με το σπάσιμο της μέσης και την βύθιση του σώματός του ο δύτης ξεκινάει την κατάδυση με ένα γρήγορο γλίστρημα κάτω από την επιφάνεια και όταν έχει σχεδόν εξαντληθεί η αδράνεια που τον έφερε σε κάθετη θέση προς τον βυθό, τότε αρχίζει και την κίνηση των πτερυγίων.

Βαθιά ελεύθερη κατάδυση – Η φάση κατάδυσης

Στιγμιότυπο 2: Ο δύτης μπορεί τώρα να χαλαρώσει πλέον, μετά την απότομη και δυνατή κίνηση εγκατάλειψης της επιφάνειας. Διατηρεί μία κάθετη υδροδυναμική στάση με τα χέρια σχεδόν τεντωμένα προς το βυθό, το κεφάλι σε οριζόντια θέση (χωρίς να κοιτάει προς το βυθό) και συγκεντρώνεται στις κινήσεις των πτερυγίων και στις εξισώσεις στα αυτιά.

Βαθιά ελεύθερη κατάδυση – Η φάση κατάδυσης

Στιγμιότυπο 3: Οι πρώτες πεδιλιές με μεγάλο άνοιγμα των ποδιών (με 60 μοίρες γωνία) γίνονται αμέσως μετά την βύθιση στο ξεκίνημα της κατάδυσης. Επιτρέπεται ακόμα και ένα μικρό λύγισμα των ποδιών στα γόνατα αν αυτό διευκολύνει την μεγάλη γωνία ανοίγματος των ποδιών.

Βαθιά ελεύθερη κατάδυση – Η φάση κατάδυσης

Στιγμιότυπο 4: Οι πεδιλιές στην αρχική ζώνη της μεγάλης θετικής πλευστότητας έχουν ένα μεγάλο άνοιγμα και σταδιακά μειώνεται η δύναμή τους, καθώς ο δύτης πλησιάζει στο βάθος της ουδέτερης πλευστότητας. Στις εξισώσεις Βαλσάλβα ή Φρένζελ ο αγκώνας του χεριού που πιάνει την μύτη κρατιέται όσο γίνεται πιο κοντά στο θώρακα για καλύτερο υδροδυναμικό σχήμα.

Βαθιά ελεύθερη κατάδυση – Η φάση κατάδυσης

Στιγμιότυπο 5: Καθώς τα τεντωμένα χέρια προς το βυθό δίνουν την κατεύθυνση της κίνησης, αν χρησιμοποιηθεί σχοινί προπόνησης στην βουτιά, τότε ο δύτης μπορεί να διατηρεί πιο άνετα το κεφάλι του σε χαλαρή φυσική θέση και όχι λυγισμένο προς το βυθό, αρκεί να κοιτάει μπροστά του το σχοινί καθώς καταδύεται, έχοντας έτσι μία ιδανική ευθεία για να ακολουθήσει κάθετα ως το βάθος κατάδυσης.

Βαθιά ελεύθερη κατάδυση – Η φάση κατάδυσης

Στιγμιότυπο 6: Ο ιδανικός παλμός κίνησης των πτερυγίων σε αυτή τη φάση με την μεγάλη γωνία ανοίγματος, προκύπτει από τα ίδια τα πτερύγια και τις λεπίδες τους. Κάθε πτερύγιο έχει τον δικό του ιδανικό τρόπο κίνησης. Ο δύτης θα πρέπει να ανακαλύψει τον ιδανικό παλμό τους στις προπονήσεις του και να προσπαθεί να τον πετυχαίνει σε κάθε του κατάδυση.

Βαθιά ελεύθερη κατάδυση – Η φάση κατάδυσης

Στιγμιότυπο 7: Το μεγάλο άνοιγμα των λεπίδων στις κινήσεις ως το βάθος της ουδέτερης πλευστότητας, απαιτεί ένα πτερύγιο που να επιτρέπει ένα εύκολο λύγισμα των λεπίδων και ένα κατάλληλα γυμνασμένο πόδι του δύτη, ώστε να ξοδεύει την ελάχιστη δυνατή ενέργεια και οξυγόνο.

Βαθιά ελεύθερη κατάδυση – Η φάση κατάδυσης
Στιγμιότυπο 8: Καθώς πλησιάζει το βάθος της ουδέτερης πλευστότητας ο δύτης μπορεί να μειώσει το έργο ώθησης, μειώνοντας την δύναμη και το άνοιγμα στις πεδιλιές του.

Βαθιά ελεύθερη κατάδυση – Η φάση κατάδυσης

Στιγμιότυπο 9: Ο δύτης μειώνοντας το έργο που ξοδεύει σε πεδιλιές, κοντά στο βάθος της ουδέτερης πλευστότητας, φροντίζει να διατηρήσει, με πολύ μικρότερη και πιο οικονομική πεδιλιά, μία ταχύτητα κατάδυσης, όσο μεγάλη νομίζει ο ίδιος ότι χρειάζεται, έως ότου μπει στην ζώνη αρνητικής πλευστότητας.

Βαθιά ελεύθερη κατάδυση – Η φάση κατάδυσης

Στιγμιότυπο 10: Στο βάθος της ουδέτερης πλευστότητας (στα 2/3 του βάθους κατάδυσης) ο δύτης σταματάει τις κινήσεις των πτερυγίων και μένει σε μία όσο μπορεί πιο χαλαρή στάση, με το σώμα του σε κάθετη, υδροδυναμική θέση, για να συνεχίσει να βυθίζεται με μία καλή ταχύτητα στην ζώνη της αρνητικής πλευστότητας.

Βαθιά ελεύθερη κατάδυση – Η φάση κατάδυσης

Στιγμιότυπο 11: Μπαίνοντας στην ζώνη της αρνητικής πλευστότητας η ταχύτητα κατάδυσης αυξάνεται από την ίδια την βαρύτητα πλέον και κάθε κίνηση των πτερυγίων από τον δύτη είναι περιττή. Για τον δύτη είναι σαν να έχει περάσει σε στατική άπνοια έως ότου φτάσει στο επιθυμητό βάθος.

Βαθιά ελεύθερη κατάδυση – Η φάση κατάδυσης

Στιγμιότυπο 12: Όπως σε κάθε στατική άπνοια έτσι και σε αυτή τη φάση της κατάδυσης, όπου οι μόνες κινήσεις που γίνονται από τον δύτη είναι οι εξισώσεις της πίεσης στα αυτιά, όλο το βάρος της αυτοσυγκέντρωσης δίνεται στην χαλάρωση του σώματος και ειδικά των ποδιών, μετά τις πεδιλιές που έχουν γίνει. Για αυτό και δεν έχουμε τεντωμένα πόδια και χέρια, αλλά με μία κλίση χαρακτηριστική της θέσης χαλάρωσης (λυγισμένα ελαφρά γόνατα και αγκώνες).

Βαθιά ελεύθερη κατάδυση – Η φάση κατάδυσης

Στιγμιότυπο 13: Η τελική διαδρομή στη ζώνη της αρνητικής πλευστότητας, μέχρι τον βυθό, γίνεται με όλο και μεγαλύτερη ταχύτητα, καθώς η αρνητική πλευστότητα αυξάνεται. Αυτός είναι και ο λόγος για τον οποίο κάθε πεδιλιά από τον δύτη θα ήταν περιττή σπατάλη δυνάμεων.

Βαθιά ελεύθερη κατάδυση – Η φάση κατάδυσης

Στιγμιότυπο 14: Η υδροδυναμική στάση και η χαλάρωση του σώματος, όσο μένει σε ακίνητη θέση, είναι η φροντίδα του δύτη πλησιάζοντας στο μέγιστο βάθος.

Βαθιά ελεύθερη κατάδυση – Η φάση κατάδυσης

Στιγμιότυπο 15: Στο άγγιγμα του βυθού φροντίζουμε να έχουμε κόψει λίγο ταχύτητα, φρενάροντας με το άνοιγμα των ποδιών, ειδικά όταν ο βυθός έχει βράχια ή ευαίσθητα στην επαφή υδρόβια.

Κεφάλαιο 4

Οι Χειρισμοί Εξίσωσης της Πίεσης στα Αυτιά

με την Πίεση Περιβάλλοντος

Οι χειρισμοί εξίσωσης της πίεσης στα αυτιά αναλύονται στην καταδυτική φυσιολογία. Στο κεφάλαιο της τεχνικής θα συζητήσουμε για τους χειρισμούς εξίσωσης περισσότερο σαν τις αναγκαίες κινήσεις του δύτη στην φάση κατάδυσης, ώστε να δούμε τι μπορεί και τι θα είναι καλύτερο να επιλέξει και πως μπορεί να τελειοποιήσει την τεχνική του στις εξισώσεις.

Γνωρίζουμε ότι χειρισμοί εξίσωσης χρειάζονται μόνο στην φάση κατάδυσης. Στην ανάδυση η πίεση εξισώνεται αυτόματα στο κάθε μέσο αυτί και δεν χρειάζεται κάποιος χειρισμός από τον ελεύθερο δύτη. Επομένως οι χειρισμοί εξίσωσης αφορούν τη διαδρομή του δύτη από την πρώτη κίνηση του στην εγκατάλειψη της επιφάνειας, όπου μόλις βυθιστεί χρειάζεται να γίνει και η πρώτη εξίσωση της πίεσης στα αυτιά του, έως και την τελική εξίσωση μόλις ο δύτης φτάσει στο επιθυμητό βάθος κατάδυσης.

4.1. Οι διαφορές των εξισώσεων ανάμεσα στη ζώνη βάθους 0 - 10 μέτρων και την ζώνη των 10 - 20 μέτρων.

Ο πιο έμπειρος ελεύθερος δύτης έχει διαπιστώσει από τις καταδύσεις του αυτό που είναι σαφές από την φυσική: στα πρώτα 10 μέτρα βάθους η πίεση αυξάνεται εντυπωσιακά, για την ακρίβεια αυξάνεται κατά 100%, διπλασιάζεται δηλαδή, από μία ατμόσφαιρα, στην επιφάνεια της θάλασσας, σε δύο ΑΤΑ (Απόλυτες ατμόσφαιρες ή Atm ή Bar), στα 10 μέτρα βάθος. Αντίθετα από τα 10 μέτρα έως τα 20 μέτρα βάθος η πίεση αυξάνεται πολύ λιγότερο, από 2 σε 3 ατμόσφαιρες (ΑΤΑ), δηλαδή κατά 33%.

Η πολύ μεγάλη αύξηση της πίεσης περιβάλλοντος που αντιμετωπίζει ένας δύτης στα πρώτα μέτρα βάθους εξηγεί την προσοχή που χρειάζεται να δείχνει και ο πιο έμπειρος δύτης στις εξισώσεις του ήδη από το ξεκίνημα της βουτιάς του. Για τον έμπειρο δύτη δεν μπαίνει θέμα αν θα καταφέρει να εξισώσει, είναι δεδομένο ότι γνωρίζει πως να το πετύχει, αλλά μπαίνουν μία σειρά από άλλες ερωτήσεις ως προς το πόσο καλά θα τα πάει με τις εξισώσεις του στα πρώτα 10 μέτρα με την μεγάλη αύξηση της πίεσης, όπως:

1. Θα καταφέρει να εξισώσει γρήγορα προλαβαίνοντας την ταχύτητα της κατάδυσης που θέλει ή θα τον καθυστερήσουν στην βουτιά του οι εξισώσεις των πρώτων 10 μέτρων;

Μία πρώτη απλή ανάγκη της βαθιάς ελεύθερης κατάδυσης είναι να ξεπεραστούν οι εξισώσεις στα πρώτα 10 μέτρα χωρίς να καθυστερήσει η κατάδυση. Αυτό σημαίνει πολύ καλή γνώση της τεχνικής εξίσωσης και γνώση με απόλυτη ακρίβεια σε ποια ακριβώς βάθη χρειάζονται εξίσωση τα αυτιά του, από τον δύτη.

2. Οι εξισώσεις του θα γίνουν πριν συμπιεστούν τα αυτιά του ή με καθυστέρηση και με ελαφριά ταλαιπωρία των αυτιών του;

Οι εξισώσεις χρειάζονται καλά και να αν υπάρξει το στα αυτιά στην ζώνη των πρώτων 10 μέτρων βάθους, ακόμα και για τον έμπειρο δύτη ιδιαίτερη προσοχή και αυτοσυγκέντρωση, καθώς δεν είναι σπάνιο κάτι να μην πάει αναγκαστεί ο δύτης να διακόψει την βουτιά ή να χρεωθεί με καθυστερήσεις και άγχος παραμικρό πρόβλημα.

Οι εξισώσεις της πίεσης στα αυτιά στην πιο βαθιά ζώνη από τα 10 στα 20 μέτρα βάθος αραιώνουν πολύ σε συχνότητα και κυρίως απαιτούν πολύ λιγότερη πίεση στα αυτιά αν εφαρμόζεται η τεχνική Βαλσάλβα ή πετυχαίνουν πολύ πιο εύκολα, αν εφαρμόζονται άλλες πιο "φυσικές" μέθοδοι εξίσωσης όπως η Φρένζελ και η VTO (το εκούσιο άνοιγμα των ευσταχιανών).

Η ανάγκη να προλάβει ο δύτης την συμπίεση σε ένα αυτί, ώστε να μην το ταλαιπωρήσει εξισώνοντας το, ενώ έχει ήδη αναπτυχθεί εκεί μεγάλη διαφορά πιέσεων, έρχεται σε αντίθεση με την ανάγκη για σημαντική ταχύτητα κατάδυσης. Ο έμπειρος δύτης πρέπει να πετύχει και στα δύο στην βαθιά κατάδυση.

3. Οι εξισώσεις στα δύσκολα πρώτα 10 μέτρα πόσο θα επηρεάσουν αρνητικά, πόσο κακή παρενέργεια θα έχουν στην ηρεμία και την διάρκεια της άπνοιας του ατόμου που εξισώνει;

Η αποφυγή των κακών παρενεργειών που μπορούν να έχουν οι εξισώσεις στα αυτιά, όπως η πρόκληση στρες, άγχους, στον δύτη, η ταχυκαρδία, η αύξηση της πίεσης του αίματος και άλλα, υποχρεώνει τον έμπειρο δύτη να επιλέξει μία πιο φυσική μέθοδο από τον χειρισμό Βαλσάλβα. Ακόμα και μία φυσική μέθοδος, ωστόσο, αν πετυχαίνει με δυσκολία και δημιουργεί προβλήματα θα οδηγήσει σε άγχος και σε μείωση των επιδόσεων σε άπνοια. Επομένως για να παραμείνει ανεπηρέαστη η άπνοια ο δύτης χρειάζεται τον πιο φυσικό τρόπο εξίσωσης και πολύ καλή εξάσκηση στην εκτέλεση του, με πολλές καταδύσεις, ώστε να γίνουν με επιτυχία οι εξισώσεις του στην βαθιά κατάδυση.

4. Η τεχνική εξίσωσης που εφαρμόζει ο δύτης για τα πρώτα 10 μέτρα μήπως μακροπρόθεσμα αποδειχθεί ότι ταλαιπωρούσε τα αυτιά του και του δημιούργησε πρόβλημα στην καλή υγεία τους;

Η χρήση μίας μεθόδου εξίσωσης όπως η μέθοδος Βαλσάλβα, μπορεί να βοηθάει στις εξισώσεις των πρώτων 10 μέτρων, γιατί επιτρέπει την άσκηση δύναμης πάνω στις ευσταχιανές ώστε να υποχρεωθούν να ανοίξουν στην κάθε εξίσωση. Ωστόσο μακροπρόθεσμα, μετά από μήνες ή και χρόνια εφαρμογής του χειρισμού Βαλσάλβα ένας δύτης μπορεί να βρεθεί προ εκπλήξεων στον γιατρό ωριλά.

Η μακροχρόνια εκτέλεση υπερβολικά βίαιων εξισώσεων θα οδηγήσει σε μόνιμη μείωση της ακοής σε ένα αυτί. Και στον χειρισμό Βαλσάλβα ποτέ δεν μπορεί να είναι βέβαιος ο δύτης αν αυτό που κάνει δεν είναι υπερβολικά βίαιο για τα αυτιά του. Γι' αυτό προτείνεται να προχωρήσει κανείς σύντομα, σαν πιο έμπειρος, σε μία πιο φυσική μέθοδο εξίσωσης όπως ο χειρισμός Φρένζελ ή ο χειρισμός της σύσπασης της μαλακής υπερώας.

Στη ζώνη βάθους των 10 με 20 μέτρων η πολύ μικρότερη και πολύ πιο προοδευτική αύξηση της πίεσης μας απαλλάσσει από την ανάγκη μίας βίαιης εξίσωσης όπως ο χειρισμός Βαλσάλβα. Αν συνεχίσει κανείς με Βαλσάλβα θα διαπιστώσει ότι δεν χρειάζεται εξίσωση κάθε 2 μέτρα αλλά κάθε 3 με 4 μέτρα βάθος και ότι απαιτείται να ασκεί πολύ λιγότερη δύναμη - πίεση στις ευσταχιανές του για να ανοίξουν και να εξισώσει.

Η προοδευτική αύξηση της πίεσης από τα 10 μέτρα και κάτω επιτρέπει στον ελεύθερο δύτη να περάσει σε πιο ήπιες, φυσικές, τεχνικές εξίσωσης. Παρά την δυσκολία αυτών των τεχνικών στην αρχή, αν επιμείνει κανείς τουλάχιστον σε αυτή την πιο βαθιά ζώνη οι εξισώσεις που θα έχει να κάνει θα είναι και λιγότερες (από όσες έκανε στα πρώτα 10 μέτρα) και θα απαιτούν πολύ λιγότερη προσπάθεια για να πετύχουν γιατί η διαφορά πίεσης που αναπτύσσεται στα αυτιά είναι μικρότερη σε αυτή τη βαθιά ζώνη.

Εδώ ακόμα και αν καθυστερήσει κανείς να εξισώσει και προχωρήσει ένα – δύο μέτρα παρακάτω πριν εξισώσει, δεν δημιουργείται πρακτικά πρόβλημα στα αυτιά διότι η πίεση θα αυξηθεί πολύ λίγο. Μία παρόμοια καθυστέρηση στην ζώνη των πρώτων 10 μέτρων θα ήταν μοιραία: θα μπορούσε να προκαλέσει τραυματισμό σε ένα αυτί ή απλά ακύρωση της βουτιάς.

4.2. Η επιλογή του κατάλληλου χειρισμού εξίσωσης της πίεσης στο 2º επίπεδο της τεχνικής.

Η φυσιολογία της ελεύθερης κατάδυσης περιγράφει δεκάδες διαφορετικούς τρόπους εξίσωσης της πίεσης στα αυτιά από τους οποίους είναι τρεις οι τεχνικές που θεωρούνται οι πιο βασικές και πρωτότυπες ή απλά αυτές που έχουν επικρατήσει σαν επιλογή των ελεύθερων δυτών παγκοσμίως και πάνω σε αυτές τις τρεις μεθόδους υπάρχουν πολλές παραλλαγές. Τις τεχνικές αυτές τις έχουμε περιγράψει αναλυτικά τόσο στο βιβλίο του 1ου επιπέδου της τεχνικής όσο και στο βιβλίο της φυσιολογίας της ελεύθερης κατάδυσης. Παρόλα αυτά θα επαναλάβουμε τις βασικές τους αρχές και κινήσεις για μία ακόμα φορά, αναγνωρίζοντας ότι η εξίσωση των αυτιών αποτελεί ίσως το δυσκολότερο βήμα της τεχνικής, τουλάχιστον για τα δύο πρώτα επίπεδα. Παράλληλα εδώ θα προσπαθήσουμε να δούμε πως μπορεί να τελειοποιήσει ο δύτης του 2ου επιπέδου την καθεμία από αυτές τις τρεις μεθόδους, αν επιλέξει μία ή και περισσότερες από αυτές, σαν βασική του τεχνική όταν καταδύεται με ελεύθερη κατάδυση.

1. Ο χειρισμός Βαλσάλβα (Valsalva).

Τρόπος εκτέλεσης στο 2º επίπεδο.

Ο ελεύθερος δύτης έχει το ένα χέρι έτοιμο σε θέση εξίσωσης πάνω στη λαστιχένια "μύτη" της μάσκας και τον αγκώνα μαζεμένο πάνω στον κορμό του σώματος, στον θώρακα, ώστε να μην προεξέχει. Μόλις αισθανθεί μία ελαφριά συμπίεση των τυμπάνων στα αυτιά του ή και νωρίτερα, για παράδειγμα κάθε 2 μέτρα βάθος, πριν ακόμα αισθανθεί συμπίεση των αυτιών του, ο δύτης θα πιάσει τη μύτη του, κλείνοντας τα ρουθούνια μέσα στη μάσκα και θα φυσήξει πολύ λίγο και πολύ ελαφρά και στιγμιαία, ακαριαία μόνο, από τη μύτη, στέλνοντας έτσι μία μικροποσότητα αέρα με πίεση περιβάλλοντος, από τους πνεύμονες και μέσα από τις ευσταχιανές σάλπιγγες, στο κάθε μέσο αυτί, πετυχαίνοντας την εξίσωση της πίεσης εκεί με την πίεση του βάθους, στο οποίο βρίσκεται εκείνη την στιγμή ο δύτης, στην φάση κατάδυσης.

Η κίνηση τοποθέτησης του χεριού στη μύτη και του πολύ ελαφριού φυσήματος αέρα μέσα στα αυτιά επαναλαμβάνεται περίπου κάθε δύο μέτρα στα ρηχά (ως τα 10 μέτρα βάθος) και γίνεται λίγο πιο αραιή σε συχνότητα, για παράδειγμα κάθε 3 μέτρα, στη βαθύτερη ζώνη (από τα 10 στα 20 μέτρα βάθος).

Μία γενική αρχή στην εξίσωση (ανεξάρτητα ποια τεχνική χρησιμοποιείται), όπως γνωρίζουμε από το 1º επίπεδο, είναι να μην αφήσει ο δύτης να συμπιεστεί τόσο πολύ ένα τύμπανο, ώστε να πονέσει, από έλλειψη εξίσωσης. Κάτι τέτοιο θα σήμαινε ακύρωση της βουτιάς (είναι επικίνδυνο να προσπαθήσει να εξισώσει ο δύτης ένα αυτί που ήδη πονάει, από την τεράστια διαφορά πίεσης που έχει αναπτυχθεί σε αυτό με το περιβάλλον). Για αυτόν το λόγο ο δύτης προτιμάει να εξισώνει συχνά και προληπτικά, δηλαδή πριν συμπιεστούν τα αυτιά του.

Πλεονεκτήματα και μειονεκτήματα της μεθόδου Βαλσάλβα.

Ο χειρισμός Βαλσάλβα έχει το πλεονέκτημα ότι είναι ο πιο απλός και εύκολος τρόπος για να τον μάθει ο νέος ελεύθερος δύτης. Παράλληλα επιτρέπει την άσκηση μίας αυξημένης πίεσης στις ευσταχιανές, από τον αρχάριο δύτη, όταν ακόμα οι ευσταχιανές του, επειδή δεν έχει κάνει αρκετές καταδύσεις, είναι αγύμναστες και άκαμπτες και δεν ανοίγουν εύκολα στις εξισώσεις. Είναι σαφές ότι τα πλεονεκτήματα αυτά είναι αδιάφορα πλέον όταν ένας δύτης προχωρήσει σε εμπειρία.

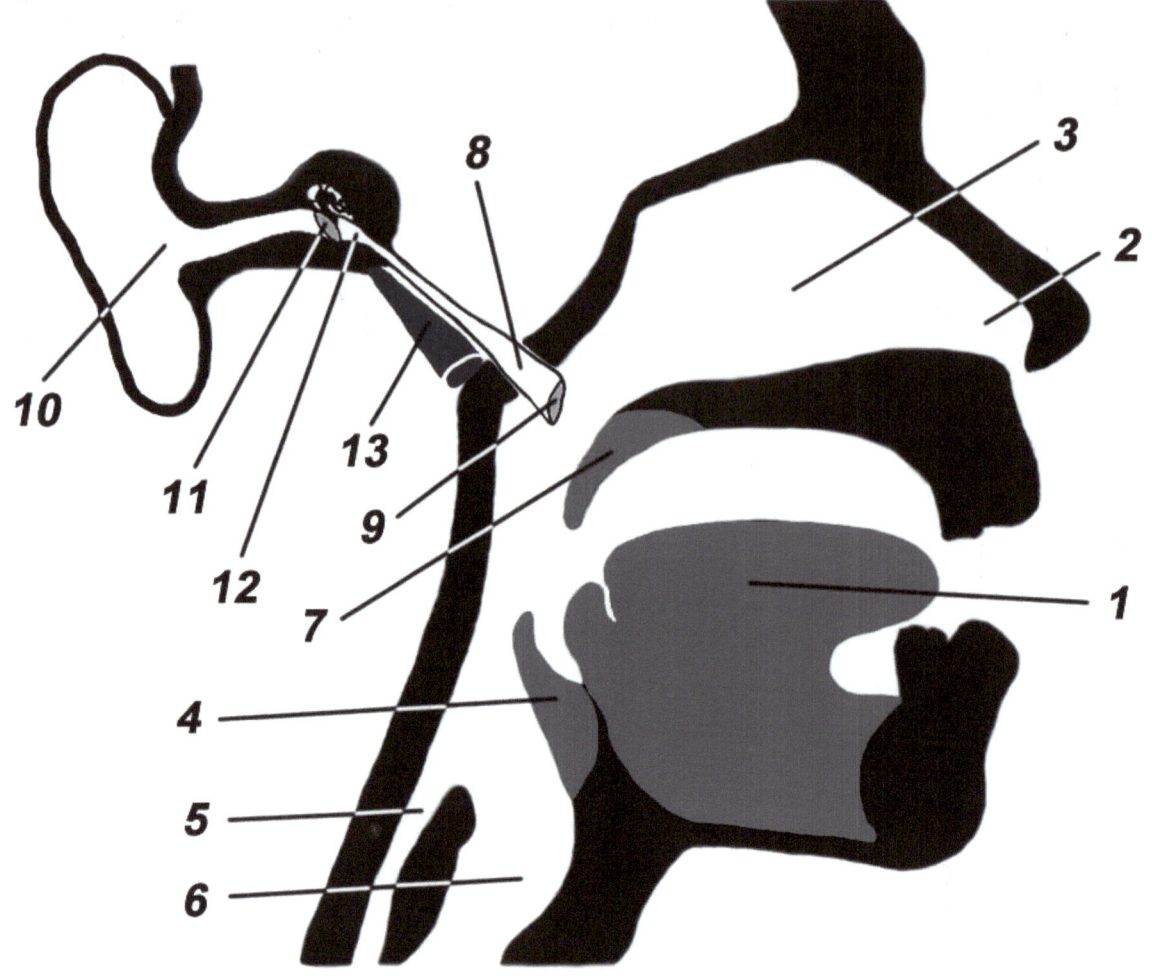

***Σκίτσο 1:** Ανατομική Εικόνα Ιστών και Οργάνων που Συμμετέχουν στην Εξίσωση της Πίεσης στα Αυτιά στην Κατάδυση.*

1. Γλώσσα
2. Μύτη
3. Ρινική Κοιλότητα
4. Επιγλωττίδα
5. Οισοφάγος
6. Τραχεία
7. Μαλθακή Υπερώα
8. Ευσταχιανή Σάλπιγγα (από το δεξί αυτί)
9. Άνοιγμα της Ευσταχιανής
10. Δεξί Εξωτερικό Αυτί: Πτερύγιο και Ακουστικός Πόρος
11. Τύμπανο
12. Μέσο Αυτί
13. Μυς "Γειτονικοί" της Ευσταχιανής (Ανελκτήρας του Υπερώιου Ιστίου Μυς, Τείνων το Υπερώο Μυς, Σαλπιγγοφαρυγγικός Μυς)

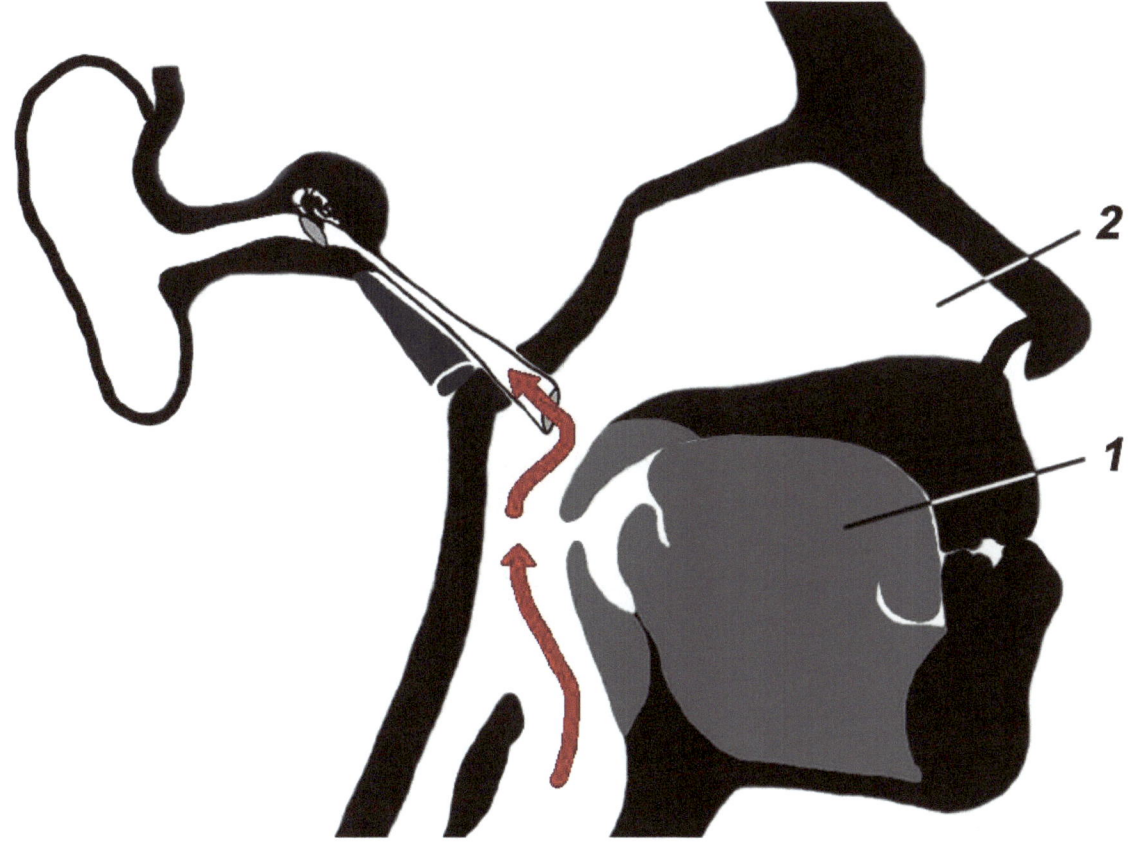

Σκίτσο 2: Ο χειρισμός Valsalva

1. Κλειστό στόμα
2. Κλείσιμο της μύτης με το χέρι και ελαφρύ φύσημα αέρα: Ο αέρας από το αναπνευστικό ανοίγει το στόμιο της ευσταχιανής και μπαίνει στο μέσο αυτί.

Τα μειονεκτήματα της μεθόδου αφορούν κυρίως τον πιο έμπειρο δύτη και είναι η αιτία που προτείνεται η αντικατάσταση της μεθόδου με κάποια άλλη, μετά το 1ο επίπεδο εμπειρίας. Βασικό μειονέκτημα του χειρισμού είναι ότι παρουσιάζει αρνητικές παρενέργειες και μπορεί να επηρεάσει πολύ αρνητικά την άπνοια εξαιτίας τους. Ο χειρισμός προκαλεί ταχυκαρδία στον δύτη. Η ταχυκαρδία στην ελεύθερη κατάδυση είναι συνώνυμη με το στρες και την "καταστροφή" της άπνοιας. Προκαλεί επίσης αύξηση της αρτηριακής πίεσης και άλλες αρνητικές παρενέργειες. Έτσι για τον έμπειρο δύτη η αντικατάσταση του χειρισμού με κάποιον άλλο είναι απαραίτητο βήμα βελτίωσης της άπνοιάς του και η διαφορά επιδόσεων που θα προκύψει αν καταργήσει τον χειρισμό Βαλσάλβα είναι εντυπωσιακή.

Ένα ξεχωριστό μειονέκτημα του χειρισμού είναι ότι δεν αποδίδει πλέον σε βάθη του τρίτου επιπέδου, δηλαδή κάτω από τα 25 με 28 μέτρα, χωρίς να υπάρχει πάντως κάποιο σαφές όριο βάθους. Ο δύτης δηλαδή βρίσκεται σε αυτά τα βάθη με τόσο πολύ συμπιεσμένο τον πνεύμονα του, ώστε δεν μπορεί να στείλει φυσώντας μία μικροποσότητα αέρα στα αυτιά. Μοιραία λοιπόν ένας δύτης που θέλει να προχωρήσει σε πιο βαθιές βουτιές θα έπρεπε να εξασκηθεί σε άλλη τεχνική εξίσωσης. Στην πράξη το κάνει πολύ νωρίτερα λόγω των παρενεργειών του χειρισμού Βαλσάλβα, που μειώνουν τις επιδόσεις του ελεύθερου δύτη.

2. Ο χειρισμός Φρένζελ (Frenzel).

Τρόπος εκτέλεσης στο 2º επίπεδο.

Ο χειρισμός Φρένζελ γίνεται με το ίδιο πιάσιμο και το κλείσιμο της μύτης όπως στον Βαλσάλβα, αλλά αντί να φυσήξει ο δύτης μία μικροποσότητα αέρα στα αυτιά του, μέσα από τις ευσταχιανές, μιμείται με την γλώσσα την κίνηση κατάποσης κινώντας την προς τα πίσω και προς τα πάνω, χωρίς πραγματικά να καταπίνει (δεν ολοκληρώνει την κίνηση που είναι ίδια όταν καταπίνουμε).

Στον χειρισμό Φρένζελ κάνουμε μία ήρεμη κίνηση της γλώσσας προς τα πίσω και προς τα πάνω, όπου μόνη της η γλώσσα σπρώχνει την μαλακή υπερώα προς τα πάνω και την κλείνει και επίσης κλείνει και την επιγλωττίδα (κλείνοντας τον φάρυγγα). Επειδή η κίνηση γίνεται με την μύτη κρατημένη κλειστή ο παγιδευμένος αέρας στο τμήμα αυτό της άνω φαρυγγικής κοιλότητας όπου εκβάλουν οι ευσταχιανές σάλπιγγες, συμπιέζεται με την κίνηση της γλώσσας και ανοίγει τις ευσταχιανές, οπότε μπαίνει στο κάθε μέσο αυτί, εξισώνοντας την πίεση με το εξωτερικό περιβάλλον.

Ένας δύτης με αρκετή εμπειρία (μετά το 1º επίπεδο) και έχοντας μάθει καλά πως να συντονίζει τις πεδιλιές του στην φάση κατάδυσης με τις διαδοχικές εξισώσεις, μπορεί να περάσει πλέον εύκολα και με επιτυχία στο χειρισμό Φρένζελ. Έχει σημασία να έχει συνηθίσει κανείς σε τι βάθος τον φέρνει η κάθε του πεδιλιά διότι αν κάθε πεδιλιά σπρώχνει σε βύθιση 2 με 3 μέτρων βάθους, ο δύτης θα έχει μάθει να κάνει συντονισμένα εξισώσεις Βαλσάλβα, αλλά οι χειρισμοί Φρένζελ θα χρειαστούν αρχικά τουλάχιστον περισσότερο χρόνο και ο δύτης θα υποχρεωθεί να μειώσει την ταχύτητα της κατάδυσής του, έως ότου εξασκηθεί σε γρήγορους χειρισμούς Φρένζελ. Ο σκοπός είναι να φτάσουμε να τους κάνουμε μηχανικά τους χειρισμούς εξίσωσης, χωρίς να μας υποχρεώνουν σε μείωση της ταχύτητας κατάδυσης.

Παράλληλα ο χειρισμός Φρένζελ για να πετύχει απαιτεί μία καλή ηρεμία, μία χαλάρωση και μία αυτοσυγκέντρωση, που ταιριάζει καλύτερα σε δύτες πιο έμπειρους από το 1º επίπεδο.

Πλεονεκτήματα και μειονεκτήματα της μεθόδου Φρένζελ.

Ο χειρισμός Φρένζελ αποτελεί μία "φυσική" όπως λέμε μέθοδο εξίσωσης, δηλαδή επιτυγχάνεται με ένα φυσικό και όχι τεχνητό τρόπο. Έτσι δεν έχει καμία αρνητική παρενέργεια για τον οργανισμό του δύτη, όπως η ταχυκαρδία, η αυξημένη αρτηριακή πίεση και άλλα, του χειρισμού Βαλσάλβα. Το πλεονέκτημά του ότι λειτουργεί χωρίς καμία παρενέργεια επιτρέπει να τον επιλέξει ο δύτης σαν βασική του τεχνική εξίσωσης για όλα τα βάθη, αφού θα αποδίδει και βαθιά, σε όποια μέτρα φτάσει να κατεβαίνει ένα άτομο στην εξέλιξη του σαν δύτης.

Αρχικά στην εκμάθησή της το μειονέκτημα της μεθόδου είναι ότι χρειάζεται κάποια εξάσκηση για την συνηθίσει κανείς σαν τεχνική, αντικαθιστώντας την πολύ πιο απλή στην εκτέλεση της, τεχνική Βαλσάλβα.

Στην πράξη το μόνο μειονέκτημα της μεθόδου Φρένζελ για τον έμπειρο δύτη είναι ότι θα είναι απασχολημένο το ένα του χέρι να το έχει στην μύτη της μάσκας ή να το πηγαινοφέρνει εκεί για τις εξισώσεις. Εδώ πλεονεκτεί ο επόμενος χειρισμός VTO, μία μέθοδος που είναι ένας επίσης φυσικός τρόπος εξίσωσης και δεν χρειάζεται κλείσιμο της μύτης, οπότε αφήνει τα χέρια του δύτη ελεύθερα, σε υδροδυναμική στόχευση προς το βυθό!

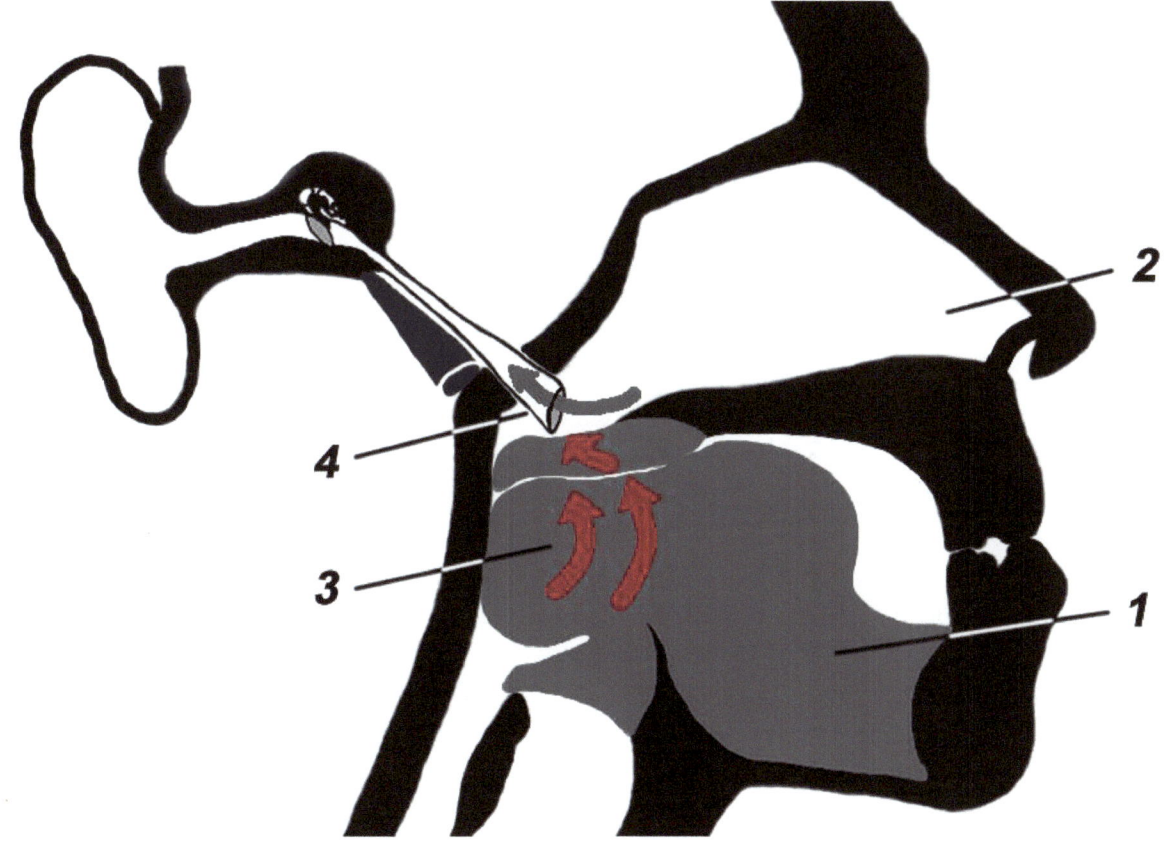

Σκίτσο 3: Ο χειρισμός Frenzel

1. Κλειστό στόμα
2. Κλείσιμο της μύτης με το χέρι
3. Κίνηση της γλώσσας προς τα πίσω και προς τα πάνω
4. Η μαλακή υπερώα πιέζεται προς τα πάνω και σπρώχνει τον παγιδευμένο αέρα μέσα στη ρινοφαρυγγική κοιλότητα να ανοίξει την ευσταχιανή και να περάσει στο μέσο αυτί.

2.1. Ο χειρισμός Φρένζελ με γέμισμα του στόματος με αέρα – Μια παραλλαγή του χειρισμού Φρένζελ για βαθιές καταδύσεις (Frenzel mouth-fill equalization)

Ο χειρισμός Φρένζελ έχει το πλεονέκτημα σε σχέση με τον Βαλσάλβα, ότι μπορεί να συνεχίσει ο ελεύθερος δύτης να εξισώνει σχετικά εύκολα μετά τα 25 μέτρα βάθος, όταν η μεγάλη συμπίεση του αέρα στους πνεύμονες κάνει πλέον αδύνατη την εκτέλεση χειρισμών Βαλσάλβα. Ακόμα όμως και η μικρή ποσότητα αέρα στη στοματική και ρινοφαρυγγική κοιλότητα που χρειάζεται ο χειρισμός Φρένζελ, μικραίνει πολύ σε όγκο καθώς η μεγάλη πίεση συμπιέζει τον αέρα και ο χειρισμός δυσκολεύει.

Μία πολύ έξυπνη λύση για την άνετη συνέχιση των χειρισμών Φρένζελ στις βαθιές καταδύσεις, μετά τα 25 μέτρα βάθος, είναι ο δύτης να διευρύνει τον όγκο του στόματός του κατεβάζοντας το σαγόνι, χωρίς να ανοίξει το στόμα και ανοίγοντας και τον λαιμό του να αφήσει να γεμίσει το στόμα και ο λαιμός του με αέρα και στη συνέχεια κλείνει πάλι τον λαιμό και ο επιπλέον αέρας μένει στον χώρο στόματος και λαιμού.

Ο χειρισμός γίνεται στη φάση κατάδυσης και σε ένα βάθος 18 με 25 μέτρα, εκεί που ο χειρισμός Φρένζελ είναι πιο εύκολος, πριν δυσκολέψει δηλαδή από την συμπίεση του αέρα. Με το στόμα "τεχνητά" γεμάτο με μια ποσότητα αέρα από τα 18 – 20 μέτρα, ο ελεύθερος δύτης θα έχει άνεση στις επόμενες εξισώσεις να στέλνει μικροποσότητες αέρα προς τις ευσταχιανές με την κίνηση της γλώσσας στον χειρισμό Φρένζελ. Έχοντας αυτή την επιπλέον ποσότητα αέρα στο στόμα η συμπίεση λόγω του βάθους στα επόμενα μέτρα δεν αρκεί για να συμπιεστεί τόσο πολύ αυτή η πολύτιμη ποσότητα αέρα για τις λίγες ακόμα εξισώσεις ως το μέγιστο βάθος.

3. Ο χειρισμός "εκούσιου ανοίγματος των ευσταχιανών" ή "της σύσπασης της μαλακής υπερώας" (VTO – Voluntary Tubal Opening).

Την φυσική μέθοδο του "εκούσιου ανοίγματος των ευσταχιανών" ή "της σύσπασης της μαλακής υπερώας", όπως την ονομάζει η καταδυτική φυσιολογία, την έχουμε αναλύσει τόσο στο βιβλίο του $1^{ου}$ επιπέδου όσο και στο βιβλίο της φυσιολογίας της ελεύθερης κατάδυσης.

Λέγεται "φυσική μέθοδος" διότι αφήνουμε τον ίδιο τον οργανισμό μας να εξισώσει (χωρίς τεχνητές κινήσεις, όπως το φύσημα αέρα μέσα στα αυτιά), κινητοποιώντας όργανα όπως η μαλακή υπερώα, η οποία όταν συσπάται ανοίγει τις ευσταχιανές σάλπιγγες και επιτρέπει το πέρασμα αέρα με πίεση περιβάλλοντος από τη στοματική – ρινική κοιλότητα στο μέσο αυτί, όπου θέλουμε να εξισωθεί η πίεση με την πίεση περιβάλλοντος.

Εδώ θα επαναλάβουμε τις οδηγίες εκτέλεσης της τεχνικής και πρακτικές συμβουλές, αφού για τον δύτη του $2^{ου}$ επιπέδου η τεχνική αυτή μπορεί πλέον, όσο αυξάνεται η εμπειρία του δύτη, να αρχίσει σταδιακά να γίνεται η βασική του μέθοδος εξίσωσης. Για τους περισσότερους ελεύθερους δύτες είναι ακόμα πρόωρη η χρήση της μεθόδου, ωστόσο έχει αποδειχτεί ότι επειδή οι περισσότεροι δυσκολεύονται στην τεχνική αυτή, είναι χρήσιμο να αρχίσουν να την εφαρμόζουν από νωρίς, όπως είναι το $2^ο$ επίπεδο, διότι η τεχνική πετυχαίνει ευκολότερα στη ρηχή ζώνη, δηλαδή από την επιφάνεια μέχρι τα πρώτα 5 με 6 μέτρα βάθος.

Αν συνηθίσει ένας δύτης να ξεκινάει την βουτιά του με την σύσπαση της μαλακής υπερώας και να συνεχίζει με άλλη μέθοδο βαθύτερα, είναι μαθηματικά βέβαιο ότι σταδιακά η τεχνική θα πετυχαίνει όλο και βαθύτερα. Μπορεί να χρειαστεί για παράδειγμα ελεύθερες καταδύσεις ενός ολόκληρου χρόνου ή και περισσότερο για να φτάσει κάποιος να εξισώνει με σύσπαση της μαλακής υπερώας μέχρι τα 8 με 10 μέτρα βάθος. Ωστόσο η μέθοδος είναι τόσο φυσική και έχει τέτοια πλεονεκτήματα ώστε δεν θα επιστρέψει ποτέ ο δύτης σε κάποια άλλη τεχνική. Αντίθετα θα κερδίζει όλο και περισσότερα μέτρα άνετης εκτέλεσης της εξίσωσης έως ότου να εξισώνει παντού με αυτή την μέθοδο.

Τρόπος εκτέλεσης στο $2^ο$ επίπεδο.

Το εκούσιο άνοιγμα των ευσταχιανών, με την σύσπαση της μαλακής υπερώας, επιτυγχάνεται σαν τεχνική είτε άμεσα από τον δύτη, αν έχει αναπτύξει αυτή την ικανότητα απ' ευθείας σύσπασης του μυ της υπερώας, είτε έμμεσα κάνοντας δηλαδή οποιεσδήποτε άλλες κινήσεις προκαλούν τελικά την σύσπαση της μαλακής υπερώας:

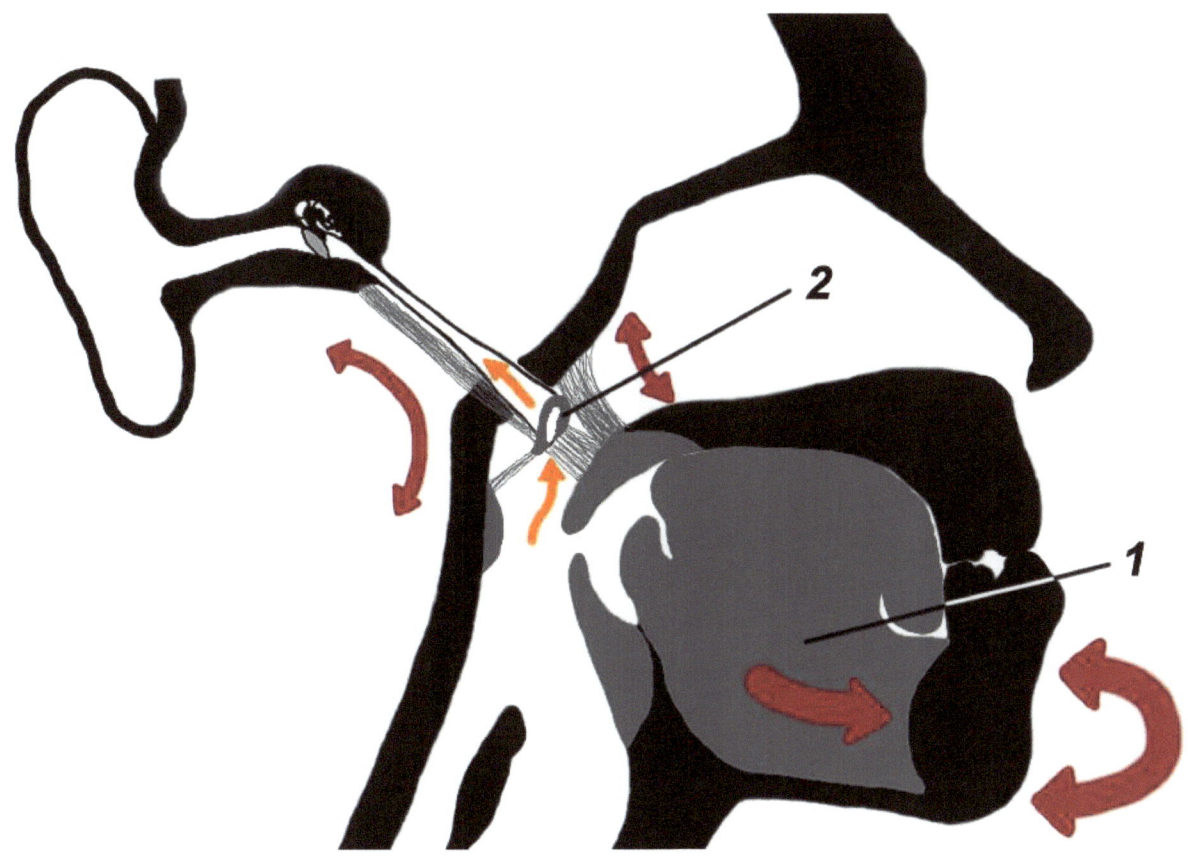

Σκίτσο 4: Η Μέθοδος του Εκούσιου Ανοίγματος των Ευσταχιανών

1. Έμμεση πρόκληση σύσπασης της μαλακής υπερώας:

   Με κλειστό το στόμα ο δύτης προεκτείνει λίγο το σαγόνι προς τα έξω, σε μια κίνηση που μιμείται την αρχή ενός χασμουρητού ή κινεί το σαγόνι πλάγια, δεξιά και αριστερά (βελάκι 1).

   Αποτέλεσμα είναι να προκληθεί σύσπαση της υπερώας (βελάκι 2) και να γίνει η εξίσωση.

2. Άμεση και εντοπισμένη σύσπαση της μαλακής υπερώας:

   Ο δύτης με κλειστό το στόμα προκαλεί σύσπαση της υπερώας, που κινείται προς τα πάνω. Οι ομάδες μυών στο άνοιγμα της κάθε ευσταχιανής πάλλονται από την κίνηση της υπερώας και ανοίγουν τα στόμια των ευσταχιανών. (βελάκι 2).

   Παράλληλα η υπερώα κλείνει την ρινοφαρυγγική κοιλότητα και ανεβάζει ελαφρά την πίεση του παγιδευμένου αέρα μέσα σε αυτή.

   Η αυξημένη πίεση διευκολύνει τελικά το άνοιγμα της κάθε ευσταχιανής σάλπιγγας και υποχρεώνει τον αέρα του αναπνευστικού να περάσει στο μέσο αυτί.

1) Άμεση πρόκληση σύσπασης της μαλακής υπερώας.

Ο δύτης κινεί προς τα πάνω την μαλακή υπερώα και προκαλεί την σύσπασή της, κλείνοντας έτσι την ρινοφαρυγγική κοιλότητα και προκαλώντας μια αύξηση της πίεσης του παγιδευμένου αέρα μέσα σε αυτήν.

Η αυξημένη πίεση ανοίγει τα σωληνάκι της ευσταχιανής σάλπιγγας στο κάθε αυτί και ωθεί τον αέρα διαμέσου των ευσταχιανών στο κάθε μέσο αυτί. Ένας ακόμα λόγος που οι στηρικτικοί μυς στα ανοίγματα των ευσταχιανών τις ανοίγουν, όταν συσπάται η μαλακή υπερώα, είναι ότι έχουν στενή επαφή και διασύνδεση με την υπερώα.

Στο αποκορύφωμα της εμπειρίας ενός ατόμου στην ελεύθερη κατάδυση αυτός θα μάθει με τον χρόνο και την εξάσκηση να κινεί με την θέλησή του την μαλακή υπερώα, να μπορεί δηλαδή τελικά να απομονώσει τον μυ της υπερώας και να προκαλέσει την σύσπασή του. Το αποτέλεσμα είναι εύκολες εξισώσεις της πίεσης στα αυτιά σε όλα τα βάθη και χωρίς τις αρνητικές παρενέργειες άλλων μεθόδων, όπως ο χειρισμός Βαλσάλβα.

2) Έμμεση πρόκληση σύσπασης της μαλακής υπερώας.

Ο ελεύθερος δύτης που είναι στο στάδιο εκμάθησης της τεχνικής δεν έχει ακόμα αποκτήσει την ικανότητα να μπορεί να απομονώσει και να κινήσει την μαλακή υπερώα, κάνοντας την να συσπάται προς τα πάνω μέσα στη στοματική κοιλότητα. Το κόλπο εδώ είναι ότι μπορεί να κινήσει άλλους μυς που εντοπίζονται πολύ πιο εύκολα και να προκαλέσει έτσι και την σύσπαση της υπερώας τελικά. Ο πιο εύκολος τρόπος είναι να μιμηθεί το ξεκίνημα ενός χασμουρητού: σπρώχνοντας το σαγόνι μπροστά και προς τα κάτω, όπως όταν ξεκινάει ένα χασμουρητό, θα προκαλέσουμε τη σύσπαση της μαλακής υπερώας και τελικά μια πετυχημένη εξίσωση. Μία άλλη κίνηση είναι να κινήσουμε ήρεμα το σαγόνι σε όλη την διαδρομή του προς τα δεξιά και προς τα αριστερά: θα προκληθεί έμμεσα σύσπαση και της μαλακής υπερώας και η εξίσωση θα πετύχει.

Και οι δύο αυτές τεχνικές προκαλούν έμμεσα σύσπαση της υπερώας, είτε με απομίμηση του χασμουρητού, είτε με κίνηση του σαγονιού πλάγια, αριστερά, δεξιά και προς τα έξω.

Στην φάση της κατάδυσης ο δύτης που εξισώνει μόνο με την τεχνική σύσπασης της υπερώας θα επαναλαμβάνει συνεχώς την σύσπαση αυτή. Δηλαδή στην πράξη δεν σταματάμε καθόλου τις συσπάσεις της υπερώας όσο διαρκεί η κατάδυση. Με τον τρόπο αυτό κρατάμε τις ευσταχιανές ανοικτές και επιτρέπουμε την εισροή αέρα σε αυτές προς το μέσο αυτί με την πίεση του περιβάλλοντος κάθε δευτερόλεπτο.

Αν οι συσπάσεις διακοπούν χωρίς να έχει σταματήσει η κατάδυση μέσα σε ελάχιστα δευτερόλεπτα η ταχύτητα του δύτη θα τον έχει φέρει μερικά μέτρα βαθύτερα και θα αναπτυχθεί διαφορά πίεσης ανάμεσα στα δύο στόμια της ευσταχιανής σάλπιγγας. Τότε είναι πιθανό η επόμενη σύσπαση της υπερώας να μην είναι αρκετή για να ανοίξει την ευσταχιανή, ειδικά σε έναν δύτη με πιο "αγύμναστες" ευσταχιανές σάλπιγγες και θα υπάρξει μπλοκάρισμα του ενός τουλάχιστον αυτιού στην εξίσωση και πιθανή ακύρωση της βουτιάς. Αποτελεί λοιπόν σημαντική λεπτομέρεια της τεχνικής ότι εφαρμόζουμε συνεχείς εξισώσεις – συσπάσεις της υπερώας, με ένα ήρεμο ρυθμό, αλλά χωρίς διακοπές στην πράξη, όσο διαρκεί η φάση κατάδυσης. Πρόκειται για μία σημαντική διαφορά με τις άλλες μεθόδους εξίσωσης, όπου είναι αρκετό να επαναλαμβάνονται κάθε δύο μέτρα βάθος και ίσως είναι μία βασική αιτία για την οποία δυσκολεύονται να πετύχουν οι περισσότεροι να εξισώσουν με αυτή τη μέθοδο, μέχρι να κατανοήσουν ότι δεν πρέπει να σταματάνε καθόλου τις εξισώσεις.

Τα πλεονεκτήματα της τεχνικής.

Το σημαντικότερο πλεονέκτημα της μεθόδου είναι ότι αποτελεί μία απόλυτα φυσική εξίσωση της πίεσης στα αυτιά. Αυτό σημαίνει ότι δεν ταλαιπωρούνται άσκοπα ή περισσότερο από όσο χρειάζεται οι ιστοί και τα όργανα στα αυτιά μας (όπως το πολύ ευαίσθητο τύμπανο και το έσω αυτί). Η καλή υγεία των αυτιών και η προστασία τους είναι κορυφαίο ζήτημα για τον ελεύθερο δύτη και ακόμα περισσότερο για τον δύτη που καταδύεται βαθιά, γιατί από την μία χρειάζεται απόλυτα υγιή αυτιά και από την άλλη κινδυνεύει να τα τραυματίσει εφαρμόζοντας κακές τεχνικές εξίσωσης.

Δεύτερο πλεονέκτημα είναι ότι δεν υπάρχουν αρνητικές παρενέργειες (ταχυκαρδία, αύξηση της πίεσης του αίματος ή κάτι άλλο) και δεν ενοχλείται καθόλου η άπνοια.

Τρίτο πλεονέκτημα είναι ότι στον χειρισμό εξίσωσης με εκούσιο άνοιγμα των ευσταχιανών ο δύτης εξισώνει χωρίς να πιάσει τη μύτη με το χέρι. Επίσης δεν χρειάζεται να φορέσει το γνωστό "μανταλάκι" στη μύτη (όπως κάνουν πολλοί έμπειροι δύτες που εξισώνουν με Βαλσάλβα ή με Φρένζελ, για να έχουν ελεύθερα τα χέρια τους). Γι´ αυτό και η τεχνική έχει ονομαστεί από πολλούς ως "hands free method" δηλαδή τεχνική εξίσωσης με ελεύθερα τα χέρια.

Στη διάρκεια της φάσης κατάδυσης ο δύτης επαναλαμβάνει την εξίσωση με σύσπαση της υπερώας τουλάχιστον όσο συχνά θα έκανε και για μία άλλη μέθοδο (Valsalva ή Frenzel). Στην έμμεση πρόκληση της εξίσωσης, όπως με τις κινήσεις του σαγονιού, κάθε κίνηση του σαγονιού προς τα έξω ή δεξιά – αριστερά είναι και εξίσωση, οπότε ο δύτης δεν σταματάει να κινεί ελαφρά το σαγόνι μέχρι να φτάσει στον βυθό.

Οι πολύ έμπειροι και παλιοί ελεύθεροι δύτες που έχουν επιλέξει τον χειρισμό "VTO" μετά από χρόνια εφαρμογής του, εντοπίζουν τον μυ της υπερώας και έτσι κάνουν άμεσα τη σύσπαση ανοίγματος των ευσταχιανών, χωρίς να χρειάζεται να κινούν το σαγόνι σε όλη τη φάση κατάδυσης.

Τα μειονεκτήματα της τεχνικής.

Μειονέκτημα στην αρχή μόνο, στην εκμάθηση της τεχνικής, είναι ότι θα αργεί λίγο το ξεκίνημα της βουτιάς, δηλαδή θα γίνει λίγο πιο αργή η πορεία στα πρώτα μέτρα βάθος, για να βεβαιωθεί ο δύτης ότι πέτυχε η εξίσωση στα πρώτα μέτρα. Και φυσικά ότι θα πρέπει να συνεχίσει με άλλη τεχνική εξισώσεων την κατάδυση, έως ότου φτάσει να πετυχαίνει παντού η εξίσωση με την σύσπαση της υπερώας.

Το κύριο πρόβλημα της μεθόδου είναι ότι αφορά τους ήδη έμπειρους ελεύθερους δύτες που έχουν εξοικειωθεί με τις εξισώσεις στα αυτιά χρησιμοποιώντας άλλες τεχνικές. Ακόμα όμως και οι έμπειροι δύτες θα διαπιστώσουν σε ένα ποσοστό 90% (εκτός από λίγους και τυχερούς δηλαδή, λόγω της ανατομίας των ευσταχιανών τους), ότι η τεχνική δεν πετυχαίνει στην αρχή παρά μόνο στα πρώτα 5 μέτρα και χρειάζεται πολύμηνη εξάσκηση. Για την ακρίβεια θα χρειαστεί να καταδύεται κανείς στα πρώτα μέτρα με την μέθοδο του εκούσιου ανοίγματος των ευσταχιανών και μετά να συνεχίζει με άλλη μέθοδο, αλλά προοδευτικά ο χειρισμός θα πιάνει όλο και βαθύτερα, ώσπου τελικά, μετά από πολλές ελεύθερες καταδύσεις, θα αποδίδει σε όλα τα βάθη.

Οι ελεύθεροι δύτες που εξισώνουν με τις μεθόδους Βαλσάλβα ή Φρένζελ χρειάζονται να κλείνουν την μύτη τους, πιάνοντας την μύτη της μάσκας πριν από κάθε χειρισμό εξίσωσης. Η μία τεχνική για το χέρι που πιάνει την μύτη είναι να παραμένει εκεί έτοιμο για την επόμενη εξίσωση, με τον αγκώνα του χεριού κολλημένο στο θώρακα και με το άλλο χέρι τεντωμένο μπροστά.

Η δεύτερη τεχνική για το χέρι που πιάνει την μύτη είναι να το κατεβάζει και αυτό μπροστά τεντωμένο ο δύτης ανάμεσα στις εξισώσεις, ώστε όταν δεν κάνει εξίσωση της πίεσης τα χέρια του να είναι στην πιο ιδανική υδροδυναμική θέση για την κατάδυση. Με μία καλή αυτοσυγκέντρωση ο δύτης θα πρέπει να ανεβάζει εγκαίρως στη μύτη του το χέρι, χωρίς να καθυστερήσει κάποια εξίσωση.

4.3. Υποβρύχιες ασκήσεις: καταδύσεις εξάσκησης στις τεχνικές εξίσωσης της πίεσης στα αυτιά.

Μία άσκηση με ιδιαίτερο ενδιαφέρον για τον ελεύθερο δύτη που ξεπερνάει πλέον το 1º επίπεδο και μπαίνει στις γνώσεις και τις ικανότητες του $2^{ου}$ επίπεδου της τεχνικής είναι να εντοπίσει ποια ακριβώς είναι τα βάθη όπου χρειάζεται να εξισώνει με χειρισμό Βαλσάλβα ή και με Φρένζελ. Τα προσωπικά αυτά βάθη δεν αλλάζουν και μπορούν να θεωρηθούν σταθερά για κάθε δύτη, για μία συγκεκριμένη τεχνική εξίσωσης τουλάχιστον (Βαλσάλβα ή Φρένζελ), με την οποία θα τα εντοπίσει. Η ιδέα των "προσωπικών βαθών εξίσωσης" στηρίζεται στο ότι στην πράξη δεν υπάρχει μία τέλεια σειρά από βάθη για τις εξισώσεις, όπως για παράδειγμα θα ήταν τα 2 – 4 – 6 - 8 – 10 μέτρα κοκ, δηλαδή στην πράξη ο κάθε δύτης δεν θα χρειαστεί να εξισώνει ακριβώς κάθε δύο μέτρα βάθους. Τα προσωπικά βάθη θα μπορούσαν να είναι βάθη όπως τα εξής σ' ένα δύτη: 1m – 3m – 5m – 7m – 10m. Βλέπουμε δηλαδή μία σειρά από 5 εξισώσεις ωστόσο η πρώτη χρειάζεται να γίνει ήδη από το ένα μέτρο και ακολουθούν ανά δύο μέτρα οι υπόλοιπες, με την τελική 3 μέτρα πιο βαθιά από την εξίσωση των 7 μέτρων. Αυτό είναι ένα σταθερό μοτίβο για το σε ποια βάθη βολεύει καλύτερα τον συγκεκριμένο δύτη να κάνει εξισώσεις Βαλσάλβα ή Φρένζελ.

Όταν ο δύτης εντοπίσει σε ποια ακριβώς βάθη χρειάζεται να κάνει εξίσωση αυτό μπορεί να το χρησιμοποιήσει στη συνέχεια για την προπόνηση του, ειδικά στον χειρισμό Φρένζελ, όπως θα δούμε.

Ο εντοπισμός των προσωπικών βαθών εξίσωσης.

Τα υλικά που θα χρειαστεί κανείς για τον εντοπισμό των προσωπικών του βαθών εξίσωσης είναι ένας πλωτήρας με το σχοινί προπόνησης (ένα σχοινί πιο χοντρό από το κανονικό σχοινάκι του πλωτήρα, ώστε να το πιάνει κανείς πιο γερά στην βουτιά, αν χρειαστεί), ένας υπολογιστής ελεύθερης ή απλά ένα βαθύμετρο, ένα λευκό πλαστικό πινακάκι υποβρύχιου γραψίματος με ένα μολυβάκι (πινακάκι με μολύβι που χρησιμοποιούν οι αυτοδύτες για να γράφουν υποβρυχίως) και μία σειρά από πολύχρωμα πλαστικά μανταλάκια (αυτά που χρησιμοποιούμε στο σπίτι για το άπλωμα των βρεγμένων ρούχων).

Τοποθετούμε τον πλωτήρα με τεντωμένο το σχοινί προπόνησης στα 10 μέτρα ή και βαθύτερα, για παράδειγμα 15 μέτρα βάθος, όπου θέλουμε να εντοπίσουμε τα βάθη στα οποία θα γίνουν εξισώσεις της πίεσης στα αυτιά. Ο δύτης που θέλει να μετρήσει τα βάθη ετοιμάζεται για μία κανονική κατάδυση έως το βυθό (10 ή 15 μέτρα κλπ). Θα πάρει μαζί του στην βουτιά το πλαστικό πινακάκι πάνω στο οποίο θα έχει τοποθετήσει έως και δέκα μανταλάκια (να δαγκώνουν το πινακάκι), τα οποία αρκούν για βουτιά ως και τα 20 μέτρα βάθος.

Στην διάρκεια της φάσης κατάδυσης ο δύτης θα φροντίσει να καταδυθεί πάνω στο σχοινί και θα καταδυθεί μόνο με τα χέρια, με απλωτές πάνω στο σχοινί, χωρίς πεδιλιές δηλαδή. Με αυτό τον τρόπο θα καταδυθεί όσο πιο αργά μπορεί, ώστε να αισθάνεται με ακρίβεια πότε χρειάζεται να εξισώσει (όπως έχει συνηθίσει, χωρίς να αφήσει να συμπιεστεί υπερβολικά κάποιο αυτί).

Την στιγμή που εξισώνει θα βγάζει ένα μανταλάκι από το πινακίδιο και θα το βάζει δαγκωτά πάνω στο σχοινί, στο βάθος που είναι το αυτί του. Δεν ασχολούμαστε να δούμε σε τι βάθος γίνονται οι εξισώσεις κοιτάζοντας τον υπολογιστή, αλλά εστιάζουμε όλη την προσοχή μας στις εξισώσεις και στον κανόνα: "όπου εξισώνω αφήνω μανταλάκι στο σχοινί".

Στις τεχνικές εξίσωσης της πίεσης στα αυτιά όλα τα πλεονεκτήματα τα έχει το εκούσιο άνοιγμα των ευσταχιανών (VTO), τόσο στις ίδιες τις εξισώσεις, όσο και στα αποτελέσματα στην άπνοια, όπου δεν έχει καμία αρνητική παρενέργεια, όπως η ταχυκαρδία, ενώ ο δύτης διατηρεί τα χέρια του ελεύθερα και επομένως μπορεί να τα έχει συνεχώς τεντωμένα μπροστά, σε μία τέλεια υδροδυναμική θέση του σώματός του.

Αν δεν προλάβουμε να φτάσουμε στο βάθος – στόχο κάνουμε μία επόμενη κατάδυση με τα πτερύγια και συνεχίζουμε με τα χέρια μόνο για τις επόμενες εξισώσεις τοποθετώντας πάντα από ένα μανταλάκι στο βάθος εξίσωσης.

Είτε χρειαστεί μία κατάδυση, είτε περισσότερες, ο στόχος είναι να φτιαχτεί μία σειρά από τοποθετημένα μανταλάκια – σημάδια σε όλα τα βάθη των προσωπικών μας εξισώσεων.

Ο ελεύθερος δύτης θα έχει πλέον στη διάθεσή του ένα σχοινί σημαδεμένο με ένα αριθμό από μανταλάκια, στα βάθη ακριβώς όπου κάνει πάντα τις προσωπικές του εξισώσεις. Σε αυτή την κατάδυση λοιπόν θα σταματάει σε κάθε μανταλάκι θα κοιτάζει τον υπολογιστή του και θα σημειώνει στο πινακάκι με το μολύβι το ακριβές βάθος στρογγυλοποιημένο πάντα σε ακέραια μέτρα. Αν για παράδειγμα το πρώτο σημάδι είναι στα 2,6 μέτρα θα σημειώσει 3 μέτρα στην κάρτα στρογγυλοποιώντας το βάθος. Ακόμα και αν χρειαστούν περισσότερες καταδύσεις στο τέλος θα έχουμε όλα τα ακριβή βάθη εξίσωσης για τον συγκεκριμένο δύτη. Εμπειρικά γνωρίζουμε ότι αυτά τα βάθη δεν αλλάζουν εύκολα για το ίδιο άτομο εκτός αν αλλάξει κανείς τελείως τεχνική εξίσωσης. Αν για παράδειγμα μετρηθούν με Βαλσάλβα θα ισχύουν και για την τεχνική Φρένζελ, αλλά όχι ιδιαίτερα για την τεχνική εκούσιου ανοίγματος των ευσταχιανών που απαιτεί συνεχείς εξισώσεις και όχι ανά δύο μέτρα.

Μία πρόσθετη επιλογή του δύτη θα μπορούσε να είναι να σημαδέψει σε ποια βάθη αντιμετωπίζει κάποια δυσκολία στην εξίσωση, αν υπάρχει τέτοιο πρόβλημα, μέσα σε όλη την σειρά των εξισώσεων.

Η προπόνηση στα εντοπισμένα προσωπικά βάθη εξίσωσης.

Στην προπόνηση με βάση τα εντοπισμένα βάθη εξισώσεων χρησιμοποιούμε τον πλωτήρα με το σχοινί της προπόνησης και τοποθετούμε τα μανταλάκια πάνω στο σχοινί στα βάθη των εξισώσεων, όπως έχουν ήδη μετρηθεί και τα έχουμε σημειωμένα στο πινακάκι μας. Με αυτόν τον τρόπο ο δύτης βλέπει στη διάρκεια της κάθε του κατάδυσης τα βάθη στα οποία ακριβώς πρέπει να κάνει τις εξισώσεις του και δεν χρειάζεται να περιμένει να αισθανθεί πίεση στα αυτιά του, ώστε να βεβαιωθεί για την ανάγκη της επόμενης εξίσωσης. Η έτοιμη εικόνα μπροστά μας όλων των βαθών στα οποία πρέπει να εξισώσουμε έχει τεράστια πλεονεκτήματα στην προπόνηση και επιτρέπει μάλιστα μία σειρά από διαφορετικές προπονήσεις, ανάλογα με τις ανάγκες βελτίωσης της τεχνικής.

1. Θα επιτρέψει στον δύτη να καταδυθεί με περισσότερη αυτοπεποίθηση και με πολύ λιγότερο άγχος σε ότι αφορά τις εξισώσεις του και να συνηθίσει τελικά να είναι πιο ήρεμος.

2. Θα επιτρέψει επίσης στον δύτη να πειραματιστεί με την ταχύτητα της κατάδυσής του, ειδικά αν θέλει να την αυξήσει χωρίς το άγχος των συνεχών εξισώσεων.

3. Θα τον βοηθήσει να εξισώνει νωρίτερα εκεί που δυσκολευόταν να πετύχει την εξίσωση.

4. Θα βοηθήσει στον δύτη να περάσει από την τεχνική Βαλσάλβα στην τεχνική Φρένζελ, με βάση τα σημαδεμένα βάθη εξίσωσης.

5. Θα δώσει την ευκαιρία ακόμα και σε κάποιον πιο έμπειρο δύτη να καταδύεται μετρώντας πεδιλιές για τις εξισώσεις του και να συνηθίσει έτσι, γνωρίζοντας σε πόσες πεδιλιές εξισώνει έως τα 10. 15 ή και 20 μέτρα βάθος, να μπορεί να εξισώνει την κατάλληλη στιγμή, ακόμα και με κλειστά μάτια, όπως θα λέγαμε, εφόσον θα μετράει πεδιλιές από την μία εξίσωση ως την επόμενη. Βλέποντας μπροστά μας τα σημάδια πάνω στο σχοινί, για το που θα χρειαστεί να εξισώσουμε, είναι πολύ εύκολο να συγκεντρωθούμε στο μέτρημα των πεδιλιών και στην μηχανική σειρά με την οποία θα εναλλάσσουμε πεδιλιές και εξισώσεις στη φάση κατάδυσης.

4.4. Η εξίσωση της πίεσης του αέρα μέσα στη μάσκα με την πίεση περιβάλλοντος.

Ο ελεύθερος δύτης του 2^{ου} επιπέδου γνωρίζει πολύ καλά ότι ένας από τους χειρισμούς που θα χρειαστεί να κάνει στην φάση κατάδυσης είναι και η εκπνοή μίας μικροποσότητας αέρα μέσα στη μάσκα, από την μύτη, κάθε φορά που αισθάνεται ότι η συμπίεση της μάσκας στο πρόσωπο του γίνεται ενοχλητική.

Ο αέρας μέσα στη μάσκα συμπιέζεται στη φάση κατάδυσης και αυτό δημιουργεί μια δυσφορία στον ελεύθερο δύτη καθώς η μάσκα αρχίζει να βεντουζάρει υπερβολικά στο δέρμα του προσώπου και να ενοχλεί πιέζοντας το δέρμα και τα μάτια προς τα έξω, όσο αυξάνεται το βάθος. Είναι μια λογική ενόχληση αν σκεφτεί κανείς ότι σύμφωνα με την φυσική ο όγκος του αέρα στη μάσκα θα συμπιεστεί στο μισό στα δέκα μέτρα βάθος. Αυτό σημαίνει ότι ο δύτης θα πρέπει να εκπνεύσει έναν όγκο αέρα ίσο με τον όγκο της μάσκας του, σε μικρές δόσεις που ανακουφίζουν από την αίσθηση της συμπίεσης της μάσκας πάνω στο πρόσωπο, μέχρι να φτάσει στα πρώτα 10 μέτρα.

Ανάμεσα στις εξισώσεις της πίεσης στα αυτιά ο δύτης θα χρειαστεί να αφήνει να διαρρέει λίγος αέρας που φυσάει από την μύτη, μέσα στη μάσκα του, ώστε να επαναφέρνει στο φυσιολογικό τον όγκο της μάσκας και να μην την αφήνει να συμπιεστεί πάνω στο προσωπό του.

Σε μία βαθιά κατάδυση για παράδειγμα των 20 μέτρων, μετά τα 10 μέτρα και στα επόμενα 10 μέτρα μέχρι τα 20 μέτρα βάθος, ένας δύτης θα συνεχίσει να εκπνέει μικροποσότητες αέρα από την μύτη του μέσα στη μάσκα σε έναν όγκο ίσο πάλι με τον όγκο της μάσκας. Ο χειρισμός λοιπόν της εκπνοής μικροποσοτήτων αέρα γίνεται συνεχώς στη φάση κατάδυσης και διατηρεί τον όγκο της μάσκας του δύτη σταθερό, με ασυμπίεστο το λαστιχένιο πλαίσιό της πάνω στο πρόσωπο του δύτη.

Αποτέλεσμα της εξίσωσης του αέρα στη μάσκα στο παράδειγμα με τα 20 μέτρα βάθος, είναι η εκπνοή ενός όγκου αέρα ίσου με δύο φορές τον εσωτερικό όγκο της μάσκας. Με άλλα λόγια αν η μάσκα του δύτη έχει σχετικά μεγάλο εσωτερικό όγκο η απώλεια αέρα θα είναι σημαντική. Αν η μάσκα έχει μικρό εσωτερικό όγκο η απώλεια αέρα για τον δύτη θα είναι σχεδόν αμελητέα.

Η απώλεια μιας υπολογίσιμης ποσότητας αέρα από τους πνεύμονες που είναι πλούσιος σε οξυγόνο θα προκαλέσει μείωση των επιδόσεων σε άπνοια. Ο έμπειρος δύτης το αντιμετωπίζει αυτό επιλέγοντας μάσκες με μικρό ή πολύ μικρό εσωτερικό όγκο, ιδιαίτερα για τις πιο βαθιές καταδύσεις του.

Την εξίσωση της μάσκας δεν μπορούμε να την αποφύγουμε σε οποιαδήποτε μορφή ελεύθερης κατάδυσης (είτε ρηχή, είτε βαθιά). Μπορούμε όμως να επιλέξουμε μάσκα με μικρό εσωτερικό όγκο, έστω και θυσιάζοντας ένα ποσοστό του οπτικού πεδίου, αν είναι πολύ μικρή. Επίσης στην φάση της ανάδυσης, όπως θα δούμε, ο δύτης με την σωστή τεχνική θα εισπνέει πίσω, από την μύτη, τον διογκούμενο αέρα στην μάσκα του, παίρνοντας πίσω το πολύτιμο οξυγόνο, που είχε εκπνεύσει στην φάση κατάδυσης για να εξισώσει την πίεση μέσα στη μάσκα του με την πίεση του περιβάλλοντος.

ΚΕΦΑΛΑΙΟ 5

Οι Κινήσεις της Φάσης Ανάδυσης

5.1. Η παραμονή στον βυθό στην βαθιά ελεύθερη κατάδυση.

Στην βαθιά ελεύθερη κατάδυση, δηλαδή μετά από τα 15 με 18 μέτρα βάθος, όπου πλέον μιλάμε για βαθιά κατάδυση, ο ελεύθερος δύτης βρίσκεται σε ένα περιβάλλον με πίεση τουλάχιστον τριπλάσια από την επιφανειακή πίεση. Εδώ αρχίζουν να ισχύουν άλλοι νόμοι για το πόσο θα μπορέσει κάποιος να παραμείνει σε άπνοια, νόμοι περισσότερο "εγκεφαλικοί", δηλαδή νόμοι ψυχολογίας και μίας έκτης αίσθησης που έχει να κάνει με την εμπειρία. Θα έλεγε κανείς ότι σε αυτά τα βάθη οι νόμοι της φυσικής εξουδετερώνουν τους νόμους της φυσιολογίας και έτσι ο δύτης χρειάζεται να λειτουργήσει περισσότερο συναισθηματικά για να συνεχίσει να αντιλαμβάνεται τι συμβαίνει στο σώμα του.

Για παράδειγμα στα 20 μέτρα βάθος η μερική πίεση του οξυγόνου ακολουθώντας τις μεταβολές της πίεσης του περιβάλλοντος έχει γίνει τριπλάσια! Αυτό πρακτικά καταργεί την αξία της αρτηριακής μέτρησης της μερικής πίεσης του οξυγόνου από τον εγκέφαλο, αφού όσο παραμένει ένας δύτης τόσο βαθιά θα παραμένει μία πλαστή εικόνα ότι δήθεν διαθέτει άφθονο οξυγόνο, για άπειρο πρακτικά χρόνο, μία εικόνα φυσικά παραπλανητική (διότι έχει αυξηθεί η πίεση του οξυγόνου και όχι η πραγματική του ποσότητα στις αρτηρίες, η οποία μειώνεται συνεχώς όσο διαρκεί η άπνοια), που όμως εμποδίζει την όποια αξιόπιστη μέτρηση από τον εγκέφαλο. Το άλλο αέριο της αναπνοής το διοξείδιο του άνθρακα ξεφεύγει επίσης από την φυσιολογία, καθώς σε αυτό το βάθος η μεγάλη πίεση το στέλνει βαθιά μέσα στο αίμα και τους ιστούς να σχηματίσει διττανθρακικά άλατα και επομένως για ένα σημαντικό χρονικό διάστημα δεν θα ανέβει αρκετά για να εμφανιστεί σε υψηλή πίεση σαν αέριο στο αίμα, ώστε να το ανιχνεύσει ο εγκέφαλος και να προκαλέσει το αίσθημα ρήξης της άπνοιας στον δύτη.

Το αποτέλεσμα της βαθιάς κατάδυσης είναι να ευνοείται η άνετη και ευχάριστη παραμονή στον βυθό, ειδικά για έναν ελεύθερο δύτη με καλή ψυχολογία, με θετικά συναισθήματα, χωρίς καθόλου άγχος και με τεχνική που πετυχαίνει σημαντική οικονομία στην κατανάλωση μυϊκού έργου και οξυγόνου.

Γνωρίζουμε από την φυσιολογία της βαθιάς ελεύθερης κατάδυσης ότι τελικά κανείς δεν ξεφεύγει από την αίσθηση ρήξης της άπνοιας όταν το διοξείδιο του άνθρακα εμφανιστεί πλέον σε υψηλή πίεση στο αίμα και το καταγράψουν οι νεύρο-υποδοχείς στις καρωτίδες. Ο έμπειρος δύτης μαθαίνει να εμπιστεύεται αυτόν τον μηχανισμό στις άπνοιας του, στις βαθιές καταδύσεις και ποτέ να μην τον διαταράσσει πριν από μία βαθιά ελεύθερη κατάδυση, όπως με έναν εκούσιο ή και ακούσιο υπεραερισμό.

Ένας επιπλέον παράγοντας ο οποίος επιδρά στην βαθιά ελεύθερη κατάδυση απευθείας στον εγκέφαλο είναι η ναρκωτική επίδραση που αρχίζουν να έχουν όλα τα αέρια (N_2, CO_2 και O_2) με πρώτο το άζωτο. Αν και τα βάθη ως τα 20 με 25 μέτρα θεωρούνται ακόμα μικρά για να υπάρξει κάποια σημαντική τέτοια επίδραση, ωστόσο οι έμπειροι δύτες γνωρίζουν ότι τα βάθη αυτά έχουν μία ελαφριά μεθυστική επίδραση (σαν να έχεις πιει ένα ποτηράκι μπύρας με υψηλό δείκτη αλκοόλ), προκαλείται δηλαδή μία "ανεξήγητη" ευθυμία, μία απλή αίσθηση ευχαρίστησης, εντελώς αθώα και οριακή, σαν νάρκωση αζώτου, που πραγματικά είναι. Με άλλα λόγια η παραμονή του δύτη με καλή ψυχολογία στα βαθιά ενισχύεται από μία ευχάριστη αίσθηση εκεί. Αντίθετα ένας δύτης με άγχος θα κυριευτεί από ακόμα πιο πολύ στρες αν τον επηρεάσει η νάρκωση από το άζωτο και θα έχει ακόμα μικρότερη άπνοια.

Εκτός από μία ευχάριστη παραμονή στον βυθό δημιουργείται και μία εξάρτηση, όπως μας αποκαλύπτουν οι μηχανισμοί της φυσιολογίας, στην επιδίωξη της βαθιάς ελεύθερης κατάδυσης από τον δύτη. Εξάρτηση ίδια με όλες τις εξαρτησιογόνες ουσίες που γνωρίζουμε, όπως το αλκοόλ. Ο βαθίτης αισθάνεται την ανάγκη να επιστρέψει στην βαθιά ζώνη, όταν έχει γευτεί την αίσθηση του βάθους δεν τον ικανοποιούν πλέον οι ρηχές καταδύσεις, παρόλο που εκεί θα μπορούσε να παραμένει για περισσότερο χρόνο!

5.2. Το γενικό προφίλ της ανάδυσης στις βαθιές καταδύσεις.

Η ανάδυση από ένα σημαντικό βάθος, όπως για παράδειγμα τα 20 μέτρα, είναι μία μεγάλη διαδρομή η οποία περιμένει τον ελεύθερο δύτη, όταν αυτός αποφασίσει ότι είναι η στιγμή να επιστρέψει στην επιφάνεια. Κοιτάζοντας από τον βυθό προς την επιφάνεια, σε μία ημέρα με ήλιο και διαυγή νερά, συνειδητοποιείς με δέος ότι η διαδρομή που σε περιμένει είναι ίση με το ύψος ενός μικρού ουρανοξύστη (όπως ο μικρός Πύργος της Αθήνας)! Εδώ με τρόμο θα πρόσθετε ένας ουδέτερος παρατηρητής που δεν γνωρίζει από ελεύθερη κατάδυση ότι σαν να μην έφτανε το τεράστιο μήκος της διαδρομής, αυτή την διαδρομή την έχεις αφήσει να την κάνεις όταν σου έχει ήδη τελειώσει πρακτικά η άπνοια στο βυθό, μετά δηλαδή το αίσθημα ρήξης της άπνοιας.

Είναι αλήθεια ότι πρακτικά όλοι θα εξαντλήσουν την άπνοια τους στο βυθό. Ωστόσο ο ίδιος ο μηχανισμός του σώματος που υποχρεώνει τον δύτη να εγκαταλείψει τον βυθό, ξεκινώντας την ανάδυση, είναι αυτός που του εξασφαλίζει και τα απαραίτητα αποθέματα οξυγόνου για την διαδρομή και την διάρκεια της ανάδυσής του.

Οι έμπειροι δύτες γνωρίζουν πως η αγχωτική αίσθηση ρήξης της άπνοιας στο βυθό εξαφανίζεται αμέσως μόλις αρχίσει η ανάδυση (και μειωθεί η πίεση περιβάλλοντος και κατά συνέπεια η μερική πίεση του διοξειδίου του άνθρακα στο αίμα που προκαλεί την ρήξη της άπνοιας). Αυτός ο μηχανισμός της φυσιολογίας της άπνοιας έχει σαν αποτέλεσμα όλη η πορεία της ανάδυσης μέχρι την επιφάνεια να είναι μία ευχάριστη αίσθηση για τον δύτη ή ακόμα και ανακουφιστική από την ενοχλητική αίσθηση της ρήξης της άπνοιας στον βυθό. Φυσικά από την καταδυτική φυσιολογία γνωρίζουμε ότι η ρήξη της άπνοιας θα επανέλθει αν σταματήσει ο δύτης την ανάδυση του, ενώ αν επιμείνει να μην αναδύεται θα καταλήξει σε ακούσια εκπνοή με κίνδυνο υποξίας ή και βαροτραύματος στον πνεύμονα. Αλλά σε φυσιολογικές συνθήκες ο δύτης δεν έχει κανένα λόγο να σταματήσει την ανάδυσή του και μπορεί να απολαύσει την ανακουφιστική διαδρομή της ως την επιφάνεια.

Στην βαθιά ελεύθερη κατάδυση, με την προϋπόθεση ότι η πλευστότητα έχει σχεδιαστεί σωστά και εφαρμόζεται ο κανόνας των δύο τρίτων για την ουδέτερη πλευστότητα, μόνο η αρχική διαδρομή της ανάδυσης θα χρειαστεί κολυμβητικό έργο από τα πόδια με κινήσεις των πτερυγίων. Μετά τα πρώτα μέτρα ανάδυσης όλη η υπόλοιπη διαδρομή από το βάθος της ουδέτερης πλευστότητας (τα 2/3 της διαδρομής δηλαδή) έως την επιφάνεια γίνεται πρακτικά με τον δύτη σε στατική άπνοια, σε ακίνητη, όρθια θέση με χαλαρή στάση του σώματος και με την άνωση να κάνει όλο το έργο της ανόδου του σώματός του στην επιφάνεια. Δεν είναι λοιπόν υπερβολή να πει κανείς ότι στην βαθιά κατάδυση οι αναδύσεις είναι ότι πιο ξεκούραστο έχει να κάνει ο δύτης σαν τεχνική.

Η πρώτη κίνηση της ανάδυσης είναι να ακουμπήσει προσεκτικά το βυθό ο δύτης με το ένα χέρι και να δώσει την ώθηση που θα χρειαστεί, για να σηκωθεί το σώμα του από οριζόντια, σε κάθετη θέση, πάνω από τον βυθό.

Ίσως το πιο θετικό πλεονέκτημα της ανάδυσης σε σχέση με την προσπάθεια της καθόδου είναι ότι στην ανάδυση δεν χρειάζονται εξισώσεις στα αυτιά. Τα αυτιά θα εξισώνουν συνεχώς αυτόματα από μόνα τους, επιτρέποντας στον διαστελλόμενο αέρα μέσα στο κάθε μέσο αυτί να φεύγει από μόνος του. Προληπτικά πάντως ένας έμπειρος δύτης έχει πάντα υπόψη του να αναδύεται αργά επιτρέποντας στα αυτιά του να κάνουν ομαλά τις αυτόματες εξισώσεις τους.

Η ανάδυση χρειάζεται απλά την προσοχή του ελεύθερου δύτη: θα πρέπει αυτός να είναι συγκεντρωμένος, ώστε να εκτελέσει μία όσο γίνεται πιο κάθετη ανάδυση προς την επιφάνεια (χωρίς δηλαδή να ξεφύγει σε διαγώνια πορεία ανάδυσης), να κάνει τις ελάχιστες δυνατές πεδιλιές, μόνο στην αρχική διαδρομή της ανάδυσης (πετυχαίνοντας οικονομική ανάδυση, χωρίς σπατάλη πολύτιμου οξυγόνου) και να ελέγχει την επιφάνεια από πάνω του, ώστε να μην συγκρουστεί με πιθανά εμπόδια πάνω από το κεφάλι του (ένα απρόσεκτο άτομο, η καρίνα του σκάφους, ο πλωτήρας, κλπ).

5.3. Τα βήματα της ανάδυσης στην βαθιά ελεύθερη κατάδυση.

Η αίσθηση της ρήξης της άπνοιας κινητοποιεί στην σκέψη του έμπειρου δύτη της βαθιάς ελεύθερης κατάδυσης το σχέδιο της ανάδυσής του. Πρόκειται για μία σειρά από πολύ συγκεκριμένα και απλά βήματα τα οποία θα έχει να κάνει για να φτάσει πίσω στην επιφάνεια. Έχοντας εκτελέσει χιλιάδες φορές το ίδιο σχέδιο, σε κάθε του ανάδυση δηλαδή, ένας έμπειρος δύτης θα κάνει όλα τα βήματα αριστοτεχνικά, φροντίζοντας ιδιαίτερα να παραμένει σε μία καλή ψυχολογία και σε μία κατάσταση μυϊκής χαλάρωσης και εγκεφαλικής εγρήγορσης, ώστε να είναι οικονομικός σε κατανάλωση οξυγόνου, αλλά και με τεταμένη την προσοχή του για οποιοδήποτε πιθανό κίνδυνο ο οποίος θα μπορούσε να τον εμποδίσει ή να τον καθυστερήσει στην ανάδυσή του.

1. Αργό γύρισμα του σώματος σε όρθια στάση για ανάδυση.

Η πρώτη κίνηση της ανάδυσης είναι ένα αργό γύρισμα του σώματος σε όρθια στάση στον βυθό. Η κίνηση επιβάλλεται να είναι αργή γιατί γνωρίζουμε από την φυσιολογία ότι στα μεγαλύτερα βάθη μία απότομη στροφή του σώματος σε όρθια στάση μπορεί να προκαλέσει διαταραχή της κυκλοφορίας του αίματος και της καλής οξυγόνωσης του εγκεφάλου.

Η αργή στροφή αφορά κυρίως την κίνηση που γίνεται στο σχοινί προπόνησης, όπου ο δύτης μπορεί να έχει σταματήσει την κατάδυση και να βρίσκεται ακόμα σε θέση κατάδυσης πάνω στο σχοινί. Εκεί η αναστροφή χρειάζεται να γίνεται αργά, έως ότου το σώμα του δύτη γυρίσει και έρθει πλέον στην αντίθετη θέση: αυτήν της ανάδυσης.

Το σχοινί της προπόνησης αποτελεί και το βοήθημα για την αναστροφή: πιάνοντας το με το ένα ή και τα δύο χέρια, ο δύτης γυρίζει άνετα όλο το σώμα του σε θέση ανάδυσης.

2. Ξεκόλλημα από τον βυθό.

Ο δύτης μπορεί να χρησιμοποιήσει για βοήθημα τον βυθό αν βρίσκεται οριζοντιωμένος στον βυθό: ακουμπώντας το ένα ή και τα δύο του χέρια στον βυθό, ο δύτης μπορεί να σπρώξει ελαφρά. Το αποτέλεσμα θα είναι να σηκωθεί το σώμα του και όταν έρθει σε όρθια στάση αλλά όντας ακόμα κολλημένος στον βυθό, ο δύτης συνεχίζει με μία ακόμα βοηθητική κίνηση: μία διαγώνια πεδιλιά που θα τον σηκώσει καλύτερα από τον βυθό ή μία απλωτή με το ένα ή και τα δύο χέρια, επίσης για να σηκωθεί λίγο ακόμα από την επιφάνεια του βυθού.

Το τελικό ξεκόλλημα από τον βυθό γίνεται με μία σχετική μικρή (σε άνοιγμα των ποδιών) πεδιλιά με στόχο να σηκωθεί τελείως το σώμα πολύ ψηλότερα και να ακολουθήσει κανονική μεγάλη πεδιλιά χωρίς πλέον τον κίνδυνο να ακουμπήσουν οι λεπίδες των πτερυγίων στο βυθό. Ο δύτης χρειάζεται να αισθάνεται σίγουρος ότι δεν θα χτυπήσει μία λεπίδα του κάτω πριν κάνει την πρώτη μεγάλη και δυνατή πεδιλιά της ανάδυσης, δεν είναι λοιπόν κακή η ιδέα να ελέγξει τι γίνεται και οπτικά με ένα βλέμμα κάτω από τα πόδια του στον βυθό.

Μία δυνατή και με μεγάλο άνοιγμα πεδιλιά θα ολοκληρώσει αυτό που ονομάζουμε ξεκόλλημα από τον βυθό. Αυτή θα είναι και η πιο κουραστική κίνηση των πτερυγίων στην ανάδυση, καθώς ο δύτης εδώ στο μέγιστο βάθος αντιμετωπίζει την μεγαλύτερη αρνητική πλευστότητά του.

Το ξεκόλλημα από τον βυθό, χωρίς υποβοήθηση από το σχοινί του πλωτήρα:

1. Ο δύτης ακουμπάει το ένα ή και τα δύο του χέρια στο βυθό και σπρώχνει ελαφρά, ώστε να σηκωθεί το σώμα του από οριζόντια σε κάθετη στάση πάνω από τον βυθό.

2. Ακολουθούν μία - δύο μικρές κινήσεις των λεπίδων, που θα ολοκληρώσουν το σήκωμα του δύτη σε κάθετη θέση πάνω από τον βυθό, με τα πτερύγια να μην κινδυνεύουν πλέον να ακουμπήσουν κάτω, με την πρώτη πεδιλιά.

3. Μία πρώτη σχετικά επιφυλακτική ακόμα, κίνηση των πτερυγίων επιβεβαιώνει την απομάκρυνση από τον βυθό και ο δύτης θα συνεχίσει πλέον με κανονικές, μεγάλες σε άνοιγμα, πεδιλιές, την ανάδυσή του.

Το ξεκόλλημα από τον βυθό με υποβοήθηση από το σχοινί του πλωτήρα:

1. Ο ελεύθερος δύτης πιάνει ο σχοινί με το ένα χέρι και τραβώντας το σχοινί προς τα κάτω υποχρεώνει το σώμα του να σηκωθεί σε κάθετη θέση πάνω από τον βυθό.

2. Με μία ακόμα έλξη του σχοινιού με το χέρι, ο δύτης αφήνει να σηκωθούν και οι λεπίδες πάνω από τον βυθό πριν αρχίσει τις πεδιλιές.

3. Ο δύτης κάνει μία-δύο μικρές πεδιλιές, βεβαιώνεται ότι μπορεί να αφήσει πλέον το σχοινί του πλωτήρα και είναι έτοιμος να ξεκινήσει τις πρώτες, κανονικές και μεγάλες σε άνοιγμα, πεδιλιές της ανάδυσης.

3. Οι πεδιλιές της ανάδυσης (στη ζώνη αρνητικής πλευστότητας).

Η πρώτη διαδρομή του δύτη στην ανάδυση γίνεται μέσα σε ένα εχθρικό περιβάλλον σε ότι αφορά στην βαρύτητα: μέσα στη ζώνη της αρνητικής πλευστότητας. Για αυτόν το λόγο οι πρώτες πεδιλιές της ανάδυσης χρειάζεται να είναι αποδοτικές σε ώθηση, δηλαδή με ένα μεγάλο άνοιγμα των ποδιών σε γωνία 60 μοίρες και με αρκετή δύναμη στην κίνηση των πτερυγίων γενικά. Ωστόσο ήδη στο μισό αυτής της σύντομης διαδρομής των λίγων μέτρων η αρνητική πλευστότητα χάνει την μισή της δύναμη και έτσι η πεδιλιά του δύτη μπορεί να γίνει όλο και πιο χαλαρή σταδιακά, όπως και στη φάση κατάδυσης, έως ότου ο δύτης σταματήσει εντελώς τις πεδιλιές.

Σε μία βουτιά στα 21 μέτρα βάθος ο δύτης θα ξεκόλλαγε από τον βυθό και θα είχε να κάνει περίπου 7 μέτρα ανάδυσης, έως το βάθος της ουδέτερης πλευστότητας. Κάπου στην μέση αυτής της διαδρομής, δηλαδή στα 17 μέτρα βάθος, η αρνητική πλευστότητα θα γίνει η μισή σε δύναμη, οπότε από τα 17 μέτρα και έως τα 14 μέτρα της ουδέτερης, οι πεδιλιές μπορούν να γίνουν πιο χαλαρές, με λιγότερη προσπάθεια ώθησης.

Με κάποιες "ψεύτικες" μικρές κινήσεις των λεπίδων των πτερυγίων του, ο δύτης σηκώνεται σε κάθετη θέση ανάδυσης, πάνω από τον βυθό, ενώ με την ώθηση που δίνει θα χρειαστεί να περιμένει ελάχιστα, έως ότου απομακρυνθούν και οι λεπίδες του από τον βυθό.

Με την ώθηση που έχει δώσει ο δύτης θα μπορέσει τελικά να κατεβάσει τα πόδια του, με τις μακριές λεπίδες των πτερυγίων του να είναι πλέον αρκετά ψηλά σε σχέση με τον βυθό, οπότε μπορεί να ξεκινήσει τις πεδιλιές.

Μετά το ξεκόλλημα από τον βυθό ακολουθούν οι πρώτες δυνατές πεδιλιές της ανάδυσης, με ένα μεγάλο άνοιγμα των ποδιών. Βλέπουμε εδώ πόσο λυγίζουν οι λεπίδες, καθώς ο δύτης βάζει σημαντική δύναμη σε αυτές τις πρώτες πεδιλιές του.

Η διαδρομή της ανάδυσης είναι από μόνη της πολύ πιο οικονομική, γιατί έτσι το έχουμε κανονίσει εφαρμόζοντας τον κανόνα των δύο τρίτων στην ρύθμιση της πλευστότητας. Έτσι η διαδρομή με πεδιλιές στην ανάδυση από τα 21 μέτρα είναι μόνο 7 μέτρα (από τα 21 έως τα 14 μέτρα βάθος), αντί για τα 14 μέτρα με πεδιλιές που έκανε ο δύτης στην φάση κατάδυσης. Και από αυτά τα 7 μέτρα τα μισά (δηλαδή τα 3 – 4 μέτρα της κάθετης διαδρομής) είναι με μικρή αρνητική πλευστότητα, όπου ο δύτης μπορεί να χαλαρώσει τελείως τις πεδιλιές του.

4. Η τελική πεδιλιά (στην ζώνη ουδέτερης πλευστότητας).

Η άφιξη στο βάθος της ουδέτερης πλευστότητας, παρόλο που είναι μόνο το ένα τρίτο της όλης ανάδυσης, σημαίνει ότι έχει ολοκληρωθεί όλη η προσπάθεια, όλο το μυϊκό έργο που ήταν να ξοδέψει ο δύτης για την ανάδυσή του. Εδώ μπορεί να γίνει μία τελευταία κίνηση των πτερυγίων από το δύτη. Πρόκειται για μία εύκολη, κανονική σε δύναμη πεδιλιά που θα δώσει μία επιπλέον επιτάχυνση στην ανάδυση. Μετά από αυτή την τελική πεδιλιά ο δύτης θα βρίσκεται ήδη στην ζώνη θετικής πλευστότητας και η άνωση θα αναλάβει στην συνέχεια να επιταχύνει κι άλλο την κίνηση του προς την επιφάνεια.

5. Ακίνητη στάση του σώματος (στην ζώνη θετικής πλευστότητας), στην τελική φάση της ανάδυσης.

Ο δύτης μετά το βάθος της ουδέτερης πλευστότητας θα αναδύεται πλέον με όλο και μεγαλύτερη ταχύτητα προς την επιφάνεια. Για αυτό και είναι περιττή κάθε άλλη πεδιλιά. Αντίθετα παραμένει σε όρθια υδροδυναμική στάση, αφήνοντας τα πόδια και τα χέρια του να χαλαρώνουν σε μία αρκετά μεγάλη διαδρομή μέχρι την επιφάνεια, αφού θα είναι τα δύο – τρίτα του βάθους κατάδυσης.

Αν το βάθος κατάδυσης ήταν τα 21 μέτρα, τότε η διαδρομή χωρίς πεδιλιές θα είναι τα 14 μέτρα από το βάθος της ουδέτερης, έως την επιφάνεια. Εδώ η διαδρομή του δύτη μοιάζει περισσότερο με στατική άπνοια καθώς το μόνο που έχει να κάνει είναι να απολαμβάνει την διαδρομή φροντίζοντας να παραμένει σε χαλαρή στάση και βρισκόμενος πάντα κάτω από την ανακουφιστική αίσθηση που προκαλεί η ανάδυση στην ρήξη της άπνοιας.

6. Η τοποθέτηση των χεριών στην ανάδυση: σε θέση χαλάρωσης ή σηκωμένα προς τα πάνω

Η τοποθέτηση των χεριών στην ανάδυση έχει δύο διαφορετικές τεχνικές. Στην πρώτη εκδοχή τα χέρια του δύτη παραμένουν σε φυσική στάση χαλάρωσης, κολλημένα δηλαδή με το σώμα του ώστε να διατηρεί ο δύτης ένα υδροδυναμικό σχήμα στην ανάδυση με τα χέρια του απλά να χαλαρώνουν, χωρίς κανένα μυϊκό έργο.

Η δεύτερη εκδοχή είναι να τεντώσει ο δύτης τα χέρια του ψηλά με ενωμένες τις παλάμες, σε ένα ιδανικό ως προς την υδροδυναμικό του σχήμα σώματος, όπως ακριβώς έχει τα χέρια μπροστά του και όταν καταδύεται. Με τα χέρια του τεντωμένα πάνω ο δύτης αποκτά ένα πιο λεπτό σχήμα σώματος και η κίνηση του στην ανάδυση γίνεται πιο εύκολη, με λιγότερη αντίσταση στην κίνηση, άρα θα χρειαστεί λιγότερες πεδιλιές ή λιγότερο έργο γενικά με τις πεδιλιές της ανάδυσης. Το μειονέκτημα της τεχνικής είναι ότι απαιτεί πολύ γυμνασμένα χέρια και προπονημένο σώμα γενικά, διαφορετικά είναι πολύ πιθανό να εμφανιστούν μυϊκοί πόνοι ή και κράμπες μυών στο πάνω μέρος του σώματος και στα χέρια του ατόμου.

Στην πεδιλιά της ανάδυσης ισχύει ο γενικός κανόνας του μεγάλου ανοίγματος των ποδιών στις 60 μοίρες γωνία. Δεν πειράζει αν αυτό υποχρεώσει τον δύτη να κάνει και λίγο κάμψη των ποδιών του στα γόνατα, αρκεί οι λεπίδες με την όλη κίνηση να διαγράφουν ένα μεγάλο "S", με την κάμψη τους μπροστά και πίσω, δίνοντας τη μέγιστη δυνατή ώθηση στον δύτη.

Τα τεντωμένα προς τα πάνω χέρια βοηθούν σε ένα πολύ υδροδυναμικό σχήμα σώματος και επιτρέπουν πιο γρήγορη ανάδυση και με λιγότερο μυϊκό έργο. Μοναδικό πρόβλημα μπορεί να είναι τα αγύμναστα χέρια που θα πονέσουν σε όποιον προσπαθήσει να τα κρατήσει όρθια στην ανάδυση.

Η πιο απλή τεχνική στην τοποθέτηση των χεριών στην ανάδυση είναι να αφήσει ο δύτης τα χέρια του να χαλαρώνουν σε φυσική στάση, όπου δεν κάνουν κανένα μυϊκό έργο. Το μόνο μειονέκτημα εδώ είναι ότι το σώμα διατηρεί έναν λίγο μεγαλύτερο όγκο, που αντιστέκεται περισσότερο στην κίνηση της ανάδυσης, σε σχέση με το λεπτό σχήμα του σώματος με τα χέρια σηκωμένα προς τα πάνω.

Μετά τις πρώτες κανονικές πεδιλιές ο δύτης μειώνει την δύναμη που ασκεί στις λεπίδες, καθώς έχει ήδη αναδυθεί στη ζώνη ουδέτερης πλευστότητας. Εδώ θα κάνει μία τελική πεδιλιά ή δύο – τρεις πολύ πιο μέτριες σε ένταση πεδιλιές για να δώσει μία τελική επιτάχυνση και οι κινήσεις των πτερυγίων θα σταματήσουν στην επόμενη πιο ρηχή ζώνη της θετικής πλευστότητας.

Σε όλη την διαδρομή της ανάδυσης, μέσα στη ζώνη της θετικής πλευστότητας, ο δύτης δεν θα χρειαστεί να κάνει άλλη κίνηση των πτερυγίων, οπότε κρατάει το σώμα του σε μία υδροδυναμική στάση χαλάρωσης, για να πετύχει την μέγιστη δυνατή οικονομία σε οξυγόνο.

Η σύγκριση των δύο τεχνικών – των δύο τρόπων στάσης του σώματός του, τις οποίες μπορεί να επιλέξει ο έμπειρος ελεύθερος δύτης για την ανάδυση: ένα πολύ υδροδυναμικό σχήμα με σηκωμένα τα χέρια ή μία πιο χαλαρή φυσική στάση του σώματος με τα χέρια να χαλαρώνουν "κολλημένα" στο σώμα.

Το κράτημα των χεριών τεντωμένων προς τα πάνω στην ανάδυση καταναλώνει μυϊκό έργο, επομένως είναι μία κίνηση που συμφέρει τον πολύ καλά γυμνασμένο σωματικά ελεύθερο δύτη, αφού αυτός μπορεί να κάνει την κίνηση με πολύ μικρό κόστος σε μυϊκό έργο και σε οξυγόνο και παράλληλα δεν θα έχει καμία ενόχληση από τα τεντωμένα χέρια με μυϊκούς πόνους κλπ. Έτσι ο καλά γυμνασμένος δύτης θα κερδίσει ένα πιο υδροδυναμικό σχήμα του σώματος στην ανάδυση του.

Ένα άτομο με λιγότερο γυμνασμένα χέρια δεν χρειάζεται να τα κρατήσει τεντωμένα ψηλά στην ανάδυση. Είναι προτιμότερο να αφήσει τα χέρια του σε φυσική θέση να χαλαρώνουν, με αντίτιμο ένα λίγο πιο ογκώδες σχήμα του σώματος στην ανάδυσή του.

Τρεις περιπτώσεις ανάδυσης από το ίδιο βάθος (περίπου 10 μέτρα) και ο τρόπος που αντιμετωπίζουν τον διαστελλόμενο όγκο αέρα στη μάσκα τους οι διαφορετικοί δύτες, ανάλογα με τον βαθμό εμπειρίας τους.

Στην πρώτη φωτογραφία ο ελεύθερος δύτης βλέπουμε ότι περνά από τα 10 μέτρα στην ανάδυση αφήνοντας όλο τον αέρα να διαφεύγει με την μορφή φυσαλίδων από την μάσκα του (συνήθως αυτό συμβαίνει από τους πιο αρχάριους δύτες).

Στη δεύτερη φωτογραφία ο δύτης περνάει από τα 10 μέτρα έχοντας εισπνεύσει ένα μεγάλο μέρος του όγκου αέρα που διαστέλλεται στην μάσκα του, ωστόσο ο υπόλοιπος αέρας πάλι διαφεύγει με την μορφή φυσαλίδων από την μάσκα του.

Στην τρίτη φωτογραφία μία έμπειρη ελεύθερη δύτρια περνάει από τα 10 μέτρα καθώς αναδύεται, έχοντας εισπνεύσει όλο τον διαστελλόμενο αέρα μέσα από την μάσκα της και δεν διαφεύγει τίποτα σαν φυσαλίδα αέρα έξω από την μάσκα της.

7. Η ταχύτητα ανάδυσης και η ομαλή αυτόματη εξίσωση της πίεσης στα αυτιά.

Στη διάρκεια της ανάδυσης από μία βαθιά βουτιά χρειάζεται να προσέξει κανείς δύο πράγματα, σε σχέση με τα αυτιά του. Το πρώτο είναι ότι παρόλο που εξισώνουν αυτόματα στην ανάδυση, δηλαδή ο διαστελλόμενος αέρας στο κάθε μέσο αυτί βρίσκει μόνος του δίοδο και φεύγει μέσα από τις ευσταχιανές σάλπιγγες, ο δύτης χρειάζεται να κόψει ταχύτητα ή και να σταματήσει αμέσως την ανάδυση, αν εμφανιστεί μπλοκάρισμα στο ένα αυτί (Αντίστροφη απόφραξη, Reverse block). Έτσι θα μπορέσει ένα άτομο να κάνει εγκαίρως τους χειρισμούς που γνωρίζει από την φυσιολογία, για να ξεμπλοκάρει το αυτί του. Επομένως παρακολουθούμε τα αυτιά μας κατά την ανάδυση, έτοιμοι να αντιδράσουμε αν εμφανιστεί κάποιο σημάδι μπλοκαρίσματος.

Ο δεύτερος σημαντικός παράγοντας είναι να διατηρεί ο δύτης ένα όριο ταχύτητας στην ανάδυση του, ώστε να προλαβαίνουν τα αυτιά του να εξισώνουν. Μία υπερβολική ταχύτητα ανάδυσης θα προκαλέσει σημάδια εμπλοκής και δυσφορίας στα αυτιά και αυτό είναι απόδειξη ότι τα αυτιά δεν αντέχουν να εξισώνουν σε τέτοια ταχύτητα ανάδυσης. Αν σε μία παρόμοια στιγμή αντικανονικής ταχύτητας συμβεί πραγματική εμπλοκή σ' ένα αυτί, θα προκληθεί βαρότραυμα (με μία ρήξη τυμπάνου να είναι η πιο απλή εκδοχή) πριν ο δύτης προλάβει να αντιδράσει.

8. Η εισπνοή του διαστελλόμενου αέρα μέσα από την μάσκα.

Η διαδρομή της ανάδυσης και ειδικά τα τελευταία δέκα μέτρα πριν την επιφάνεια, όπου η πίεση μειώνεται γρήγορα και ο δύτης έχει σταματήσει κάθε πεδιλιά για να τον φέρει η άνωση στην επιφάνεια, αποτελεί και την ιδανική ευκαιρία για τον δύτη να εισπνεύσει πάλι πίσω τον αέρα που είχε φυσήξει μέσα στη μάσκα του, στη φάση της κατάδυσης, για να την εξισώσει και να μην την αφήσει να συμπιεστεί στο πρόσωπο του.

Ειδικά στα τελικά δέκα μέτρα της ανάδυσης ο αέρας αυτός μέσα στη μάσκα αρχίζει να διογκώνεται και θα διαρρεύσει από το πλαϊνό ελαστικό πλαίσιο της μάσκας αν ο δύτης δεν τον εισπνεύσει από την μύτη. Στην πράξη από την αρχή της ανάδυσης και κάθε λίγα μέτρα, ο δύτης μπορεί να εισπνέει μία μικροποσότητα αέρα, πλούσια σε οξυγόνο, από την διογκούμενη σε όγκο μάσκα του. Η αίσθηση εξάλλου του ότι ο αέρας μέσα στην μάσκα μας διογκώνεται γίνεται εύκολα αντιληπτή, αφού είναι σαν κάποιος να μας τραβάει την μάσκα από το πρόσωπο, σαν να θέλει να την βγάλει. Όποτε συμβαίνει αυτό στη διάρκεια της ανάδυσης, σημαίνει ότι ο αέρας μέσα στη μάσκα έχει διογκωθεί πολύ και ότι θα διαρρεύσει αν δεν τον εισπνεύσει ο δύτης στα αμέσως επόμενα δευτερόλεπτα.

Η ποσότητα του αέρα που θα πάρει πίσω ο δύτης δεν είναι καθόλου αμελητέα αν σκεφτεί κανείς ότι για μία βαθιά βουτιά ας πούμε στα 20 μέτρα βάθος, θα έχει εκπνεύσει μέσα στη μάσκα του αέρα με όγκο όσο 2 φορές ο εσωτερικός όγκος της μάσκας του. Αυτόν τον αέρα με μερικές προσεκτικές εισπνοές, την κατάλληλη στιγμή, από την μάσκα, κάθε λίγα μέτρα δηλαδή, μπορεί να τον πάρει όλο πίσω στη διάρκεια της ανάδυσης.

9. Έλεγχος της επιφάνειας για πιθανά εμπόδια, με μία μικρή περιστροφή του σώματος.

Το κατάλληλο βάθος για να ελέγξει κανείς τι βρίσκεται από πάνω του στην επιφάνεια είναι αφού περάσει τα 10 μέτρα και πριν φτάσει πιο κοντά από 5 μέτρα πριν την επιφάνεια. Από αυτή την ζώνη των 7 – 8 μέτρων ο δύτης θα πάρει μία πολύ καλή πανοραμική εικόνα του τι γίνεται πάνω από το κεφάλι του καθώς αναδύεται, αρκεί να κοιτάξει λίγο διαγώνια προς τα πάνω.

Το διαγώνιο βλέμμα προς τα πάνω το συνδυάζουμε με μία αργή περιστροφή του σώματος γύρω από τον άξονα του, ώστε να έχουμε μία πλήρη εικόνα 360 μοιρών, όλης της επιφάνειας, στο σημείο όπου θα αναδυθούμε.

Πιθανά εμπόδια στην επιφάνεια συνήθως μπορεί να είναι το ζευγάρι μας ή κάποιος άλλος δύτης που έχει ξεχαστεί και δεν προσέχει ότι αναδυόμαστε στο σημείο της επιφάνειας όπου έχει σταθεί, μπορεί να είναι το αγκυροβολημένο σκάφος μας ή ακόμα και ένας πλωτήρας φορτωμένος με υλικά που θα μπορούσαν να μας τραυματίσουν, αν συγκρουστούμε μαζί τους στην επιφάνεια στο τέλος της ανάδυσης.

Με διαγώνιο βλέμμα προς τα πάνω και με μία αργή περιστροφή του σώματος, ο δύτης ελέγχει όλη την επιφάνεια από πάνω του, ώστε να αποφύγει πιθανά εμπόδια και να μην συγκρουστεί με άλλο δύτη ή με έναν πλωτήρα φορτωμένο με πράγματα ή ακόμα και με την γάστρα του σκάφους του.

10. Συνάντηση και ανταλλαγή βλέμματος με το ζευγάρι, αν έχει καταδυθεί στα 5 μέτρα (το ζευγάρι κοιτάζει το πρόσωπο του δύτη, ενώ αυτός αναδύεται, για να βεβαιωθεί ότι είναι καλά)

Ένα από τα μέτρα ασφάλειας της βαθιάς ελεύθερης κατάδυσης είναι η κατάδυση του ζευγαριού στη διάρκεια της ανάδυσης του δύτη και με τέτοιο συντονισμό των κινήσεών του, ώστε να προλάβει να συναντήσει τον δύτη ο οποίος αναδύεται, σε ένα βάθος 10 με 5 μέτρα και στη συνέχεια η ανάδυση μαζί με τον δύτη στο υπόλοιπο της διαδρομής του, μέχρι την επιφάνεια.

Είναι αυτονόητο ότι το ζευγάρι δεν καταδύεται να συνοδεύσει τον δύτη για να έχει αυτός παρέα ή μία αίσθηση ασφάλειας στο τέλος της ανάδυσης. Ο λόγος της κατάδυσης του ζευγαριού είναι να κοιτάξει τον αναδυόμενο δύτη στο πρόσωπο και να διαπιστώσει:

1) Ότι δεν έχει κλείσει τα μάτια του και γενικά ότι διαθέτει τις αισθήσεις του και δεν έχει λιποθυμήσει, οπότε θα τον ανέβαζε η άνωση στα τελικά μέτρα, αλλά δεν θα είχε τις αισθήσεις του μετά από μία υποξία και

2) Ότι δεν εμφανίζει συμπτώματα απώλειας νευρολογικού ελέγχου (LMC), τα οποία είναι σχετικά εμφανή αν κοιτάξουμε το πρόσωπο του δύτη. Πρόκειται για τα γνωστά από την φυσιολογία συμπτώματα υποξικής κατάστασης του δύτη, αν και αυτός ακόμα μπορεί να διατηρεί τις αισθήσεις του.

Και στις δύο αυτές περιπτώσεις το ζευγάρι θα πρέπει να επέμβει πιάνοντας με την κατάλληλη λαβή διάσωσης τον δύτη και να τον βγάλει με όλη την προβλεπόμενη διαδικασία διάσωσης στην επιφάνεια.

Σε αυτή την προληπτική κατάδυση του ζευγαριού με καθήκοντα δύτη ασφαλείας, ο ελεύθερος δύτης που αναδύεται δεν έχει λόγο να αντιδράσει αλλάζοντας την ταχύτητα ανάδυσής του και κυρίως πρέπει να μένει ανεπηρέαστος χωρίς να καθυστερεί την ανάδυση του. Αν το ζευγάρι του δεν τον προλάβει καθώς αναδύεται τα τελικά δέκα μέτρα αυτό δεν είναι δική του ευθύνη.

Η μόνη αντίδραση που χρειάζεται να γίνει από τον ίδιο τον δύτη που αναδύεται είναι να περιστρέψει κατάλληλα το σώμα του ώστε να έρθει πρόσωπο με πρόσωπο με το ζευγάρι του. Με αυτό τον τρόπο θα διευκολύνει το ζευγάρι να τον κοιτάξει στο πρόσωπο για να διαπιστώσει ότι είναι καλά και δεν χρειάζεται βοήθεια. Επομένως η μόνη κίνηση του δύτη είναι να στραφεί καθώς αναδύεται με πρόσωπο προς το ζευγάρι του, εφόσον αυτό έχει έρθει δίπλα του και αναδύεται μαζί του στα τελικά μέτρα της ανάδυσης.

11. Τοποθέτηση του αναπνευστήρα υποβρυχίως.

Η τελευταία κίνηση του έμπειρου ελεύθερου δύτη στην ανάδυση είναι να τοποθετήσει τον αναπνευστήρα στο στόμα όταν πλέον βρίσκεται στο τελευταίο μισό ή ένα μέτρο κάτω από την επιφάνεια. Αυτή η γρήγορη κίνηση, στα τελευταία κλάσματα του δευτερολέπτου πριν φτάσει κανείς στην επιφάνεια, του δίνει την δυνατότητα να κάνει εκπνοή, στη συνέχεια, κάτω από το νερό, κερδίζοντας έτσι πολύτιμο χρόνο για την πρώτη εισπνοή φρέσκου αέρα μετά την ανάδυση, όπως θα δούμε στη συνέχεια.

Η τεχνική της τοποθέτησης του αναπνευστήρα, οριακά, λίγο πριν την ανάδυση, παραβιάζει τυπικά τον γενικό κανόνα ασφάλειας της φυσιολογίας, ότι δεν πρέπει να φοράει αναπνευστήρα στο στόμα ένας ελεύθερος δύτης στην ανάδυση, πριν βγει στην επιφάνεια, όπου θα φορέσει τον αναπνευστήρα αφού πάρει πρώτα μερικές αναπνοές και ξεπεράσει μία πιθανή κρίσιμη έλλειψη οξυγόνου.

Το ζευγάρι καταδύεται για να συναντήσει εδώ την ελεύθερη δύτρια στα τελικά μέτρα της ανάδυσης, λίγο πάνω από τα 10 μέτρα και όχι πιο ρηχά από 5 μέτρα. Στόχος του δύτη – ζευγαριού ασφαλείας είναι να κοιτάξει στο πρόσωπο, στα μάτια, το άτομο που τελειώνει την ανάδυσή του και να βεβαιωθεί ότι είναι καλά.

Το ζευγάρι ασφαλείας θα αναδυθεί μαζί με το άτομο που τελειώνει την ανάδυσή του παρακολουθώντας το πρόσωπό του για σημάδια υποξικής κατάστασης, που θα μπορούσε να εμφανιστεί ανά πάσα στιγμή. Μοναδική υποχρέωση του ατόμου που αναδύεται είναι να διευκολύνει το ζευγάρι, στρέφοντας προς αυτόν το πρόσωπο, ώστε να του επιτρέψει να βεβαιωθεί ότι όλα πάνε καλά.

Το ζευγάρι ασφαλείας (εδώ στην αριστερή πλευρά) συνεχίζει να παρατηρεί το πρόσωπο του αναδυόμενου δύτη έως την επιφάνεια, καθώς γνωρίζουμε ότι σε αυτή την ρηχή ζώνη μπορούν να εμφανιστούν απότομα στη διάρκεια της ανάδυσης συμπτώματα υποξικής κατάστασης του δύτη.

Η λογική του κανόνα που λέει να μην μπει ο αναπνευστήρας στο στόμα πριν κάνει αναπνοές ο δύτης είναι ότι αν χάσει τις αισθήσεις του από υποξία, κινδυνεύει, από την μυϊκή σύσπαση που προκαλείται, να σφίξει τόσο δυνατά τον αναπνευστήρα ανάμεσα στα δόντια του, ώστε να μην είναι σε θέση να τον αφαιρέσει ένας διασώστης και να προσφέρει τις πρώτες βοήθειες ή ότι θα κινδυνεύσει ο δύτης να πιει νερό από τον αναπνευστήρα, μόλις τον συνεφέρουν από την υποξία. Ωστόσο το όφελος στην ασφάλεια του δύτη με την τοποθέτηση του αναπνευστήρα λίγο πριν την επιφάνεια είναι πρακτικά πολύ πιο σημαντικό σε σχέση με το ρίσκο που παίρνει ο δύτης: στις πραγματικές συνθήκες όταν οι βαθιές ελεύθερες καταδύσεις γίνονται για υποβρύχιο ψάρεμα ή εξερεύνηση, φωτογράφιση κλπ, ο ελεύθερος δύτης βγαίνει στην επιφάνεια χωρίς έναν πλωτήρα αγκυροβολημένο δίπλα του για να πιαστεί και να στηριχθεί από αυτόν, όπως γίνεται στις προπονήσεις μίας οργανωμένης ομάδας δυτών.

Η ανάδυση σε μία επιφάνεια όπου ο δύτης δεν έχει να στηριχθεί από κάπου αλλά μόνο να επιπλεύσει οριζόντια σε θέση χαλάρωσης με τις δικές του δυνάμεις και να κάνει τις αναπνοές του για επαναφορά του σώματος σε φυσιολογικές τιμές οξυγόνου και διοξειδίου του άνθρακα, μετά την άπνοια, απαιτεί οικονομία ενέργειας, δηλαδή οικονομία κινήσεων και οικονομία χρόνου. Έτσι η τοποθέτηση του αναπνευστήρα κάτω από την επιφάνεια εξασφαλίζει και την εκπνοή πριν ξενερίσει ο αναπνευστήρας και μία άμεση εισπνοή αέρα στο πρώτο δευτερόλεπτο μετά την ανάδυση, όταν ακόμα ο δύτης κινείται πρακτικά και ξαπλώνει σε θέση χαλάρωσης, ολοκληρώνοντας την φάση της ανάδυσης από μία βαθιά βουτιά.

Στα πρώτα δευτερόλεπτα μετά την ανάδυση τόσο η εκπνοή του "βρώμικου" αέρα των πνευμόνων, γεμάτου με διοξείδιο του άνθρακα, όσο και η αναπνοή αέρα πλούσιου σε οξυγόνο, έχουν την απόλυτη προτεραιότητα και είναι πολύτιμο να γίνονται άμεσα την στιγμή που "βγαίνει" το κεφάλι του δύτη στην επιφάνεια, ειδικά όταν δεν υπάρχει κάποια τεχνητή στήριξη για τον δύτη στην επιφάνεια, αλλά θα πρέπει να περάσει σε θέση χαλάρωσης, κόντρα σε συνθήκες της επιφάνειας που μπορεί να μην είναι και τόσο ευνοϊκές, όπως το κύμα και το ρεύμα.

Τεχνική 2η: ανάδυση με στήριξη στην επιφάνεια, χωρίς τον αναπνευστήρα.

Αν υπάρχει εξασφαλισμένο σταθερό σημείο στήριξης στην επιφάνεια, στο σημείο όπου θα αναδυθεί ο ελεύθερος δύτης, όπως είναι για παράδειγμα ένας μεγάλος, αγκυροβολημένος στο βυθό πλωτήρας, με πλαϊνά σχοινιά πάνω του ή με ειδικές χειρολαβές, τότε ο δύτης μπορεί να πιαστεί με το ένα ή και τα δύο χέρια από εκεί τελειώνοντας την ανάδυση και να κάνει εκεί τόσο την εκπνοή του όσο και τις αναπνοές επαναφοράς μετά την άπνοια. Αυτή η τεχνική εφαρμόζεται κυρίως στις προπονήσεις που γίνονται στην θάλασσα από μία οργανωμένη ομάδα δυτών που θα παραμείνει στον ίδιο πλωτήρα ή γύρω από το ίδιο ειδικά διαμορφωμένο σκάφος, για όσο χρόνο οι δύτες θα κάνουν τις καταδύσεις τους.

12. Άδειασμα του αναπνευστήρα κάτω από την επιφάνεια.

Ο ελεύθερος δύτης φτάνει στην επιφάνεια με αρκετά μεγάλη ταχύτητα στα τελευταία μέτρα, αποτέλεσμα της αυξημένης άνωσης. Εκεί στο τελευταίο ένα μέτρο κάτω από την επιφάνεια προλαβαίνει οριακά να βάλει τον αναπνευστήρα στο στόμα και γυρνώντας το μέτωπο προς τα πάνω, να κάνει μία απλή, μετρημένη σε όγκο εκπνοή, όχι πολύ βαθιά εκπνοή, δηλαδή, όχι πλήρη εκπνοή. Στο επόμενο κλάσμα του δευτερολέπτου ο δύτης θα βρίσκεται με την πλάτη του έξω από το νερό, ξαπλωμένος πλέον στην επιφάνεια, με την ταχύτητα που έχει αναπτύξει στην ανάδυση. Έτσι η κίνηση της εκπνοής θέλει καλό συντονισμό για να προλάβει να γίνει κάτω από το νερό, πριν ξενερίσει στην επιφάνεια το κεφάλι του δύτη.

Ο δύτης θα περιμένει μέχρι το τελευταίο μέτρο πριν την επιφάνεια, στο τέλος της ανάδυσης και σε αυτό το τελικό μέτρο θα τοποθετήσει με μία γρήγορη κίνηση τον αναπνευστήρα στο στόμα του, έτοιμος αμέσως μετά να κάνει εκπνοή κάτω από την επιφάνεια, πριν βγει το κεφάλι του από το νερό.

Στο τελικό ένα μέτρο κάτω από την επιφάνεια ο δύτης τοποθετεί, με μία γρήγορη κίνηση, τον αναπνευστήρα στο στόμα και ετοιμάζεται αμέσως μετά να ακολουθήσει η εκπνοή του πριν βγει στην επιφάνεια και τελικά η οριζοντίωσή του πλέον στην επιφάνεια.

    Η εκπνοή γίνεται λίγο πριν βγει το κεφάλι στην επιφάνεια με τον δύτη να στρέφει το πρόσωπο του προς την επιφάνεια (κοιτώντας δηλαδή προς τα πάνω), ώστε ο αναπνευστήρας του να αδειάσει από τα νερά με την εκπνοή και να μην ξαναπάρει νερά. Έτσι αμέσως μετά την οριζοντίωση του σώματος του στην επιφάνεια, σε θέση χαλάρωσης πλέον, ο δύτης μπορεί να κάνει άμεσα εισπνοή φρέσκου αέρα, πλούσιου σε οξυγόνο, χωρίς καθυστερήσεις και χωρίς τον κόπο μίας πολύ δυνατής εκπνοής για το άδειασμα του αναπνευστήρα.

Ο λόγος της εκπνοής κάτω από την επιφάνεια είναι η ανάγκη να εκμεταλλευτούμε κάθε κλάσμα δευτερολέπτου για την όσο γίνεται πιο έγκαιρη πρώτη εισπνοή καθαρού αέρα. Μετά από μία βαθιά κατάδυση με μεγάλη παραμονή σε άπνοια η εισπνοή αέρα ξανά πλούσιου σε οξυγόνο είναι ζωτικής σημασίας για το δύτη και έχει κάθε λόγο να αναζητά την όσο γίνεται πιο γρήγορη εισπνοή με την επιστροφή του στην επιφάνεια, εφόσον η κατάδυσή του έχει ολοκληρωθεί.

Αποφεύγουμε την μέγιστη ή γενικά την μεγάλη σε όγκο αέρα εκπνοή γιατί αυτό θα σήμαινε και απώλεια μιας ποσότητας οξυγόνου η οποία είναι κρίσιμη στο τέλος της άπνοιας για την ασφάλεια του δύτη. Εκείνη την στιγμή της μεγάλης έλλειψης οξυγόνου για τον δύτη, στο τέλος μίας βαθιάς κατάδυσης, μία υπερβολικά μεγάλη εκπνοή θα μπορούσε να προκαλέσει υποξία, αν ο δύτης έχει φτάσει σε οριακή κατάσταση έλλειψης οξυγόνου στον οργανισμό του.

Η μέτριου έως και μικρού όγκου αέρα εκπνοή θα ανακουφίσει τον δύτη από το υπερβολικό διοξείδιο στο τέλος της κατάδυσης και θα επιτρέψει την εισπνοή φρέσκου αέρα χωρίς να ρίξει άλλο το οξυγόνο στο σώμα του.

13. "Ξάπλωμα" – οριζοντίωση του σώματος σε θέση χαλάρωσης στην επιφάνεια.

Αμέσως μετά την μέτριου όγκου εκπνοή, κάτω από την επιφάνεια, το σώμα του δύτη θα βρεθεί σε οριζόντια πορεία πάνω στην επιφάνεια με την μεγάλη ταχύτητα ανάδυσης που είχε αναπτύξει στα τελικά μέτρα. Στην πράξη επομένως ο δύτης περνάει αμέσως μόλις αναδυθεί σε μία θέση χαλάρωσης, σταθεροποιείται εκεί και παραμένει για ξεκούραση, ενώ έχει να φροντίσει μόνο για τις σωστές αναπνοές του μετά την ολοκλήρωση της βουτιάς.

14. Η πρώτη μεγάλη ανακουφιστική εισπνοή στην επιφάνεια.

Το πλεονέκτημα της εκπνοής κάτω από την επιφάνεια γίνεται αντιληπτό αμέσως με την έξοδο του αναπνευστήρα από το νερό, όπου επειδή είναι πλέον άδειος από νερά επιτρέπει στον δύτη να κάνει κατ' ευθείαν την πρώτη του μεγάλη σε όγκο αέρα, ανακουφιστική, εισπνοή, χωρίς την παραμικρή καθυστέρηση. Εδώ λοιπόν προτιμάμε την εισπνοή μεγάλου όγκου φρέσκου αέρα, πλούσιου σε οξυγόνο, για την σύντομη και ασφαλή επαναφορά του οργανισμού μετά από μία βαθιά ελεύθερη κατάδυση.

15. Το σήμα του "ΟΚ" ("Είμαι καλά") προς το ζευγάρι

Ο ελεύθερος δύτης έχει πλέον αναδυθεί στην επιφάνεια και μετά την πρώτη ανακουφιστική αναπνοή αρχίζει αναπνοές για την επαναφορά του σε φυσιολογικά επίπεδα οξυγόνου (O_2) και διοξειδίου (CO_2). Είναι η κατάλληλη στιγμή να στραφεί προς το ζευγάρι του και να κάνει ένα ξεκάθαρο σήμα ΟΚ (είμαι καλά) με το χέρι του. Για το ζευγάρι του, σαν το δύτη της ασφαλείας του, αυτό το σήμα σημαίνει ότι ολοκληρώθηκε με ασφάλεια όλη η βουτιά, ότι ο δύτης έχει τις αισθήσεις του, αναπνέει και αισθάνεται καλά.

Αρχίζει έτσι για το ζευγάρι το μέτρημα ενός χρόνου του ενός λεπτού μέσα στον οποίο θα πρέπει να μείνει δίπλα στον δύτη, στην επιφάνεια και να παρακολουθεί την αναπνοή του (για παράδειγμα θα προσπαθήσει να ακούει την αναπνοή του δύτη βάζοντας το αυτί του κοντά στον αναπνευστήρα του δύτη που χαλαρώνει.

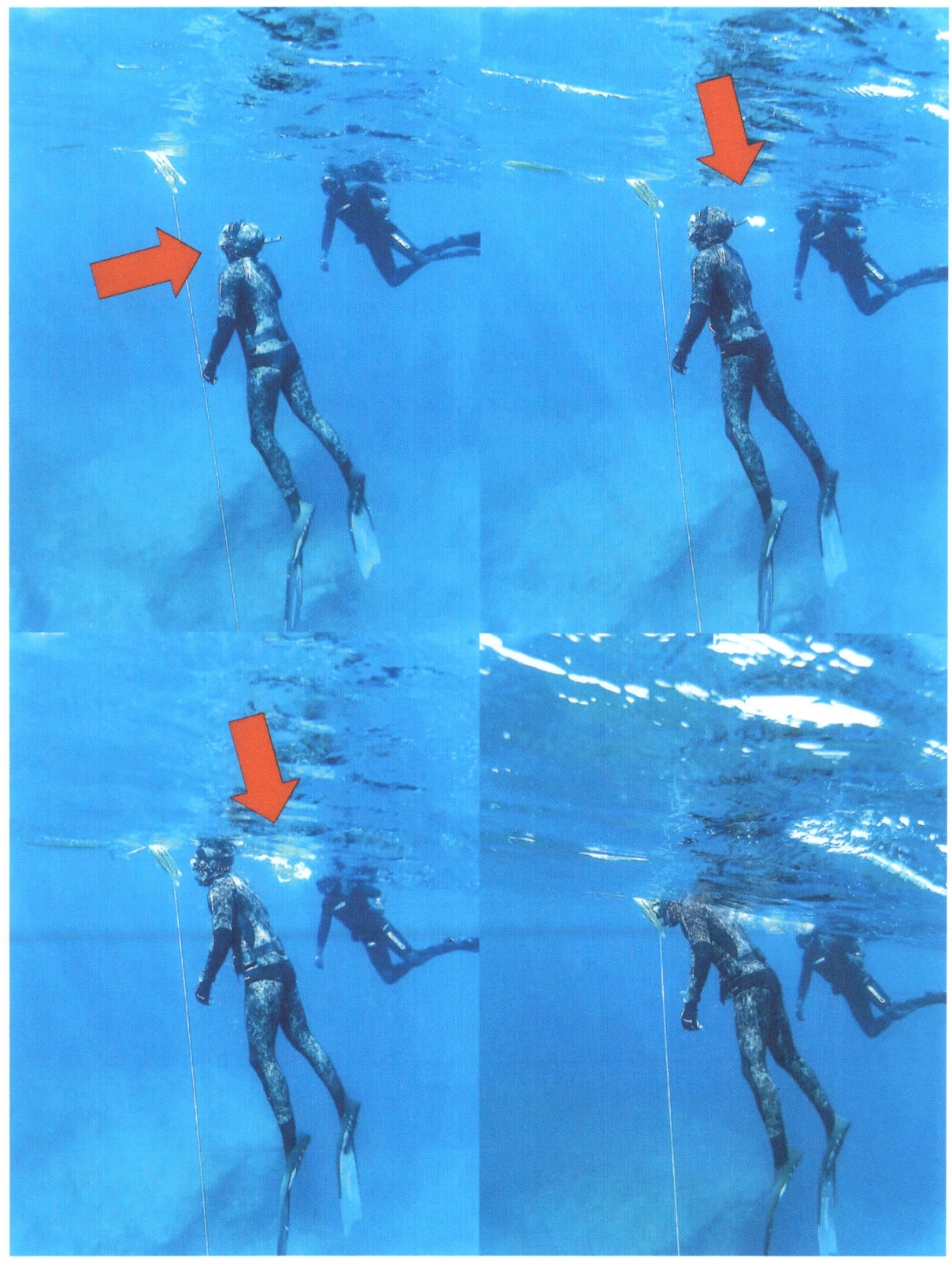

Στο τελικό ένα μέτρο πριν την επιφάνεια ένας έμπειρος ελεύθερος δύτης θα καταφέρει να συντονίσει τέλεια μερικές πολύ γρήγορες κινήσεις, όπως την τοποθέτηση του αναπνευστήρα στο στόμα, το σήκωμα του προσώπου του προς την επιφάνεια (πρώτη φωτογραφία – πρώτο βελάκι), την εκπνοή αμέσως μετά και πριν φτάσει στην επιφάνεια (δεύτερη φωτό - βελάκι) και την οριζοντίωση στην επιφάνεια ενώ ακόμα μπορεί να εξελίσσεται και η εκπνοή του (όπως φαίνεται στην τρίτη φωτογραφία – βελάκι).

Αυτό αποτελεί μία υποχρέωση του ζευγαριού και δεν αφορά τον ίδιο τον δύτη, αλλά το σήμα OK που δίνει μόλις αρχίσει τις αναπνοές, κινητοποιεί το ζευγάρι να περάσει πλέον σε αυτή την επιφανειακή και τελευταία παρακολούθηση ασφαλείας. Όπως γνωρίζουμε από την φυσιολογία ένα μεγάλο ποσοστό από υποξίες μετά από βαθιά κατάδυση εκδηλώνονται στην επιφάνεια αμέσως μετά την ανάδυση και μάλιστα μέσα στο πρώτο λεπτό και παρόλο που ο δύτης έχει αρχίσει να αναπνέει.

Αν ένας δύτης μείνει λιπόθυμος στην επιφάνεια (με το ζευγάρι δίπλα του να νομίζει ότι είναι καλά και ότι αναπνέει), θα κινδυνεύσει τελικά με πνιγμό ή εγκεφαλικό θάνατο από έλλειψη οξυγόνου, αν δεν τον αντιληφθεί έστω και με καθυστέρηση το ζευγάρι του. Εδώ λοιπόν το μέτρο ασφάλειας είναι το σήμα OK αρχικά, στην ανάδυση, στη συνέχεια η παρακολούθηση της αναπνοής του δύτη επί ένα λεπτό και τελικά ένα ακόμα δεύτερο σήμα OK μετά το ένα περίπου λεπτό αναπνοών, προς το ζευγάρι.

16. Η αναπνοή αμέσως μετά την ανάδυση (το πρώτο λεπτό αναπνοής).

Ο έμπειρος ελεύθερος δύτης γνωρίζει ότι πρέπει να παραμείνει σε θέση χαλάρωσης τουλάχιστον για ένα λεπτό μετά από μία βαθιά βουτιά. Αυτό το χρονικό διάστημα αφορά μία πρώτη άμεση επαναφόρτιση του οργανισμού σε οξυγόνο μετά την βαθιά κατάδυση, ώστε να μην υπάρχει πλέον καμία πιθανότητα κάποιας υποξίας. Ο δύτης χρειάζεται απλά να παραμείνει σε χαλάρωση παρακολουθώντας την αναπνοή του: το αρχικό λαχάνιασμα μετά την ανάδυση υποχωρεί σταδιακά, καθώς αποβάλλεται το περίσσιο διοξείδιο του άνθρακα και η αναπνοή του δύτη γίνεται σταδιακά φυσιολογική σε ρυθμό και σε όγκο αέρα.

Το πέρασμα ενός λεπτού μετά την άπνοια επιτρέπει πλέον στον δύτη να αρχίσει να κινείται στην επιφάνεια, βγαίνοντας από την θέση χαλάρωσης – επαναφοράς μετά την άπνοια. Αυτό κυρίως σημαίνει ότι η αναπνοή του έχει επανέλθει στο φυσιολογικό, όχι όμως και τα αέρια στο σώμα του (οξυγόνο – διοξείδιο του άνθρακα). Ο έμπειρος δύτης γνωρίζει ότι θα χρειαστούν πολλά λεπτά ακόμα για να επανέλθει το σώμα του σε ιδανική κατάσταση επιτρέποντάς του μία επόμενη βαθιά ελεύθερη κατάδυση.

17. Το τελικό σήμα "OK" προς το ζευγάρι μετά το ένα λεπτό αναπνοής.

Το δεύτερο και τελικό σήμα OK (είμαι καλά) προς το ζευγάρι το κάνει ο δύτης με το χέρι του όταν συμπληρωθεί ένα λεπτό τουλάχιστον μετά την ανάδυσή του. Πρακτικά οι πιθανότητες να χάσει κανείς τις αισθήσεις του από υποξία μετά από τόσες αναπνοές είναι μηδαμινές, επομένως με το δεύτερο OK προς το ζευγάρι ολοκληρώνεται η υποχρέωση του να προσφέρει ασφάλεια στον δύτη και έτσι αποδεσμεύεται, είτε για να ετοιμαστεί για μία δική του κατάδυση ή για να περιμένει την επόμενη κατάδυση του φίλου του.

Η τελική φάση της ανάδυσης στην βαθιά ελεύθερη κατάδυση, σε καρέ – καρέ φωτογραφικά στιγμιότυπα. Ο έμπειρος δύτης θα κάνει όλες τις προβλεπόμενες κινήσεις της τελικής φάσης της ανάδυσης με ένα τέλειο συντονισμό. Εδώ βλέπουμε στα στιγμιότυπα την τοποθέτηση του αναπνευστήρα στο στόμα (φωτό 1 και 2), την μικρή σε όγκο εκπνοή κάτω από την επιφάνεια (φωτό 3,4 και 5) και την οριζοντίωση στην επιφάνεια σε θέση χαλάρωσης με κανονική εισπνοή πλέον από τον αναπνευστήρα (φωτό 6 – 9), ο οποίος έχει αδειάσει υποβρυχίως από τα νερά.

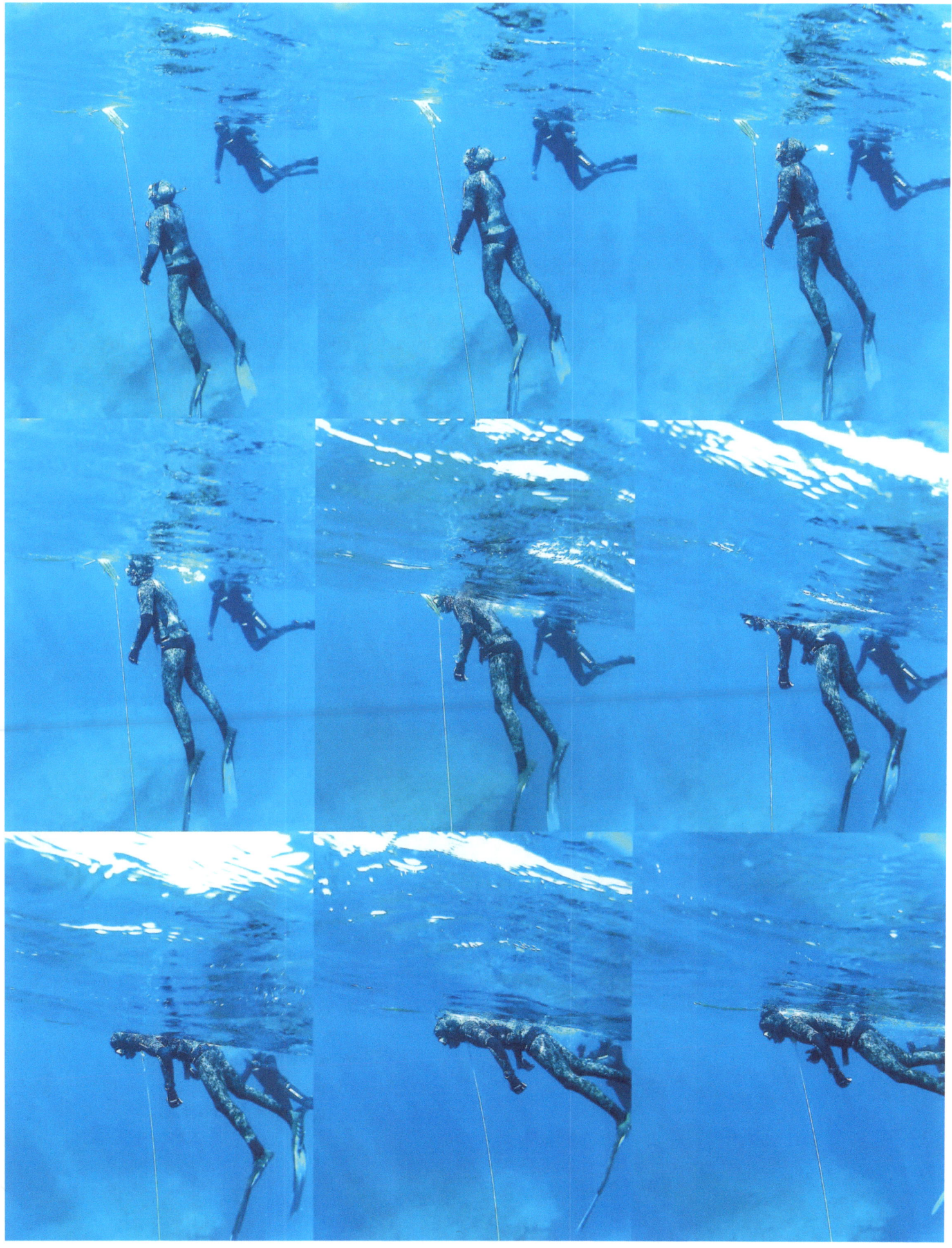

5.4. Τα πιο συνηθισμένα λάθη που γίνονται στις κινήσεις της ανάδυσης.

Στην βαθιά ελεύθερη κατάδυση η φάση της ανάδυσης θεωρείται πολύ απλούστερη και δεδομένη σε σχέση με τις δυσκολίες που παρουσιάζει η κατάκτηση του βάθους και η τεχνική της φάσης κατάδυσης. Ο έμπειρος δύτης μαθαίνει σταδιακά να δίνει πολύ περισσότερη σημασία στην διαδικασία της ανάδυσής του από τις βαθιές καταδύσεις, γιατί συνειδητοποιεί ότι πρόκειται για μία μεγάλη διαδρομή που πρέπει να την κάνει όσο πιο οικονομικά και ακίνδυνα γίνεται. Οι ξεκούραστες αναδύσεις μπορούν να επιτρέψουν τελικά στον δύτη να πετύχει και μεγαλύτερα βάθη ή καλύτερη διάρκεια της απνοιάς του στα βάθη που καταδύεται, αλλά και αντοχή για περισσότερες καταδύσεις σε μία ημερήσια εξόρμηση.

Με βάση τις λεπτομέρειες της τεχνικής της ανάδυσης, όπως την αναλύσαμε, μπορούμε να δούμε μία λίστα από μερικές συνηθισμένες ατέλειες της τεχνικής, τις οποίες συνήθως εμφανίζει για παράδειγμα ένας

δύτης όταν ξεκινάει τις πιο βαθιές καταδύσεις του, όντας αρχάριος μέχρι τότε στο σπορ. Διορθώνοντας αυτά τα τελευταία αλλά και συνηθισμένα λάθη τεχνικής των πιο νέων δυτών, φτάνουμε σε μία τέλεια εκτέλεση όλων των κινήσεων στην ανάδυση, όπως αξίζει άλλωστε σε μία βαθιά ελεύθερη κατάδυση.

1. Πάτημα κάτω με το πτερύγιο ή χτύπημα μίας λεπίδας στον βυθό, στην προσπάθεια ξεκολλήματος από τον βυθό – στη αρχή της ανάδυσης.

Αν ο δύτης ξεχαστεί και πατήσει με το παπούτσι ενός πτερυγίου κάτω για να σηκωθεί τον βυθό στην ανάδυση ο κίνδυνος είναι να του βγει εντελώς από το πόδι το πτερύγιο.

Μία δεύτερη περίπτωση είναι να βιαστεί ο δύτης να κάνει πεδιλιά, ενώ ακόμα δεν έχει απομακρυνθεί από το επίπεδο του βυθού, οπότε θα έχουμε χτύπημα μίας ή και των δύο λεπίδων κάτω. Σε αυτό το λάθος μπορεί να σπάσει ένα κομμάτι της λεπίδας ή να καταστραφεί η μικροζωή του βυθού στο σημείο (μικρά κοράλλια κλπ).

2. Μικρό άνοιγμα της πεδιλιάς ή υπερβολικό γονάτισμα των ποδιών.

Στις πρώτες κανονικές πεδιλιές της ανάδυσης οι πεδιλιές με μικρό άνοιγμα των ποδιών και των πτερυγίων είναι αδύναμες και καθυστερούν την ανάδυση χωρίς να προσφέρουν την απαραίτητη ώθηση. Το ίδιο συμβαίνει και με το υπερβολικό γονάτισμα των ποδιών που δεν αφήνει την δύναμη της γάμπας να σπρώξει δυνατά την κάθε λεπίδα. Το γονάτισμα οφείλεται συνήθως στη χρήση υπερβολικά σκληρών λεπίδων από τον δύτη που θα του προκαλέσουν κράμπα αν δεν γονατίζει τα πόδια του στην κάμψη τους.

3. **Μεγάλο πλάγιο άνοιγμα των ποδιών με λύγισμα των λεπίδων προς τα πλάγια.**

Μία ακόμα πιθανή συνέπεια ενός υπερβολικά σκληρού πτερυγίου είναι αντί για γονάτισμα ο δύτης να ανοίγει πλάγια τα πόδια του στην πεδιλιά, (σαν να κλωτσάει προς τα έξω μία μπάλα) στην προσπάθεια του να κρατήσει σχετικά τεντωμένο το πόδι που κάνει την κίνηση της ώθησης, χωρίς να του προκαλέσει κράμπα. Ένα δεύτερο ενδεχόμενο είναι να του έχει γίνει μία "κακή συνήθεια" αυτή η πεδιλιά από ένα προηγούμενο σκληρό πτερύγιο, οπότε χρειάζεται να συγκεντρώνεται στην διόρθωση της όταν κάνει τις πεδιλιές της ανάδυσης.

4. Σταμάτημα της πεδιλιάς πριν περάσει ο δύτης πάνω από τη ζώνη της ουδέτερης πλευστότητας.

Ένα συνηθισμένο λάθος από τους νεότερους ελεύθερους δύτες στην βαθιά ελεύθερη κατάδυση είναι να σταματάνε τις πεδιλιές πριν βεβαιωθούν ότι ξεπεράσανε την ζώνη της ουδέτερης πλευστότητας. Το αποτέλεσμα σε ένα τέτοιο λάθος είναι να σβήσει η ταχύτητα ανάδυσης και να αναγκαστεί ο δύτης να ξαναρχίσει τις πεδιλιές, ώστε να αποκτήσει πάλι επιτάχυνση και να φτάσει μέσα στην ζώνη της θετικής πλευστότητας. Αν μάλιστα το λάθος αφήσει τον δύτη ακόμα πιο βαθιά, μέσα στη ζώνη της αρνητικής πλευστότητας, τότε θα σταματήσει η κινησή του, σαν ανάδυση και θα αρχίσει να ξαναβυθίζεται, έως ότου ξαναρχίσει τις πεδιλιές.

5. Ακατάλληλο υδροδυναμικό σχήμα σώματος με υπερβολικά ανοιχτά χέρια και πόδια.

Ένας ελεύθερος δύτης που θα αφήσει υπερβολικά χαλαρό το σώμα του στην ανάδυση μπορεί να καταλήξει με υπερβολικά ανοιχτά χέρια και πόδια, σε ένα σχήμα που προσφέρει τέλεια χαλάρωση από την μία πλευρά, αλλά χαλάει εντελώς την υδροδυναμική του σώματος, επιβραδύνει την ανάδυση και τελικά με την αντίσταση στην κίνηση που προκαλεί κάνει πιο κοπιαστική την ανάδυση.

Ένα όρθιο και τεντωμένο σώμα ίσως δεν είναι ότι πιο χαλαρή στάση μπορεί να επιλέξει κανείς στην ανάδυση, αλλά ας μην ξεχνάμε ότι τα ανοιχτά χέρια και πόδια είναι ο τρόπος με τον οποίο για παράδειγμα επιβραδύνουν την πτώση τους οι αλεξιπτωτιστές και φυσικά κάτι ανάλογο ισχύει και για τον δύτη, με την διαφορά φυσικά ότι ο δύτης δεν έχει κανένα λόγο να επιβραδύνει την ανάδυσή του.

6. Διαγώνια στάση του σώματος με "πλάτη" στον κάθετο άξονα της ανάδυσης.

Ένα συχνό λάθος στην διάρκεια της ακίνητης στάσης του σώματος στην ανάδυση, ενώ η θετική πλευστότητα ανεβάζει ουσιαστικά από μόνη της τον ελεύθερο δύτη σε ένα μεγάλο μέρος της όλης ανάδυσης, είναι αν ο δύτης αφεθεί να χαλαρώσει υπερβολικά να γείρει το σώμα του μπροστά.

Το αποτέλεσμα είναι ότι ο δύτης, ενώ σαν άτομο αναδύεται κάθετα, στην πράξη δείχνει την πλάτη του στον άξονα της ανάδυσης και φυσικά προκαλείται πολύ μεγάλη αντίσταση στην ανάδυση του σώματος του δύτη ή αρχίζει να γλιστράει και διαγώνια προς την επιφάνεια, στα τελικά μέτρα, αυξάνοντας έτσι και όλη την διαδρομή της ανάδυσης.

7. Συνέχιση της κίνησης των πτερυγίων μέσα στη ζώνη της θετικής πλευστότητας

Στην βαθιά ελεύθερη κατάδυση ακόμα και ένας έμπειρος δύτης μπορεί να ξεγελαστεί και να έχει μία λανθασμένη εκτίμηση του βάθους στην ανάδυσή του, οπότε είναι πιθανό να συνεχίσει να κάνει πεδιλιές ενώ έχει φτάσει μέσα στη ζώνη θετικής πλευστότητας και όχι μόνο είναι περιττό, αλλά ξοδεύει και πολύτιμο οξυγόνο χωρίς λόγο. Η παρακολούθηση του βάθους και από τον υπολογιστή μας στο χέρι, βοηθάει να έχει κανείς απόλυτη ακρίβεια στο πότε ακριβώς θα σταματήσει τις πεδιλιές στην ανάδυση.

8. Υπερβολική κάμψη του κεφαλιού προς τα πίσω στα τελικά μέτρα της ανάδυσης.

Η ανάγκη του δύτη να κάνει έναν έλεγχο όλης της περιοχής της επιφάνειας από πάνω του όταν πλησιάζει στην επιφάνεια, τον οδηγεί συχνά, αντί να περιστραφεί 360 μοίρες με ένα διαγώνιο βλέμμα προς τα πάνω, όπως θα έπρεπε κανονικά, κάτι που θα του έδινε μία πλήρη εικόνα, απλά να σκύψει υπερβολικά το κεφάλι του προς τα πίσω.

Με αυτή την κίνηση μπορεί να τσεκάρει όλη την επιφάνεια από πάνω του, ωστόσο χαλάει το υδροδυναμικό σχήμα του σώματός του, αυξάνοντας την αντίσταση του νερού στην κίνηση. Επίσης μπορεί να προκαλέσει αλλαγή της διεύθυνσης της ανάδυσης σε διαγώνια γραμμή προς τα πίσω του, όπως σκύβει προς τα πίσω. Το σημαντικότερο πρόβλημα ωστόσο είναι ότι η κίνηση αυτή του κεφαλιού πίσω, θεωρείται από την φυσιολογία ότι δυσκολεύει την κυκλοφορία του αίματος προς τον εγκέφαλο και μπορεί να γίνει αιτία ακόμα και για υποξία.

9. Τοποθέτηση του αναπνευστήρα στο στόμα από πολύ νωρίς και όχι στο τελευταίο μέτρο της ανάδυσης.

Κάποιοι δύτες βιάζονται να βάλουν τον αναπνευστήρα, παραβιάζοντας έτσι τον γενικότερο κανόνα ότι δεν πρέπει να είναι ο αναπνευστήρας στο στόμα στη διάρκεια της ανάδυσης. Η διάσωση ενός υποξικού δύτη είναι ευκολότερη και θα κινδυνέψει λιγότερο να μπει νερό στους πνεύμονες του αν δεν είχε τον αναπνευστήρα στο στόμα.

Κάνουμε μία μικρή παραβίαση του κανόνα στο τελικό ένα μέτρο της ανάδυσης για να βοηθήσουμε τον δύτη να κάνει γρήγορα την πρώτη εισπνοή αέρα και να χαλαρώσει στην επιφάνεια, αλλά αυτό δεν σημαίνει κατάργηση του κανόνα και φόρεμα του αναπνευστήρα σε όλη την ανάδυση, όπως θα έκανε κάποιος που δεν γνωρίζει για ποιο λόγο δεν φοριέται ο αναπνευστήρας στην ανάδυση.

ΚΕΦΑΛΑΙΟ 6

Ο Ρόλος του Ζευγαριού Ασφαλείας στην Βαθιά Ελεύθερη Κατάδυση

Το ζευγάρι έχει πολλαπλό ρόλο δίπλα σε έναν ελεύθερο δύτη. Είναι ο βοηθός του, ο προπονητής του, ο δύτης ασφαλείας του και όταν το απαιτήσει ένα ατύχημα, που θα είναι συνήθως μία υποξική κατάσταση: ο διασώστης του. Το άτομο που αναλαμβάνει το ρόλο του ζευγαριού είναι συνήθως ένας δεύτερος ελεύθερος δύτης ο οποίος θα καταδύεται και αυτός με την σειρά του υπό την επίβλεψη του φίλου του, ανταλλάσοντας τους ρόλους δύτη και ζευγαριού σε μία ισότιμη συνεργασία.

Στην πράξη ένα ζευγάρι ασφαλείας έχει μία λίστα στο μυαλό του από τις ενέργειες που θα πρέπει να κάνει πριν, κατά την διάρκεια και μετά την κατάδυση του δύτη, τόσο για να τον υποστηρίξει, όσο και για να του προσφέρει ασφάλεια και μία λίστα από ενέργειες που θα χρειαστεί να γίνουν μόνο σε μία ανάγκη διάσωσης του δύτη, για παράδειγμα από μία υποξία.

6.1. Ενέργειες του ζευγαριού πριν την κατάδυση του υποστηριζόμενου ελεύθερου δύτη.

Το ζευγάρι λειτουργεί σαν βοηθός, αλλά και σαν προπονητής πριν την κατάδυση του υποστηριζόμενου δύτη. Ας δούμε μία λίστα από τις απλές αλλά πολύ χρήσιμες ενέργειές του:

1. Κράτημα του χρόνου με το ρολόι για τα βήματα της προετοιμασίας του δύτη (αυτοσυγκέντρωση και χαλάρωση), σύμφωνα με το σχέδιο που έχουν συμφωνήσει μεταξύ τους. Για παράδειγμα αν θα ειδοποιεί με ένα σήμα τον δύτη κάθε ένα λεπτό ή κάθε δύο λεπτά ή γενικά στα λεπτά που επιθυμεί το άτομο που χαλαρώνει.

2. Παρακολούθηση της αναπνοής του δύτη στην διάρκεια της χαλάρωσης, ώστε να μην αρχίσει να υπεραερίζει κατά λάθος. Εδώ το ζευγάρι μπορεί να χρειαστεί να κολλήσει το αυτί του στον αναπνευστήρα του δύτη, αν δεν ακούγεται από πιο μακριά τι είδους αναπνοές κάνει στην προετοιμασία του.

3. Παρατήρηση της στάσης του δύτη στην επιφάνεια και πρόταση διόρθωσης όποιων μικρών λαθών μπορεί να εντοπίσει.

4. Παρατήρηση της περιοχής γύρω τους και προειδοποίηση για πιθανούς κινδύνους. Για παράδειγμα στην διάρκεια της χαλάρωσης, όπου ο δύτης που ετοιμάζεται για βουτιά μπορεί να έχει κλειστά τα μάτια του, το ζευγάρι μπορεί να εντοπίσει ένα ταχύπλοο να πλησιάζει πάνω τους από μεγάλη απόσταση και να ειδοποιήσει ανάλογα τον δύτη.

Η παρακολούθηση των χρονικών διαστημάτων στα βήματα προετοιμασίας του ατόμου που πρόκειται να καταδυθεί και το σχετικό σήμα, από το ζευγάρι, σε ένα ρόλο βοηθού δηλαδή ή και προπονητή, είμαι μία από τις σημαντικότερες διευκολύνσεις και βοήθειες που μπορεί να προσφέρει το ζευγάρι στην βαθιά κατάδυση, πέρα από την ίδια την ασφάλεια φυσικά.

6.2. Ενέργειες του ζευγαριού κατά την διάρκεια της κατάδυσης του υποστηριζόμενου ελεύθερου δύτη.

1. Παρακολούθηση του δύτη από την επιφάνεια ή με κατάδυση σε μικρό βάθος.

Ο δύτης ασφαλείας είναι υποχρεωμένος να βλέπει συνεχώς τον δύτη, δηλαδή να παρακολουθεί που βρίσκεται στον βυθό και τι κάνει. Αυτό ίσως να μην είναι δυνατό να το πετύχει κοιτώντας απλά από την επιφάνεια της θάλασσας. Αν η κατάδυση είναι πολύ βαθιά ή εφόσον και τα νερά δεν έχουν τόσο καλή διαύγεια, ώστε να φαίνεται ξεκάθαρα ο δύτης ή έστω κάτι διακριτό επάνω του (ένα κίτρινο ή λευκό λογότυπο στην πλάτη της στολής ή στην πίσω πλευρά των λεπίδων, στα πτερύγια, κλπ), τότε το ζευγάρι καταδύεται σε ένα όσο γίνεται πιο μικρό βάθος, αρκετό ωστόσο για να παρατηρεί τον δύτη στην βαθιά βουτιά του.

Σε νερά με πολύ καλή διαύγεια, το ζευγάρι ασφαλείας μπορεί να παρακολουθεί από την επιφάνεια τον δύτη, στην βαθιά ελεύθερη κατάδυση και δεν χρειάζεται να καταδυθεί για να δει που βρίσκεται και τι κάνει.

Το ζευγάρι ασφαλείας καταδύεται και συναντά τον δύτη στην ανάδυσή του, σε ένα σημείο ανάμεσα στα 10 και στα 5 μέτρα βάθος, για να τον συνοδεύσει μέχρι την επιφάνεια.

Το ζευγάρι ασφαλείας συνοδεύει τον δύτη από τα 5 – 10 μέτρα έως την επιφάνεια, παρατηρώντας το προσωπό του, για συμπτώματα υποξικής κατάστασης (LMC – Loss of Motor Control, Συμπτώματα Απώλειας Ελέγχου του Νευρικού Συστήματος)

2. Κατάδυση και συνάντηση με τον δύτη λίγο πάνω από τα 10 μέτρα (και όχι λιγότερο από 5 μέτρα) στην ανάδυσή του.

Είναι η τεχνική που παρουσιάσαμε στην ανάλυση της ανάδυσης. Εδώ το ζευγάρι φροντίζει να καταδυθεί εγκαίρως, δηλαδή για παράδειγμα μόλις ο δύτης ξεκινήσει την ανάδυσή του από τον βυθό, ώστε να προλάβει τον δύτη περίπου σε βάθος 10 μέτρων. Αν καθυστερήσει να βουτήξει, τότε ο δύτης θα έχει ήδη φτάσει στην επιφάνεια πριν το ζευγάρι καταδυθεί στα 5 μέτρα. Επομένως η κίνηση χρειάζεται καλό συντονισμό χρόνου από τον ίδιο τον δύτη ασφαλείας.

3. Συνοδεία του δύτη στην τελική φάση της ανάδυσής του από τα 10 με 5 περίπου μέτρα μέχρι την επιφάνεια, ελέγχοντας συνεχώς το πρόσωπο του δύτη για σημάδια υποξικής κατάστασης.

4. Ανταλλαγή του πρώτου "ΟΚ" (είμαι καλά) στην επιφάνεια μεταξύ δύτη και ζευγαριού ασφαλείας.

6.3. Ενέργειες του ζευγαριού αμέσως μετά την ανάδυση του υποστηριζόμενου ελεύθερου δύτη.

1. Παρακολούθηση της αναπνοής του δύτη για 1 λεπτό, μετά την ανάδυσή του, ενώ αυτός χαλαρώνει ακίνητος στην επιφάνεια.

Ο δύτης ασφαλείας γνωρίζει ότι μέχρι και ένα λεπτό μετά την ανάδυση, είναι δυνατό να υπάρξει περιστατικό υποξίας, μετά από μία βαθιά ελεύθερη κατάδυση. Επομένως δεν παρακολουθεί οπτικά μόνο τον δύτη επί 1 λεπτό μετά την ανάδυση, διότι και ένας λιπόθυμος στην επιφάνεια δύτης από μακριά φαίνεται σαν να κάνει χαλάρωση, είναι σχεδόν αδύνατο να αντιληφθεί κανείς ότι δεν έχει τις αισθήσεις του, έως ότου αρχίσουν να βυθίζονται τα πόδια του τουλάχιστον.

Το ζευγάρι "στήνει αυτί", όπως λέμε, δίπλα στον δύτη και παρακολουθεί την αναπνοή του επί 1 λεπτό. Διαπιστώνοντας σταδιακά ότι και η αναπνοή του ζευγαριού επανέρχεται σε φυσιολογικό ρυθμό το ζευγάρι ασφαλείας περιμένει τον ίδιο τον δύτη να στραφεί πλέον προς το μέρος του και να κάνει το δεύτερο τελικό "ΟΚ" (είμαι καλά), μετά το ένα λεπτό.

2. Ανταλλαγή του $2^{ου}$ και τελικού σήματος ΟΚ ανάμεσα στον δύτη και το ζευγάρι ασφαλείας

Με την ανταλλαγή μεταξύ τους αυτού του τελικού σήματος ΟΚ, ένα λεπτό τουλάχιστον μετά την ανάδυση του δύτη και αφού έχει επανέλθει στο φυσιολογικό πλέον η αναπνοή του, η προσφορά του ζευγαριού ασφαλείας στη συγκεκριμένη βουτιά ολοκληρώνεται και μπορεί πλέον το ζευγάρι να αρχίσει ο ίδιος την ετοιμασία μίας δικής του κατάδυσης, αν πρόκειται να αλλάξουν ρόλους και να καταδυθεί αυτός στην επόμενή τους κατάδυση.

ΚΕΦΑΛΑΙΟ 7

Σχεδιασμός του Πλάνου μίας Βαθιάς Ελεύθερης Κατάδυσης, μίας Σειράς Καταδύσεων και μίας Ημερήσιας Εξόρμησης

7.1. Το πλάνο μίας βαθιάς ελεύθερης κατάδυσης.

Ο σχεδιασμός της βαθιάς ελεύθερης κατάδυσης θα μπορούσαμε να πούμε ότι είναι η περιγραφή που θα έδινε ένας παρατηρητής της βουτιάς μετά την εκτέλεση της, σε συνδυασμό με ότι θα κατέγραφε ένας υπολογιστής ελεύθερης κατάδυσης.

Ο υπολογιστής εκπροσωπεί την ψυχρή λογική, η οποία μας δίνει τα αντικειμενικά χαρακτηριστικά, τα νούμερα κυρίως, της κατάδυσης, όπως:

- Το χρονικό διάστημα προετοιμασίας πριν από την άπνοια
- Το βάθος κατάδυσης
- Τον χρόνο, την διάρκεια της άπνοιας
- Την ταχύτητα της καθόδου και της ανόδου
- Τον χρόνο παραμονής στον βυθό
- Η "καμπύλη" της κατάδυσης: ένας υπολογιστής θα κατέγραφε όλη την βαθιά κατάδυση σαν μία γραμμή βάθους σε συνάρτηση με τον χρόνο. Θα περιμέναμε λοιπόν σε μία κανονική βουτιά να δούμε μία ομαλή, διαγώνια γραμμή μέχρι τον βυθό και μετά μία αντίστοιχη ομαλή, διαγώνια γραμμή της ανάδυσης ως την επιφάνεια. Έτσι αυτό που λέμε καμπύλη της βουτιάς, όπως το καταγράφουν οι υπολογιστές κατάδυσης, που φοράνε στο χέρι οι ελεύθεροι δύτες, είναι ένα "V" από την επιφάνεια ως τον βυθό και από εκεί ως την επιφάνεια πάλι. Αυτό φυσικά σε μία πρότυπη, κανονική εκτέλεση της βουτιάς, χωρίς να έχει συμβεί κάτι διαφορετικό εκτός σχεδίου.

Ένας παρατηρητής της βαθιάς ελεύθερης κατάδυσης ενός δύτη, θα περιέγραφε πιο ποιοτικά στοιχεία, όπως τις συνθήκες στην επιφάνεια και μέσα στο νερό και τις τεχνικές που χρησιμοποιεί ο δύτης, για παράδειγμα:

- Συνθήκες επιφάνειας, όπως κύμα, ρεύμα, άνεμο, θερμοκρασία αέρα.
- Συνθήκες υποβρυχίως όπως φωτεινότητα (ανάλογα με την ώρα της ημέρας και το αν έχει συννεφιά), διαύγεια των νερών, θερμοκρασία του νερού.
- Το πόσο κάθετη θα είναι η πορεία κατάδυσης και ανάδυσης του δύτη, για παράδειγμα:
    1. Αν η τεχνική κατάδυσης του δύτη θα είναι πάνω σε σχοινί αγκυροβολημένο στο βυθό με πλωτήρα ή θα κάνει κατάδυση σημαδεύοντας μόνος του ένα σημείο του βυθού σαν στόχο της βουτιάς του.

2. Αν θα χρειαστεί ο δύτης να κάνει κατάδυση από πιο μπροστά, από το σημείο του κάθετου άξονα προς τον βυθό, ώστε να αφήσει το κύμα ή το υποβρύχιο ρεύμα, εφόσον υπάρχουν, να τον σπρώξουν διαγώνια πάνω στο σημείο – στόχο του βυθού. Πρόκειται για μία τεχνική που χρησιμοποιείται όταν υπάρχει δυνατό υποβρύχιο ρεύμα, όπου ο δύτης ξεκινά πιο μπροστά την κατάδυση και αφήνει το ρεύμα ενώ καταδύεται να τον παρασύρει σε μία λίγο διαγώνια κάθοδο. Ο σκοπός του δύτη είναι να βρεθεί στο σημείο – στόχο του βυθού, έστω και με μία λίγο διαγώνια κάθοδο.

- Τον ρυθμό (την ταχύτητα δηλαδή) της κατάδυσης και της ανάδυσης.
- Τον χρόνο παραμονής στον βυθό, ειδικά αν προβλέπεται δράση εκεί (όπως υποβρύχιο ψάρεμα, υποβρύχια φωτογραφία ή άλλη δραστηριότητα).

Μία βαθιά κατάδυση χρειάζεται να είναι ξεκάθαρα σχεδιασμένη με σαφή στόχο και υπολογισμένες κινήσεις. Όλα τα στοιχεία που καταγράψαμε πιο πάνω πρέπει να τα λάβει υπόψη του ο δύτης σχεδιάζοντας την βαθιά κατάδυση και να δώσει τις κατάλληλες απαντήσεις με το πλάνο της κατάδυσής του. Για παράδειγμα σε δύσκολες συνθήκες, όπως το πολύ κρύο ή το κύμα και το ρεύμα, είναι λογικό να δώσει στον εαυτό του περισσότερο χρόνο προετοιμασίας, διότι δυσκολεύει η χαλάρωση, η προετοιμασία της βουτιάς γενικότερα.

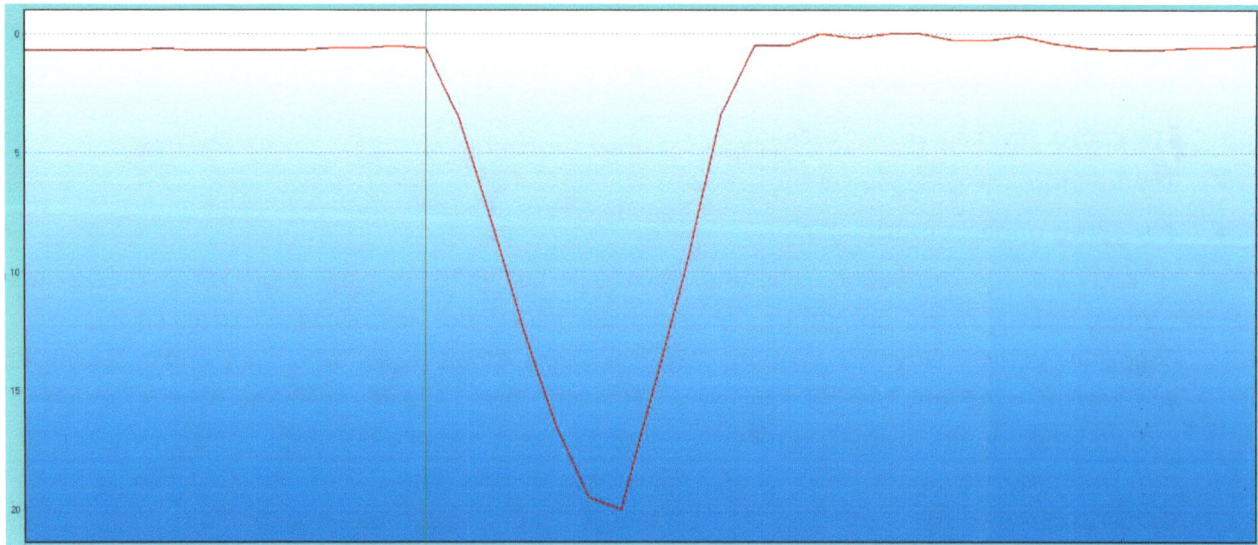

Μία κατάδυση στα 20 μέτρα βάθος όπως την έχει καταγράψει, σαν καταδυτική καμπύλη, όπως την αποκαλούμε, ο υπολογιστής κατάδυσης. Η συνολική διάρκεια της άπνοιας ήταν ένα λεπτό, χωρίς κάποια παραμονή στον βυθό. Ο υπολογιστής ενεργοποιείται από το ένα μέτρο βάθους ή καταγράφει συνεχώς το βάθος (όπως εδώ) κάθε ένα δευτερόλεπτο. Βλέπουμε από την καμπύλη της βουτιάς ότι η φάση της κατάδυσης ήταν πιο αργή από την ανάδυση, (πιο διαγώνια γραμμή στην φάση κατάδυσης) και μπορούμε να μετρήσουμε την κατάδυση ότι είχε 35 δευτερόλεπτα διάρκεια, ενώ η ανάδυση εξελίχθηκε γρηγορότερα, σε 25 δευτερόλεπτα (η γραμμή της ανάδυσης είναι πιο κάθετη). Στην αριστερή κάθετη στήλη της εικόνας που δίνει ο υπολογιστής απεικονίζεται το βάθος σε μέτρα, σε συνάρτηση με τον χρόνο στην οριζόντια γραμμή. (Χρησιμοποιήθηκε ο υπολογιστής – ρολόι, Citizen, "Hyper – Aqualand").

Ο έμπειρος ελεύθερος δύτης σχεδιάζει το πλάνο κάθε βαθιάς κατάδυσης με σαφέστατα και απλά δεδομένα, ως προς το βάθος που θα φτάσει, την ταχύτητα της κατάδυσης και της ανάδυσής του, τον χρόνο παραμονής στο βυθό κλπ. Με αυτό τον τρόπο στην εκτέλεση της βουτιάς έχει να εφαρμόσει απλά βήματα, αλλά και αν προκύψει κάτι έκτακτο που δυσκολεύει την κατάδυση, είναι έτοιμος πάντα να την ακυρώσει και έχει την αυτοπεποίθηση ότι θα διαθέτει αποθέματα δυνάμεων για την ανάδυσή του.

Ο έμπειρος ελεύθερος δύτης γνωρίζει ότι το πλάνο μίας βαθιάς ελεύθερης κατάδυσης είναι αυστηρό και όχι ευέλικτο. Με άλλα λόγια στην εξέλιξη της κατάδυσης δεν επιτρέπονται αλλαγές εκείνης της στιγμής, εκτός αν έχουν σχέση με περικοπές στο βάθος και τον χρόνο ή ακόμα και με διακοπή της βουτιάς για λόγους ασφάλειας.

Ο βαθίτης δεν θα διστάσει να ακυρώσει αμέσως μία κατάδυση παρά το ότι είχε αφιερώσει πολύ χρόνο στην προετοιμασία της, αν εμφανιστούν παράγοντες εκτός σχεδίου που αυξάνουν την δυσκολία της βουτιάς. Είναι πάντα πιο ασφαλής η ακύρωση μίας κατάδυσης και η επιστροφή στην επιφάνεια, όπου μπορεί κανείς άνετα να ετοιμάσει μία επόμενη βουτιά με πιο κατάλληλο σχέδιο, παρά η αλλαγή σχεδίου στο βυθό όπου ο δύτης δεν έχει την πολυτέλεια του χρόνου να υπολογίσει και να προβλέψει όλα τα θέματα της ασφάλειάς του.

Η αλλαγή του πλάνου της κατάδυσης, ενώ αυτή είναι σε εξέλιξη, με κάποιο άλλο πλάνο εξίσου ή περισσότερο απαιτητικό για τον δύτη, στην πράξη απαγορεύεται, γιατί έχει αποδειχθεί ότι οδηγεί σε λάθη επικίνδυνα για την ασφάλεια. Στην βαθιά κατάδυση επομένως ισχύει ακόμα πιο αυστηρά ο κανόνας που μαθαίνει ο ελεύθερος δύτης από το 1º επίπεδο της εμπειρίας του, αυτό που και οι αυτοδύτες λένε: "Σχεδίασε την βουτιά σου και βούτηξε το πλάνο σου" ("Plan your dive – Dive your plan").

7.2. Η επιλογή του χρόνου, του διαλείμματος επαναφοράς, ανάμεσα σε δύο καταδύσεις.

1. Επιλογή 1η: τα 15 λεπτά διαλείμματος.

Το διάλειμμα επαναφοράς του οργανισμού ανάμεσα σε δύο ελεύθερες καταδύσεις το βάζει κατ' αρχήν η φυσιολογία στα 15 λεπτά, αν θέλει κανείς να έχει 100% επαναφορά στο φυσιολογικό των δεικτών οξυγόνου και διοξειδίου του άνθρακα στο σώμα του, όπως αυτοί ήταν πριν από την άπνοια. Με άλλα λόγια αν θέλουμε να μας εγγυηθεί κάποιος πριν από μία βαθιά βουτιά ότι έχουμε επανέλθει στο απόλυτα φυσιολογικό των τιμών οξυγόνου και διοξειδίου του άνθρακα στο σώμα μας, ώστε να μην στερηθούμε ούτε δευτερόλεπτο από την επόμενη άπνοια, θα κάναμε 15 λεπτά διάλειμμα. Αυτό για παράδειγμα ισχύει για έναν πρωταθλητή που πάει να σπάσει ένα ρεκόρ βάθους ή άπνοιας, δηλαδή αυτός θα εξαντλούσε με απόλυτη πειθαρχία τα 15 λεπτά διαλείμματος, αλλά δεν θα ενδιέφερε έναν ερασιτέχνη δύτη, που απλώς θέλει να κάνει μερικές καλές άπνοιες κάθε μέρα, με σχετικά σύντομα διαλείμματα ανάμεσα τους.

2. Επιλογή 2η: τα 10 λεπτά διαλείμματος.

Πρακτικά θεωρούμε, (όπως έχουμε πει και στην φυσιολογία και στο 1º επίπεδο της τεχνικής), ότι τα 10 λεπτά διαλείμματος ανάμεσα σε δύο βουτιές μας καλύπτουν απόλυτα σαν επαναφορά του οργανισμού, διότι επιστρέφουν οι δείκτες O_2 και CO_2 στο 95% των φυσιολογικών τιμών τους.

Το δεκάλεπτο διάλειμμα είναι ο ιδανικός χρόνος για ένα ζευγάρι δυτών που βουτάνε εναλλάξ και μάλιστα κάνουν πολύ απαιτητικές σε διάρκεια ή βαθιές καταδύσεις. Τους εξασφαλίζει τέλεια επαναφορά του σώματος χωρίς να επιβαρύνει το πλάνο με υπερβολικές καθυστερήσεις και εκνευριστικές αναμονές στην επιφάνεια. Στην πράξη οι μόνοι που έχουν πρόβλημα να εφαρμόσουν τον κανόνα του δεκάλεπτου διαλείμματος είναι οι υποβρύχιοι κυνηγοί στις μέτριες σε απαιτήσεις βουτιές τους και όσοι βουτάνε (αντικανονικά) μόνοι τους, χωρίς ζευγάρι ή έχουν ζευγάρι ασφαλείας αλλά βουτάει μόνο το ένα άτομο.

Ο ίδιος ο δύτης, μετά από μία βαθιά κατάδυση, χρειάζεται να βαθμολογήσει τον εαυτό του σε τι κατάσταση θα βρίσκεται και να προσαρμόσει ανάλογα την διάρκεια του διαλείμματος στην επιφάνεια, πριν την επόμενη κατάδυση. Αυτό όμως αποτελεί τελικά μία εμπειρική επιλογή και υπάρχει πάντα η πιθανότητα να αποδειχθεί ανεπαρκές το διάλειμμα. Αντίθετα Η επιλογή του δεκάλεπτου διαλείμματος έχει το πλεονέκτημα ότι επιτρέπει την εγγυημένη επαναφορά του οργανισμού σε φυσιολογικά επίπεδα.

Σε αυτές τις περιπτώσεις τα 10 λεπτά φαίνονται ατελείωτος και περιττός χρόνος, χωρίς απαραίτητα να έχουν δίκιο από πλευράς επικινδυνότητας όσοι το λένε, αλλά είναι φυσικό να αισθάνονται έτσι ψυχολογικά σε αυτές τις συνθήκες.

3. Επιλογή 3η: το διάλειμμα που κρατάει όσο 3 φορές ο χρόνος της άπνοιας που κάναμε.

Ο έμπειρος ελεύθερος δύτης και μάλιστα αυτός που είναι ιδιαίτερα προπονημένος σαν άτομο, σε πολύ καλή αθλητική φόρμα, δηλαδή σε άριστη φυσική κατάσταση, δικαιολογείται να ζητήσει μία ακόμα μικρή μείωση του διαλείμματος επιφανείας ανάμεσα στις καταδύσεις του, με την λογική πάντα ότι ο οργανισμός του βρίσκεται σε ιδανική φόρμα και μπορεί να επανέλθει γρήγορα σε φυσιολογικά επίπεδα O_2 και CO_2 μετά από μία βαθιά ελεύθερη κατάδυση.

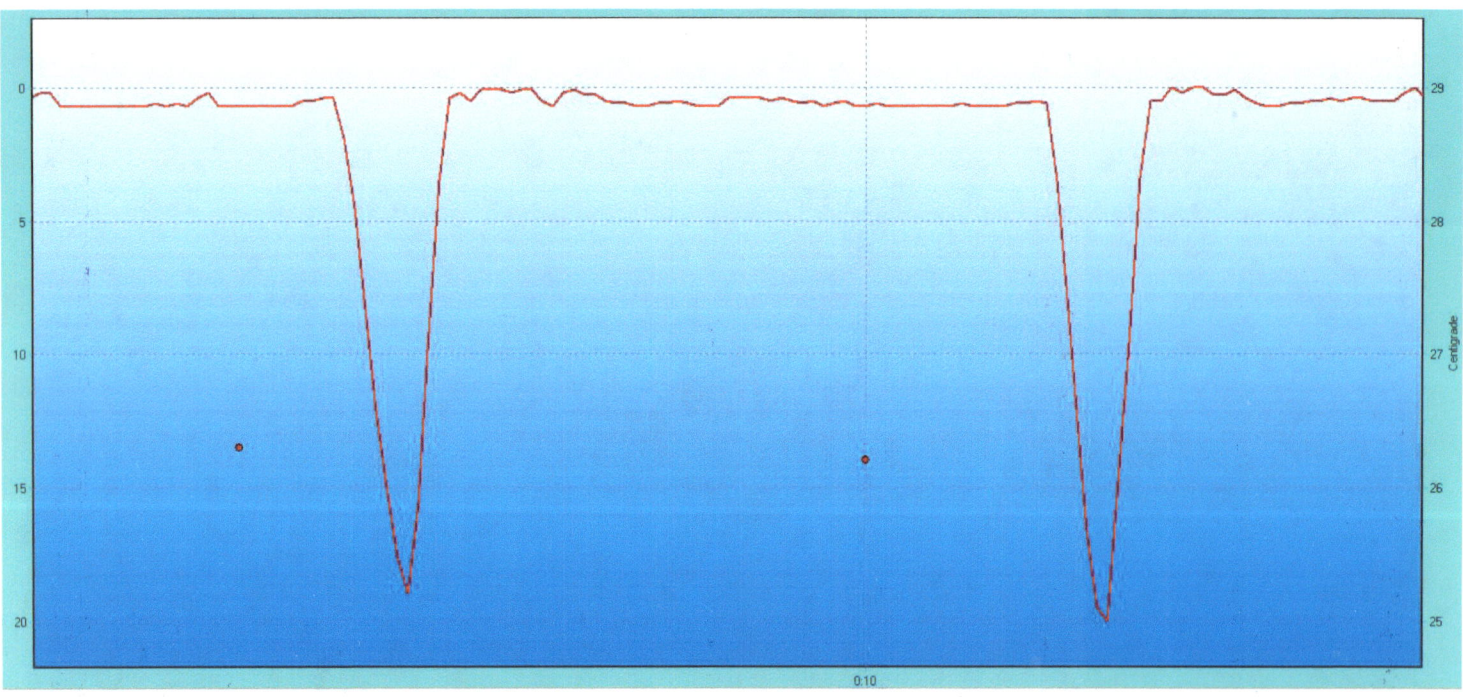

Η καταδυτική καμπύλη από δύο διαδοχικές βαθιές ελεύθερες καταδύσεις σε βάθος 19 μέτρων η πρώτη και 20 μέτρων η δεύτερη. Η διαρκειά τους σε άπνοια είναι περίπου ένα λεπτό, χωρίς κάποια ιδιαίτερη παραμονή στον βυθό. Βλέπουμε ότι πρόκειται για σχετική γρήγορο ρυθμό κατάδυσης και ανάδυσης, όπως σε μία προπόνηση σε αγκυροβολημένο σχοινί για παράδειγμα.

Είναι σαφές το χρονικό διάστημα του διαλείμματος εδώ το οποίο είναι ακριβώς 10 λεπτών διάρκειας. Πρακτικά στον χρόνο αυτό γίνεται η κατάδυση του άλλου ατόμου του ζευγαριού, ανάμεσα στις δύο καταδύσεις δηλαδή του δύτη με τον υπολογιστή αυτόν έχει καταδυθεί το ζευγάρι του.

Στην αριστερή κάθετη στήλη της εικόνας που δίνει ο υπολογιστής απεικονίζεται το βάθος σε μέτρα, σε συνάρτηση με τον χρόνο στην οριζόντια γραμμή. Οι δύο τελίτσες είναι μετρήσεις της θερμοκρασίας του νερού (26°C), που την δείχνει η αριστερή κάθετη στήλη της εικόνας σε βαθμούς Κελσίου. (Χρησιμοποιήθηκε ο υπολογιστής – ρολόι, Citizen,"Hyper – Aqualand").

Το πιο μικρό διάλειμμα θα μπορούσε επίσης να το ζητήσει και ένας υποβρύχιος κυνηγός ή ένας φωτογράφος που καταδύεται σε μέτρια βάθη ή και με μέτριους χρόνους, χωρίς να εξαντλεί την απνοιά του κάθε φορά, όπως γίνεται σε μία βαθιά και "απαιτητική" ελεύθερη κατάδυση. Εδώ λοιπόν εμπειρικά εντελώς έχει δοθεί μεταξύ των ελεύθερων δυτών και μόνο για τον πιο έμπειρο δύτη, ένας χρόνος διαλείμματος μικρότερος του δεκάλεπτου και ίσος με 3 φορές τον χρόνο της άπνοιας που έγινε τελευταία. Για παράδειγμα μετά από μία άπνοια των 2 λεπτών θα πρέπει να κάνει ο δύτης διάλειμμα τουλάχιστον 6 λεπτά πριν την επόμενη κατάδυση. Όπως καταλαβαίνει κανείς αυτό αφορά τον πολύ γυμνασμένο δύτη και μόνο για λίγες καταδύσεις. Ανάμεσα τους θα πρέπει να ξεκουράζεται με διαλείμματα εκτός νερού και όταν κουραστεί ο κανόνας παύει να ισχύει.

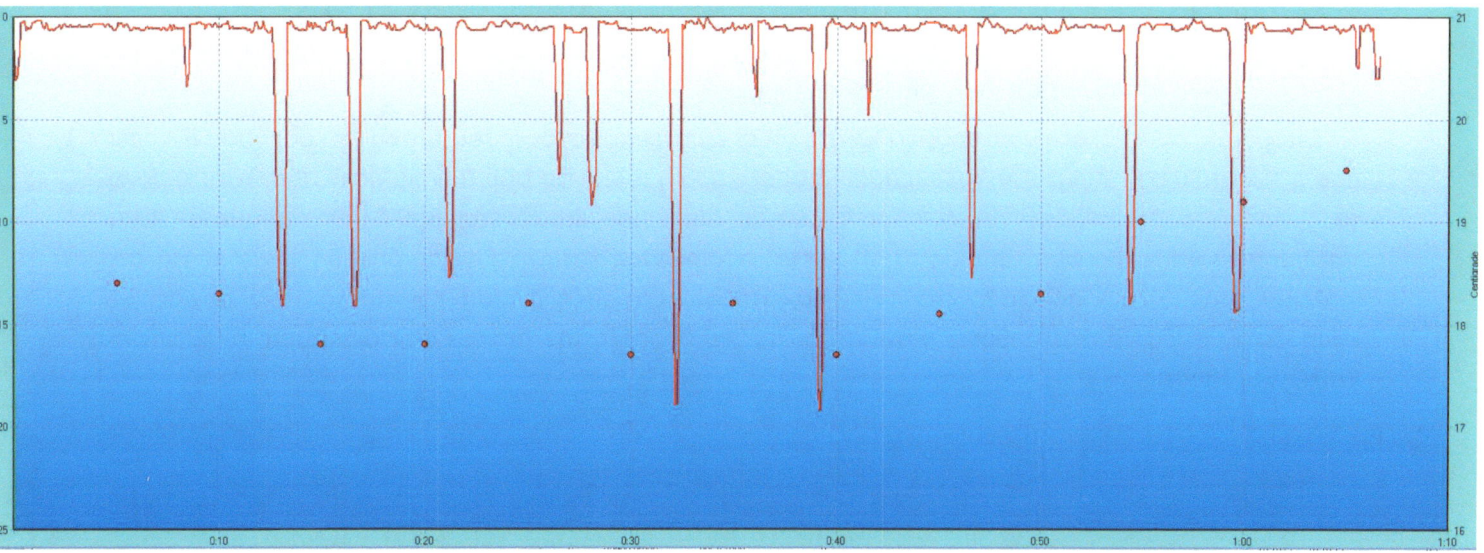

Σε αυτή την καταδυτική καμπύλη βλέπουμε 8 καταδύσεις κάτω από τα 10 μέτρα (14μ,14μ, 13μ, 19μ, 19μ, 13μ, 14μ και σχεδόν 15 μέτρα η τελευταία). Τα διαλείμματα είναι σχετικά μικρά στην αρχή ανάμεσα στις πιο ρηχές πρώτες 3 βουτιές, διαρκείας 5 - 6 λεπτών και γίνονται 7 - 8 λεπτά στις επόμενες 5 καταδύσεις του ίδιου πάντα δύτη. Η διάρκεια των καταδύσεων είναι περίπου ένα λεπτό, χωρίς παραμονή στον βυθό.

Αυτά τα διαφορετικά διαλείμματα, μέσα σε μία ώρα καταδύσεων, αποτελούν ένα κλασικό παράδειγμα ότι ο καλός και έμπειρος δύτης προσαρμόζει τους χρόνους των διαλειμμάτων του και γενικά τους αυξάνει όσο κουράζεται, ειδικά όταν κρατάει διαλείμματα μικρότερα των 10 λεπτών.

Οι πολύ ρηχές βουτιές των 5 μέτρων ανάμεσα στις κανονικές βουτιές είναι πιθανότατα καταδύσεις του ίδιου δύτη ως ζευγαριού ασφαλείας, που συναντά το ζευγάρι του στα 5 μέτρα της ανάδυσης για να ελέγξει αν είναι καλά.

<small>(Στην αριστερή κάθετη στήλη της εικόνας που δίνει ο υπολογιστής απεικονίζεται το βάθος σε μέτρα, σε συνάρτηση με τον χρόνο ανά 10 λεπτά, στην οριζόντια γραμμή. Οι τελίτσες είναι μετρήσεις της θερμοκρασίας του νερού, που την δείχνει η αριστερή κάθετη στήλη της εικόνας σε βαθμούς Κελσίου. Χρησιμοποιήθηκε ο υπολογιστής – ρολόι, Citizen,"Hyper – Aqualand").</small>

Η λογική του κανόνα των 3 χρόνων άπνοιας σαν διάλειμμα, είναι ότι επιτρέπει πολλές καταδύσεις σε όσους δύτες δεν εξαντλούν την απνοιά τους και τις ικανοτητές τους σε βάθη. Η προσωπική γνώμη του γράφοντα είναι ότι δεν είναι ικανοποιητικό διάλειμμα επαναφοράς για όποιον εξαντλεί τις δυνάμεις του σε μία βουτιά και πάει να ετοιμάσει την επόμενη. Ας το δούμε με κάποια χαρακτηριστικά παραδείγματα:

1) Ένας έμπειρος δύτης καταδύεται στα 5 μέτρα και κάνει εκεί μία παραμονή του ενός λεπτού (πχ για υποβρύχιο ψάρεμα ή για φωτογραφίες). Φυσικά ο δύτης δεν εξαντλήθηκε στην βουτιά του επομένως αν κάνει 3 λεπτά διάλειμμα θα επανέλθει πιθανότατα σε φυσιολογικά επίπεδα O_2 και CO_2.

2) Ο ίδιος δύτης κάνει μία σχετικά γρήγορη (κοπιαστική λόγω ταχύτητας) βαθιά κατάδυση στα 20 μέτρα βάθος μέσα σε 40 δευτερόλεπτα, χωρίς να μείνει στον βυθό. Αν κάτσει μετά 40 Χ 3 = 120 δευτερόλεπτα = 2 λεπτά, μόνο, διάλειμμα στην επιφάνεια, όχι μόνο δεν θα ξεκουραστεί αλλά θα κινδυνέψει με υποξική κατάσταση κάνοντας τόσο σύντομα (με έλλειψη ακόμα οξυγόνου) μία επόμενη κατάδυση και ιδίως μία βαθιά κατάδυση.

Επομένως είναι εύκολο να αποδείξει κανείς ότι οι εμπειρικοί κανόνες του τύπου "ξεκουράσου 5 φορές όσο η τελευταία σου άπνοια" ή "ξεκουράσου 3 φορές όσο η τελευταία σου άπνοια", δεν αρκούν από μόνοι τους για να προστατέψουν τον έμπειρο ελεύθερο δύτη που καταδύεται βαθιά. Θα λέγαμε ότι είναι προτιμότερο να "κουρέψει" κάποιος τα 10 λεπτά, αφαιρώντας κάτι, κλέβοντας δηλαδή 1 – 2 λεπτά στο διάλειμμα του, ειδικά αν αισθάνεται ότι βρίσκεται σε εξαιρετική φόρμα και πάντα πριν αρχίσει να κουράζεται, παρά να ακολουθήσει κανόνες του τύπου 3 φορές την άπνοια σαν διάλειμμα, ανάμεσα σε βαθιές καταδύσεις.

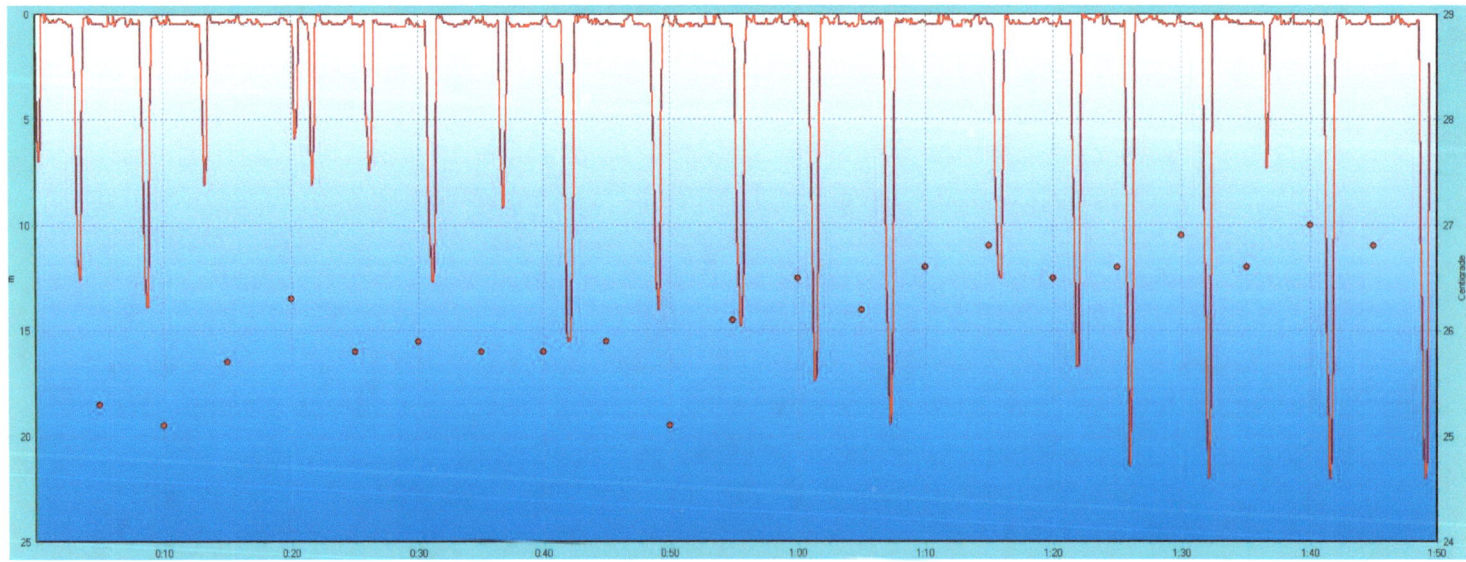

Μία καταδυτική καμπύλη δύο ωρών ελεύθερων καταδύσεων με ένα ζέσταμα στα πρώτα 40 λεπτά, με καταδύσεις στα 8 με 14 μέτρα και στη συνέχεια κανονικές καταδύσεις στα 15 με 18 μέτρα για άλλα 40 λεπτά. Σε τρίτη φάση καταδύσεις στα 23 μέτρα για άλλα 30 λεπτά. Τα διαλείμματα ανάμεσα στις βουτιές αυξάνονται προοδευτικά από 5 λεπτά στις πιο ρηχές έως και 10 λεπτά στις τελικές πιο βαθιές καταδύσεις.

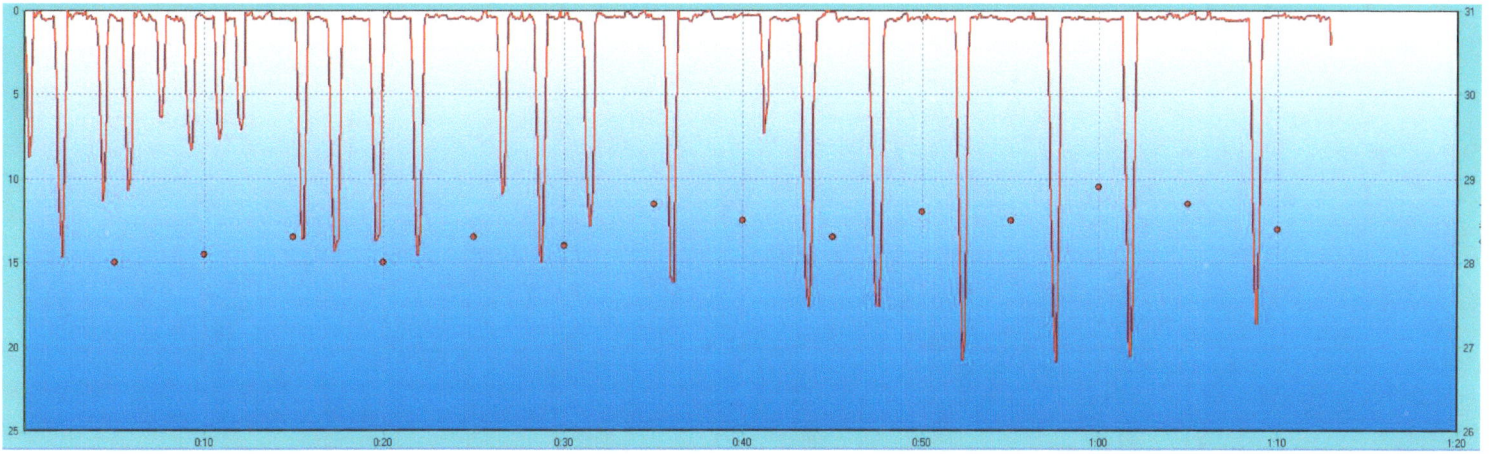

Στην καταδυτική καμπύλη βλέπουμε τρεις σειρές καταδύσεων μέσα σε μία ώρα και 10 λεπτά. Στα πρώτα 15 λεπτά έχουμε ένα γρήγορο ζέσταμα με σύντομες βουτιές στα 6 με 15 μέτρα βάθος, με πολύ μικρά διαλείμματα 2 - 3 λεπτών. Στη δεύτερη σειρά καταδύσεων στα επόμενα 30 λεπτά ακολουθούν βουτιές στα 15 μέτρα περίπου με καλύτερα διαλείμματα ανάμεσα τους, των 3 - 5 λεπτών. Στην τρίτη φάση των επόμενων 30 λεπτών ακολουθούν 6 βουτιές από 16 έως και 21 μέτρα βάθος. Ανάμεσα τους τα διαλείμματα γίνονται ακόμα μεγαλύτερα από 5 έως και 10 λεπτά.

<small>(Στην αριστερή κάθετη στήλη της εικόνας που δίνει ο υπολογιστής απεικονίζεται το βάθος σε μέτρα, σε συνάρτηση με τον χρόνο ανά 10 λεπτά, στην οριζόντια γραμμή. Οι τελίτσες είναι μετρήσεις της θερμοκρασίας του νερού, 28-29°C, που την δείχνει η αριστερή κάθετη στήλη της εικόνας σε βαθμούς Κελσίου. Χρησιμοποιήθηκε ο υπολογιστής – ρολόι, Citizen,"Hyper – Aqualand").</small>

7.3. Ο σχεδιασμός – το πλάνο – μίας σειράς από βαθιές ελεύθερες καταδύσεις.

Μία σειρά βαθιές ελεύθερες καταδύσεις περιλαμβάνει μία ομάδα από καταδύσεις που μπορεί να κάνει ο δύτης με κανονικά διαλείμματα επιφανείας ανάμεσα τους, δηλαδή δεκάλεπτα διαλείμματα ή λίγο μικρότερα αν είναι σε εξαιρετική φόρμα και δεν επιθυμεί να περιμένει περισσότερο. Ο αριθμός των καταδύσεων μίας σειράς είναι προσωπική υπόθεση κάθε δύτη, ανάλογα με την αντοχή του. Αν σχεδιάσει να κάνει για παράδειγμα οκτώ βαθιές καταδύσεις σε μία σειρά, αυτό σημαίνει ότι υπολογίζει ότι θα αντέξει να τις κάνει όλες, πριν κουραστεί. Αν εμφανιστούν σημάδια κόπωσης θα πρέπει να σταματήσει και να κάνει ένα μεγάλο διάλειμμα ίσως και έξω από το νερό, για ξεκούραση ή εφόσον έχει εξαντληθεί θα διακόψει τις βουτιές για την συγκεκριμένη μέρα.

Μία σειρά βαθιές καταδύσεις είτε θα έχουν το ίδιο βάθος ή ο δύτης θα τις χρησιμοποιεί για να αυξάνει προοδευτικά το βάθος των καταδύσεων του. Στην δεύτερη περίπτωση η κάθε τελευταία κατάδυση θα λειτουργεί σαν ζέσταμα του σώματος για να κατέβει λίγο βαθύτερα ο δύτης στην επόμενη βουτιά του. Έτσι μία σειρά καταδύσεων μπορεί να χρησιμοποιηθεί για να φτάσει ένα άτομο σε ένα βάθος – στόχο, στην βαθιά κατάδυση και εκεί μετά να επιχειρήσει μία δεύτερη σειρά από καταδύσεις στο ίδιο αυτό βάθος.

Το κύριο χαρακτηριστικό μίας σειράς καταδύσεων, όπως γνωρίζουμε από το 1° επίπεδο, είτε σε προοδευτικά αυξανόμενα βάθη, είτε στο ίδιο βάθος, είναι τα καλά διαλείμματα ανάμεσα στις βαθιές καταδύσεις. Ο έμπειρος δύτης δεν ρισκάρει να έχει μικρότερης διάρκειας διαλείμματα στην επιφάνεια από όσο χρειάζεται για να είναι και να αισθάνεται απόλυτα ασφαλής.

Ο έμπειρος ελεύθερος δύτης σχεδιάζει πάντα τις βαθιές καταδύσεις του να είναι ενταγμένες σε ένα ημερήσιο πλάνο, με σειρές από βουτιές του ίδιου ή προοδευτικά αυξανόμενου βάθους. Κάθε βαθιά κατάδυση έχει την θέση της μέσα στο γενικό πλάνο, σαν ζέσταμα ή σαν τελικός στόχος ή σαν μία βουτιά προπόνησης μέσα σε μία σειρά καταδύσεων της ημέρας.

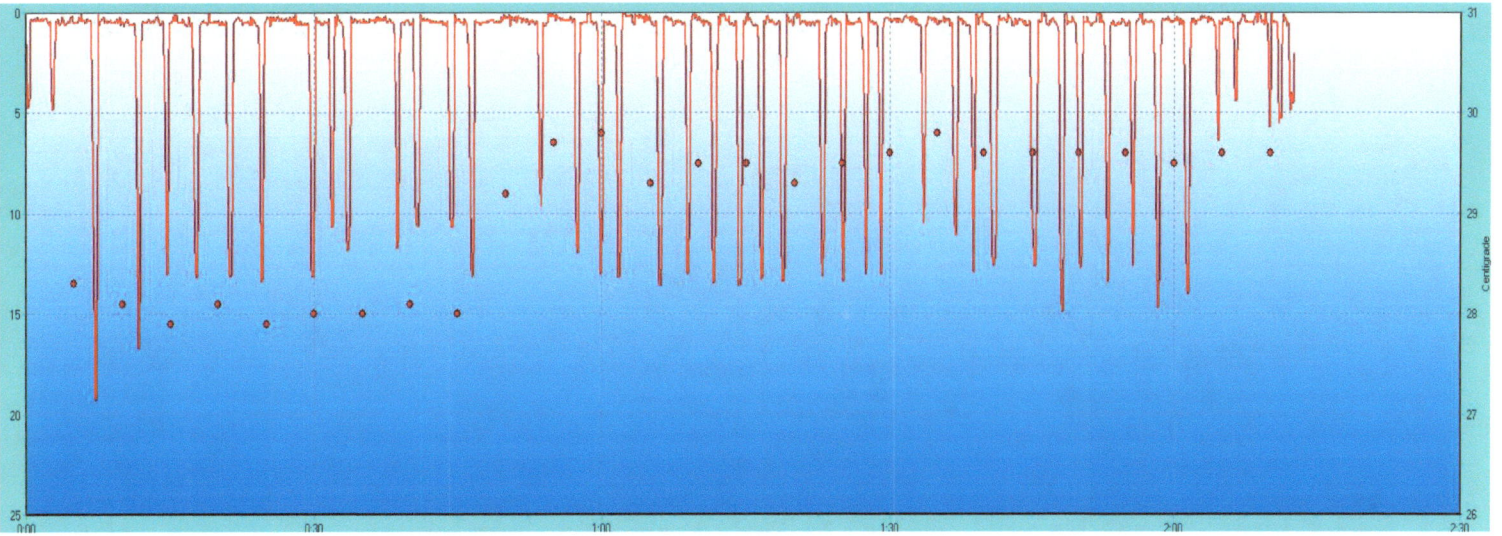

Η καταδυτική καμπύλη της προπόνησης ενός πρωταθλητή της ελεύθερης κατάδυσης που βρίσκεται σε εξαιρετική φυσική κατάσταση. Κάνει τρεις σειρές καταδύσεων, συνολικά 40 καταδύσεις μέσα σε δύο ώρες, περίπου στα 13 με 14 μέτρα κατά μέσο όρο. Τα διαλείμματα ανάμεσα στις βουτιές είναι εξαιρετικά μικρά, μόνο 3 λεπτών και οι χρόνοι κατάδυσης σύντομοι στα 40 με 50 δευτερόλεπτα. Παρατηρούμε μόνο δύο μεγαλύτερα διαλείμματα στο τέλος κάθε σειράς καταδύσεων (κάθε 13 καταδύσεις περίπου).

(Στην αριστερή κάθετη στήλη της εικόνας που δίνει ο υπολογιστής απεικονίζεται το βάθος σε μέτρα, σε συνάρτηση με τον χρόνο ανά 10 λεπτά, στην οριζόντια γραμμή. Οι τελίτσες είναι μετρήσεις της θερμοκρασίας του νερού, 28-30°C, που την δείχνει η αριστερή κάθετη στήλη της εικόνας σε βαθμούς Κελσίου. Χρησιμοποιήθηκε ο υπολογιστής – ρολόι, Citizen,"Hyper – Aqualand").

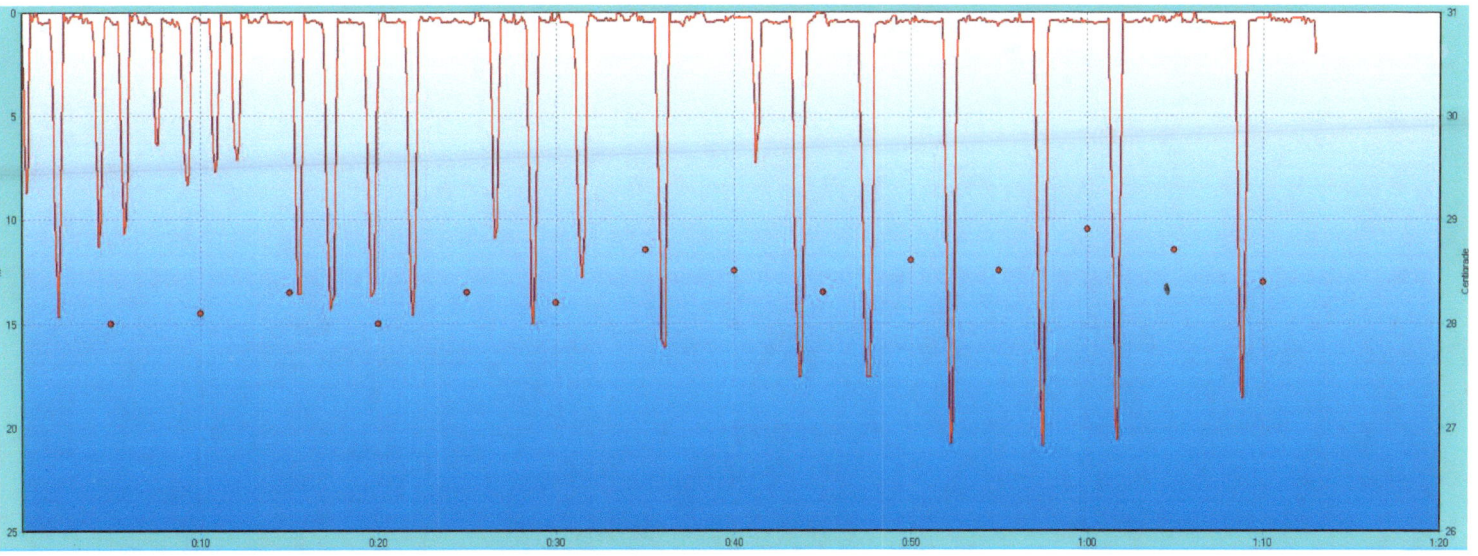

Μία καταδυτική καμπύλη 70 λεπτών καταδύσεων με τις τρεις τυπικές φάσεις, τρεις διαφορετικές σειρές δηλαδή καταδύσεων. Ένα σύντομο ζέσταμα 15 λεπτών με σύντομες και ρηχές βουτιές και πολύ μικρά διαλείμματα. Ακολουθεί ένα καλό διάλειμμα και μετά μία δεύτερη φάση με μία σειρά 7 σύντομων καταδύσεων στα 15 μέτρα βάθος, με λίγο καλύτερα διαλείμματα. Ακολουθεί άλλο ένα καλό διάλειμμα και μετά η τρίτη φάση με μία σειρά 6 σύντομων καταδύσεων από 17 έως 21 μέτρα βάθος. Ανάμεσα τους τα διαλείμματα μεγαλώνουν, αλλά και πάλι είναι σχετικά μικρά, διάρκειας 5 - 6 λεπτών.

Ένας ελεύθερος δύτης με εξαιρετική φυσική κατάσταση θα αισθάνεται έτοιμος να καταδυθεί και πάλι μετά από λίγα λεπτά, ίσως μόνο μετά από 4 ή 5 λεπτά και αυτός ο χρόνος μπορεί να ικανοποιεί και τον κανόνα του τριπλάσιου χρόνου ξεκούρασης από την τελευταία άπνοια, αν αυτή ήταν μικρότερη από 1,5 λεπτό. Ωστόσο για την φυσιολογία μόνο τα 10 λεπτά διάλειμμα δίνουν εγγυημένη επαναφορά του σώματος σε φυσιολογικά επίπεδα O_2 και CO_2.

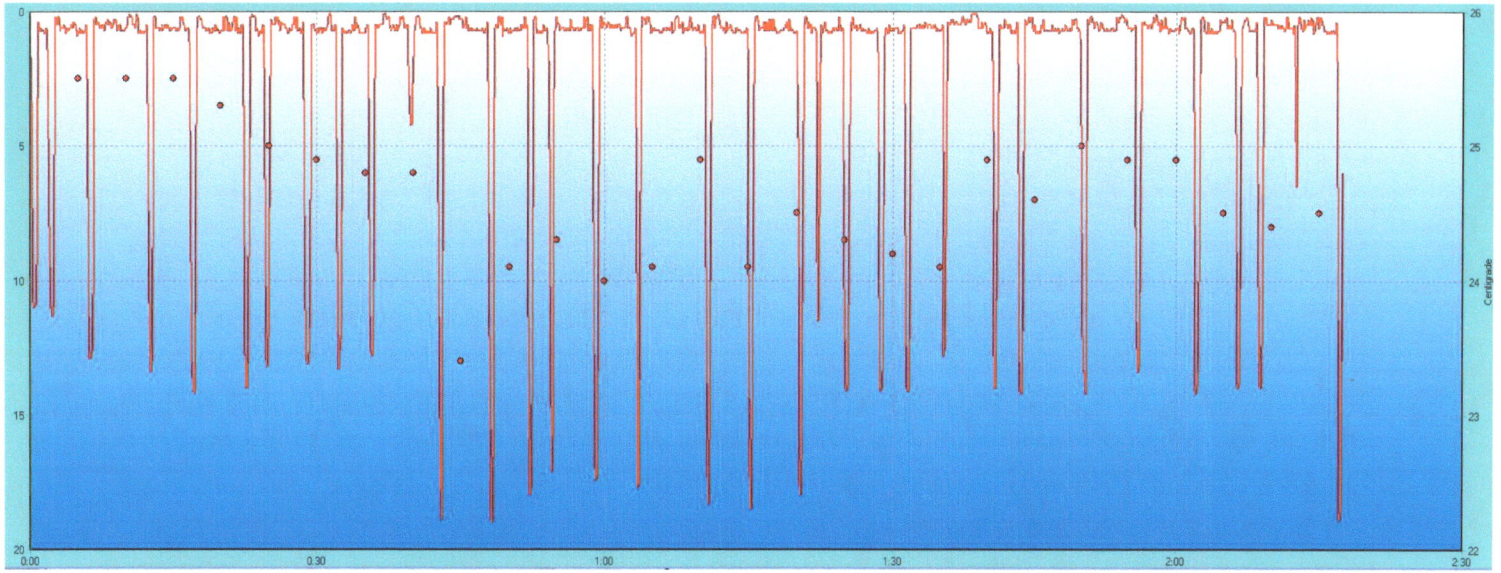

Μία καταδυτική καμπύλη προπόνησης ενός αθλητή της ελεύθερης σε άριστη φυσική κατάσταση. Μέσα σε δύο ώρες και 15 λεπτά κάνει 3 σειρές καταδύσεις, σύντομες σε διάρκεια, των 40 – 50 δευτερολέπτων, με μικρά διαλείμματα των 5 περίπου λεπτών ανάμεσα τους. Η πρώτη σειρά (10 βουτιές) είναι στα 11 με 14 μέτρα, η δεύτερη σειρά (9 βουτιές) γίνεται στα 17 με 19 μέτρα και η τρίτη σειρά (12 βουτιές) πάλι στα 14 μέτρα. Βλέπουμε ότι τα διαλείμματα είναι πολύ μικρά σε σχέση με τον κανόνα των 10 λεπτών, αλλά ικανοποιούν τον κανόνα του τριπλού χρόνου ξεκούρασης σε σχέση με τον χρόνο της τελευταίας άπνοιας, αφού οι καταδύσεις είναι σύντομες και το διάλειμμα περίπου 5 λεπτά ανάμεσα τους.

<small>(Στην αριστερή κάθετη στήλη της εικόνας που δίνει ο υπολογιστής απεικονίζεται το βάθος σε μέτρα, σε συνάρτηση με τον χρόνο ανά 10 λεπτά, στην οριζόντια γραμμή. Οι τελίτσες είναι μετρήσεις της θερμοκρασίας του νερού, 24-25°C, που την δείχνει η αριστερή κάθετη στήλη της εικόνας σε βαθμούς Κελσίου. Χρησιμοποιήθηκε ο υπολογιστής – ρολόι, Citizen, "Hyper – Aqualand").</small>

Σε μία σειρά βαθιών καταδύσεων, ένας λάθος υπολογισμός που θα έδινε μικρότερο διάλειμμα από όσο χρειάζεται ο δύτης θα λειτουργούσε συσσωρευτικά σε επικινδυνότητα, κάνοντας κάθε επόμενη βουτιά πιο επικίνδυνη για εκδήλωση υποξίας από την προηγούμενη.

Ο έμπειρος δύτης αντιλαμβάνεται συνήθως έναν κακό υπολογισμό που έχει κάνει από την πτώση στην επίδοση του. Έτσι προλαβαίνει να διορθώσει ένα υπερβολικά μικρό διάλειμμα στο πλάνο του, όταν είναι να εκτελέσει μία σειρά από καταδύσεις. Για παράδειγμα αν έχει σχεδιάσει μία σειρά από δέκα καταδύσεις και υπολογίζει ότι θα τις κάνει με άνεση, τότε η εκδήλωση συμπτωμάτων κούρασης ή μία δυσκολία να βγάλει σε πέρας το βάθος θα τον κάνει αμέσως να υποψιαστεί ότι φταίει το υπερβολικά μικρό διάλειμμα επιφανείας στο πλάνο του και θα το διορθώσει.

Αν φτάσει στο δεκάλεπτο διάλειμμα και πάλι αισθάνεται κόπωση έχει απλά εξαντληθεί και θα σταματήσει ή θα κάνει ένα μεγάλο διάλειμμα ξεκούρασης έξω από το νερό, όπως θα δούμε στον σχεδιασμό του ημερήσιου πλάνου μίας εξόρμησης για βαθιές ελεύθερες καταδύσεις.

7.4. Ο σχεδιασμός μίας ημερήσιας εξόρμησης με βαθιές ελεύθερες καταδύσεις

Ο ελεύθερος δύτης που θέλει να κάνει ένα σύνολο από βαθιές ελεύθερες καταδύσεις στη διάρκεια μίας ολόκληρης ημέρας ή μερικών ωρών παραμονής στο νερό γενικά, θα οργανώσει τις καταδύσεις του σε επιμέρους σειρές, σε ομάδες δηλαδή από καταδύσεις προοδευτικής αύξησης του βάθους ή σε ομάδες από καταδύσεις με παρόμοια βάθη.

Το γενικό σχέδιο μίας ημέρας έχει μία πολύ συγκεκριμένη δομή σε ότι αφορά τα βάθη, όπως γνωρίζουμε από την τεχνική του $1^{ου}$ επιπέδου. Δηλαδή ισχύει ότι η πρώτη φάση του ημερήσιου σχεδίου αποτελείται από λίγο επιφανειακό κολύμπι και από μία σειρά από ρηχές βουτιές για ζέσταμα. Για παράδειγμα σε μία ημερήσια εξόρμηση με στόχο καταδύσεις στα 20 μέτρα βάθος, το ημερήσιο πλάνο θα ξεκινήσει με επιφανειακό κολύμπι και μία σειρά βουτιές προοδευτικά έως τα 10 μέτρα σαν ζέσταμα. Το ζέσταμα διαρκεί λίγο σε άτομα με καλή φυσική κατάσταση. Μπορεί να έχει διάρκεια μόνο μισή ώρα για έναν δύτη σε καλή φόρμα. Ο απροπόνητος δύτης θα χρειαστεί ώρα ή και ώρες για να ζεσταθεί και τελικά ίσως κουραστεί πριν ακόμα καταφέρει να τελειώσει το ζέσταμα!

Η δεύτερη φάση του ημερήσιου πλάνου, μετά το ζέσταμα, περιλαμβάνει βουτιές με προοδευτική αύξηση του βάθους τους έως τελικά το βάθος – στόχο – που εδώ σαν παράδειγμα είναι τα 20 μέτρα, δηλαδή σαν δεύτερη φάση θα δούμε βουτιές στα 10, 12, 14, 16, 18 και τελικά στα 20 μέτρα βάθος. Αυτό εξυπηρετεί ιδιαίτερα τον κανόνα της φυσιολογίας που ζητάει προοδευτική αύξηση του βάθους για να δοκιμαστεί η επιτυχία των εξισώσεων στα αυτιά αλλά και της αυτόματης εξίσωσης του θώρακα, έως το επιθυμητό μέγιστο βάθος της ημέρας.

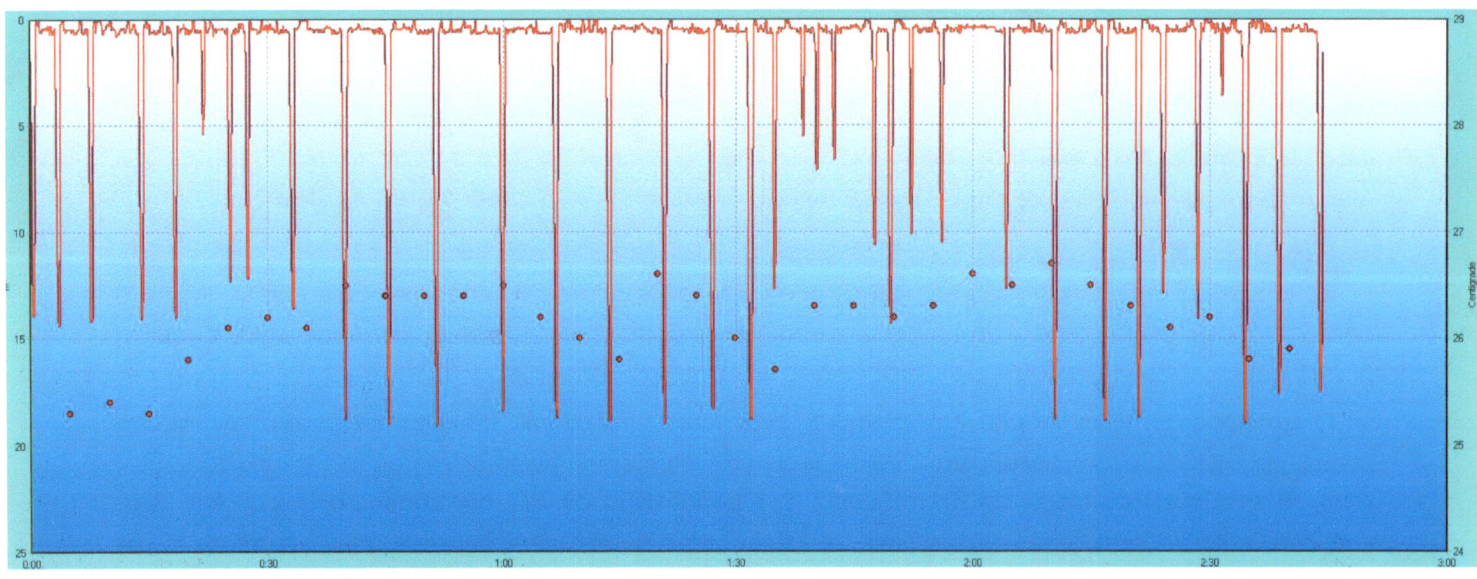

Μία καταδυτική καμπύλη με τις τρεις σειρές καταδύσεων, μέσα σε 2 ώρες και 45 λεπτά. Βλέπουμε ένα ζέσταμα 35 λεπτών με σύντομες βουτιές στα 14 μέτρα με πολύ μικρά διαλείμματα. Ακολουθεί μία δεύτερη φάση με μία σειρά 9 σύντομων καταδύσεων στα 18 - 19 μέτρα βάθος, με λίγο καλύτερα διαλείμματα των 6 - 7 λεπτών. Ακολουθεί ένα καλό διάλειμμα 30 λεπτών με πολύ ρηχές βουτιές και μετά η τρίτη φάση με μία σειρά 6 σύντομων καταδύσεων από 17 έως 19 μέτρα βάθος. Ανάμεσα τους τα διαλείμματα είναι σχετικά μικρά, σε σχέση με ένα πλήρες δεκάλεπτο, αφού είναι διάρκειας 5 - 6 λεπτών μόνο, αλλά φυσικά ικανοποιούν τον κανόνα του τριπλάσιου χρόνου ξεκούρασης, καθώς η διάρκεια των καταδύσεων είναι σύντομη, έως 50 δευτερόλεπτα.

Οι βαθιές καταδύσεις έχουν συγκεκριμένη θέση μέσα στο ημερήσιο πλάνο. Θα γίνουν πάντα μετά από ένα καλό πρώτο ζέσταμα της ημέρας και συνήθως σε τρίτη φάση, αφού δηλαδή ακολουθήσει σε δεύτερη φάση και μία σειρά προοδευτικά αυξανόμενων σε βάθος καταδύσεων. Αντίστοιχα ο έμπειρος δύτης θα αποφύγει να ασχοληθεί με βαθιές καταδύσεις μετά από πολλές ώρες μέσα στο πλάνο του και ποτέ φυσικά όταν θα έχει αρχίσει να κουράζεται.

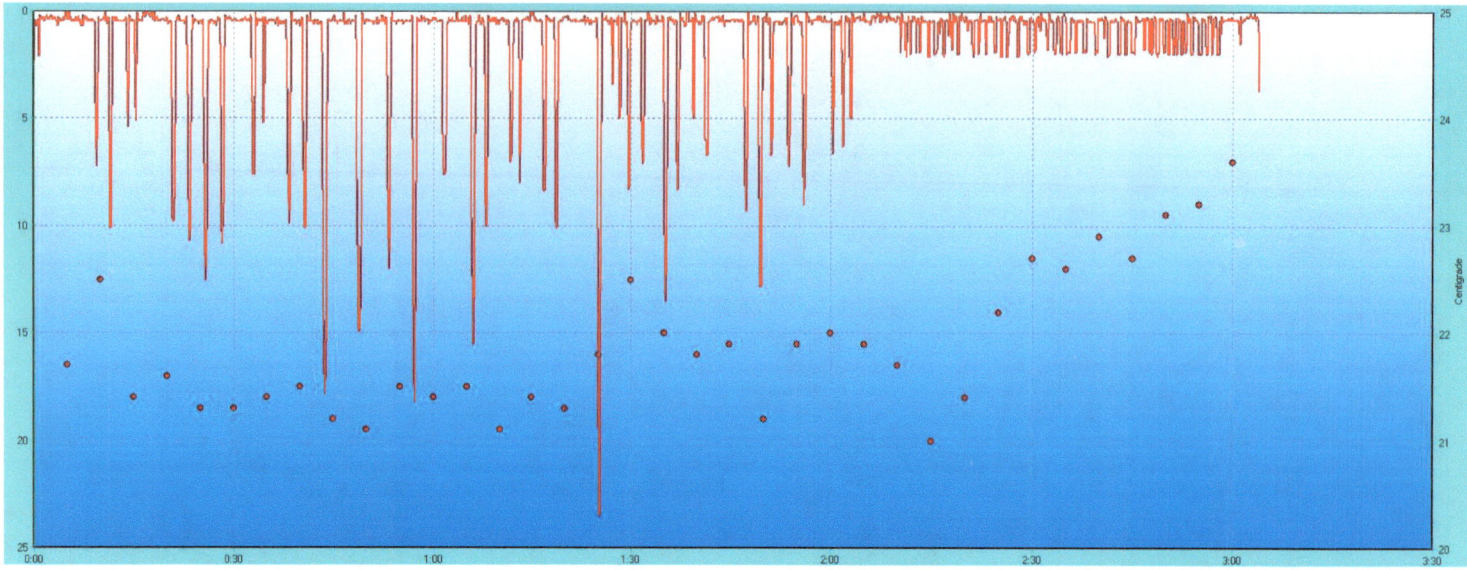

Η καταδυτική καμπύλη μίας ημερήσιας εξόρμησης για υποβρύχιο ψάρεμα. Παρατηρούμε τέσσερεις σειρές καταδύσεων στη διάρκεια μίας συνολικής παραμονής 3 ωρών μέσα στο νερό.

Στην πρώτη σειρά έχουμε το ζέσταμα με ρηχές βουτιές έως 10 – 12 μέτρα, για 40 λεπτά.

Ακολουθεί μία σειρά από τις βαθύτερες 5 καταδύσεις της ημέρας (12 με 17 μέτρα), αλλά σύντομες σε διάρκεια, έως 1 λεπτό, με διαλείμματα των 5 – 6 λεπτών ανάμεσα τους και ένα μεγάλο διάλειμμα μετά με βουτιές στα ρηχά, έως 10 μέτρα για ξεκούραση.

Στην τρίτη σειρά από βουτιές γίνεται μόνο μία βαθιά βουτιά (24μ) και ακολουθούν γενικά ρηχές καταδύσεις.

Στην τρίτη ώρα παραμονής του δύτη ακολουθεί μία εντυπωσιακή 4η σειρά καταδύσεων, μετά από ένα καλό διάλειμμα ξεκούρασης: 60 σχεδόν καταδύσεις στα 2 μέτρα μόνο βάθους και σε ένα ιλιγγιώδη ρυθμό μισό λεπτό βουτιά – μισό λεπτό διάλειμμα στην επιφάνεια. Πρόκειται για ένα πρωταθλητικό πρόγραμμα σκληρής προπόνησης σε συνθήκες έλλειψης οξυγόνου και περίσσειας διοξειδίου του άνθρακα επί 60 λεπτά. Εδώ εκτός από μεγάλη εμπειρία χρειάζεται φυσικά και η παρουσία ζευγαριού ασφαλείας. Το πλάνο δεν διαφέρει από τους πίνακες προπόνησης οξυγόνου και διοξειδίου του άνθρακα, που χρησιμοποιούν οι αθλητές ελεύθερης στην προπόνηση στη πισίνα.

(Στην αριστερή κάθετη στήλη της εικόνας που δίνει ο υπολογιστής απεικονίζεται το βάθος σε μέτρα, σε συνάρτηση με τον χρόνο ανά 10 λεπτά, στην οριζόντια γραμμή. Οι τελίτσες είναι μετρήσεις της θερμοκρασίας του νερού, 21-23°C, που την δείχνει η αριστερή κάθετη στήλη της εικόνας σε βαθμούς Κελσίου. Χρησιμοποιήθηκε ο υπολογιστής – ρολόι, Citizen,"Hyper – Aqualand").

Η προοδευτική αύξηση των βαθών δεν έχουμε την πολυτέλεια να κρατήσει σε πολλές σειρές καταδύσεων γιατί θα εξαντληθούμε κάνοντας τόσες πολλές καταδύσεις πριν από τις πιο βαθιές καταδύσεις της ημέρας. Έτσι φροντίζουμε η πρώτη και η δεύτερη φάση του ημερήσιου πλάνου μας να είναι σύντομες και να λειτουργούν περισσότερο σαν ζέσταμα και προετοιμασία και λιγότερο σαν κανονικές καταδύσεις της ημέρας.

Η τρίτη φάση του ημερήσιου πλάνου είναι οι σειρές καταδύσεων στο μέγιστο βάθος της ημέρας με τα διαλείμματα εκτός νερού ανάμεσα στις σειρές των καταδύσεων για ξεκούραση του δύτη. Ανάλογα με την συνολική αντοχή του και με το πόσο ευνοϊκές είναι οι συνθήκες (όπως η θερμοκρασία του νερού), ένας δύτης θα καθορίσει ο ίδιος πόσες βαθιές καταδύσεις θα έχει κάθε σειρά (από 5 έως 10 είναι ένα λογικό νούμερο, δηλαδή μία με δύο ώρες καταδύσεων η κάθε σειρά) και πόσες σειρές καταδύσεων θα καταφέρει να κάνει σε μία εξόρμηση πριν εμφανίσει σημάδια κόπωσης, οπότε θα πρέπει να διακόψει, ολοκληρώνοντας την ημέρα του.

Η τρίτη φάση του ημερήσιου πλάνου μπορεί να είναι ο τελικός στόχος, αλλά ο δύτης θα φροντίσει να φτάσει σε αυτήν ξεκούραστος με όλες του τις δυνάμεις, χωρίς να σπαταλήσει πολύ χρόνο στο ζέσταμα και στις πιο ρηχές βουτιές της ημέρας. Η αποφυγή των πρώτων φάσεων θα ήταν επίσης πολύ σημαντικό λάθος ειδικά όταν σκοπεύει κάποιος να κάνει βαθιές ελεύθερες καταδύσεις όπου τόσο το ζέσταμα όσο και η προοδευτική προσέγγιση του βάθους αποτελούν κρίσιμα στοιχεία για την ασφάλεια της βαθιάς κατάδυσης.

Μοναδική εξαίρεση στην κλασσική μορφή του ημερήσιου σχεδίου για βαθιές καταδύσεις είναι το πλάνο ενός ατόμου για υποβρύχιο ψάρεμα ή για φωτογράφηση. Σε αυτές τις δύο περιπτώσεις θα μπορούσε ο δύτης να τελειώσει πρώτα με τις σειρές των καταδύσεων και μετά να βγει στα ρηχά, σε πολύ μικρό όμως και εύκολο βάθος, ακόμα και για έναν ήδη κουρασμένο δύτη, όπου θα κάνει μία σειρά από πολύ σύντομες και πολύ ρηχές καταδύσεις κατά προτίμηση εναλλάξ με το ζευγάρι του, ώστε να υπάρχει μία ασφάλεια.

Με αυτό το πολύ ιδιαίτερο πλάνο γίνεται και μία πολύ καλή προπόνηση του σώματος σε συνθήκες μειωμένου οξυγόνου και αυξημένου διοξειδίου του άνθρακα, αλλά πάντα προσέχουμε και έχουμε επίβλεψη από το ζευγάρι μας, γιατί όπως τονίζει ξεκάθαρα η καταδυτική φυσιολογία ο οργανισμός ενός εξαντλημένου πλέον δύτη που περνάει από μεταβολισμό υδατανθράκων σε μεταβολισμό λιπών μπορεί να καταναλώσει είκοσι φορές περισσότερο οξυγόνο, καίγοντας λιπίδια αντί για γλυκογόνο και να οδηγήσει τον δύτη σε υποξία.

Ο Συγγραφέας

Ο Γιάννης Δετοράκης γεννήθηκε στην Αθήνα το 1967 και κατάγεται από την Κρήτη. Ασχολείται από παιδί με την ελεύθερη κατάδυση και με την αυτόνομη κατάδυση από 17 χρονών. Σπούδασε **βιολογία** και σχεδίασε πανεπιστημιακές ερευνητικές εργασίες με δημοσιεύσεις στον τομέα της **καταδυτικής – υπερβαρικής φυσιολογίας**.

Είναι ένας από τους πρώτους Προπονητές Εκπαιδευτών Ελεύθερης Κατάδυσης PADI (**Freediver Instructor Trainer PADI**) στον κόσμο, είναι εκπαιδευτής **Master Instructor PADI** στην αυτόνομη κατάδυση και Προπονητής Εκπαιδευτών Πρώτων Βοηθειών και Διάσωσης EFR (**Emergency First Response Instructor Trainer**).

Είναι **εκπαιδευτής περισσότερων από 15 ειδικοτήτων αυτόνομης κατάδυσης PADI** (Βαθιάς, νυχτερινής, ναυαγιοκατάδυσης, καταδύσεων με εμπλουτισμένο αέρα – Nitrox, κατασκευής μιγμάτων καταδυτικών αερίων, καταδυτικού εξοπλισμού, υποβρύχιας φωτογραφίας, ψηφιακής υποβρύχιας φωτογραφίας, πολυεπίπεδης κατάδυσης, κατάδυσης με στεγανή στολή και άλλων).

Ο Γιάννης είναι **συγγραφέας πολλών βιβλίων για την ελεύθερη κατάδυση**, από το 1996.

Η Συμβολή του στην Εκπαίδευση της Ελεύθερης Κατάδυσης:

Ο Γιάννης είναι **ο πρώτος εκπαιδευτής ελεύθερης κατάδυσης PADI στην Ελλάδα, από το 2004** και ένας από τους πρώτους προπονητές εκπαιδευτών παγκοσμίως (**Freediver Instructor Trainer PADI**), για τα νέα προγράμματα ελεύθερης κατάδυσης PADI από το 2015.

Είναι επίσης προπονητής εκπαιδευτών ελεύθερης κατάδυσης CMAS, από το 2002 (ιδρυτικό σχολείο προπονητών εκπαιδευτών ελεύθερης κατάδυσης στην Ελλάδα).

Είναι **σχεδιαστής τριών προγραμμάτων εκπαίδευσης PADI στην ελεύθερη κατάδυση** (PADI distinctive specialties), από το 2004, που αναγνωρίστηκαν από τον οργανισμό PADI να διδάσκονται από τον ίδιο σε παγκόσμια αποκλειστικότητα. Πρόκειται για τα προγράμματα:

- Free Diver PADI
- Advanced Free Diver PADI και
- Master Free Diver PADI

Το 2015 ο οργανισμός PADI υιοθέτησε την ονομασία των προγραμμάτων αυτών του Γιάννη Δετοράκη για τα επίσημα πλέον προγράμματα εκπαίδευσης PADI στην ελεύθερη κατάδυση.

Το 2001 ο Γιάννης Δετοράκης δημιούργησε το Καταδυτικό του Κέντρο 5 Αστέρων PADI, το "Atlantis Diving - Κέντρο Ανάπτυξης της Ελεύθερης και Αυτόνομης Κατάδυσης", στην Αθήνα. Μέχρι το 2015 υπήρξαν περισσότεροι από 1.000 απόφοιτοι των προγραμμάτων ελεύθερης στο Κέντρο του.

Σήμερα εργάζεται ως Διευθυντής της Σχολής Ελεύθερης Κατάδυσης στο Καταδυτικό Κέντρο "Poseidon Dive Center – Spiros Kartelias", στην Αθήνα, που αποτελεί το μοναδικό κέντρο CDC (Career Development Center) του οργανισμού PADI στην Ελλάδα.

Τα Βιβλία του Γιάννη Δετοράκη για την Ελεύθερη Κατάδυση

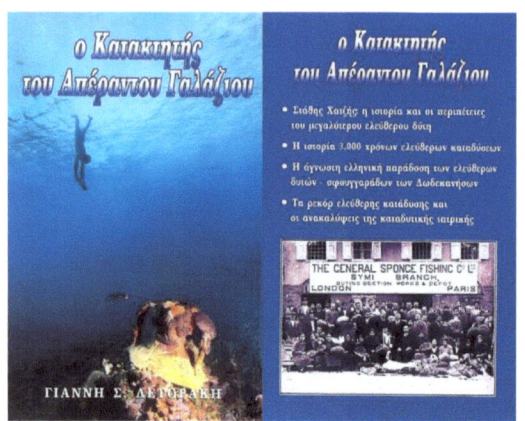

Το πρώτο βιβλίο του Γιάννη Δετοράκη εκδόθηκε από τον ίδιο, σε έντυπη έγχρωμη έκδοση το 1996 με τίτλο:

"Ο Κατακτητής του Απέραντου Γαλάζιου".

Το βιβλίο καταγράφει την ιστορία της ελεύθερης κατάδυσης στην Ελλάδα και την βιογραφία του θρυλικού γυμνού – δύτη, σφουγγαρά με την καμπανελόπετρα, του Στάθη Χατζή. Έγχρωμη πολυτελής έκδοση 1996, εκδότης Γιάννης Δετοράκης.

"Φυσιολογία και Ιατρική της Κατάδυσης με Άπνοια".

Το βιβλίο εκδόθηκε το 2001, από τις εκδόσεις "Βυθός", Δ. Βαρβέρη.

Το 2010 το βιβλίο επανεκδόθηκε από τον συγγραφέα, ανανεωμένο, σε έγχρωμη, ψηφιακή έκδοση (e-book) με 300 σελίδες, με τίτλο: **"Φυσιολογία της Ελεύθερης Κατάδυσης".**

"Ελεύθερη Κατάδυση: Η Ιστορία" – "Ο Στάθης Χατζής και οι Γυμνοί Σφουγγαράδες – Ελεύθεροι Δύτες με την Καμπανελόπετρα".

Είναι η ανανεωμένη έντυπη και ψηφιακή έκδοση (pdf), του "Κατακτητή του Απέραντου Γαλάζιου", του 1996, με συγκλονιστικά νέα ντοκουμέντα για τις καταδύσεις ρεκόρ του Στάθη Χατζή και τις τεχνικές του "βούττου", των Ελλήνων σφουγγαράδων – γυμνών δυτών, την οργάνωση των καταδύσεων με την πέτρα, τα σκάφη του στόλου τους και τα ταξίδια τους σε όλη την Μεσόγειο.

Στο βιβλίο περιέχονται μοναδικές γκραβούρες του $19^{ου}$ και του $18^{ου}$ αιώνα με απεικονίσεις των καταδύσεων των γυμνών δυτών και εκπληκτικές υποβρύχιες φωτογραφίες από τους παγκόσμιους πρωταθλητές της εποχής μας, αλλά και από Έλληνες ελεύθερους δύτες σε βουτιές με την καμπανελόπετρα στη Σύμη.

"Ελεύθερη Κατάδυση: Η Τεχνική των Πρώτων 10 Μέτρων"

"Ένας πλήρης οδηγός της τεχνικής του 1ου επιπέδου της ελεύθερης κατάδυσης".

Ένα έγχρωμο έντυπο και ψηφιακό βιβλίο (pdf) 230 σελίδων, που αποτελεί ένα πραγματικό εγχειρίδιο εκπαίδευσης στα πρώτα μέτρα της ελεύθερης κατάδυσης. Η τεχνική της βουτιάς του καινούργιου ελεύθερου δύτη περιγράφεται βήμα – βήμα μέχρι τα 10 μέτρα βάθος, με πρακτικές συμβουλές και μέσα από εκατοντάδες υποβρύχιες φωτογραφίες από την πραγματική εκπαίδευση νέων ελεύθερων δυτών.

Το βιβλίο δεν έχει στόχο να υποκαταστήσει την εκπαίδευση, όπως τονίζει ο συγγραφέας αλλά να αποτελέσει ένα μοναδικό οδηγό εκπαίδευσης για τον ερασιτέχνη και τον εκπαιδευτή της ελεύθερης κατάδυσης, στην ελληνική και την διεθνή βιβλιογραφία.

"Ελεύθερη Κατάδυση: Η Φυσιολογία"

"Ένας Πλήρης Οδηγός Γνώσεων των Τριών Επιπέδων της Ελεύθερης Κατάδυσης".

Ένα έγχρωμο έντυπο και ψηφιακό βιβλίο (pdf) 300 σελίδων, με όλα τα σύγχρονα δεδομένα της καταδυτικής φυσιολογίας για τον ερασιτέχνη ελεύθερο δύτη. Ειδικές αναλύσεις των πιο σημαντικών θεμάτων όπως οι εξισώσεις στα αυτιά με σκίτσα, πίνακες και με πολλές υποβρύχιες φωτογραφίες.

Μία πραγματική εγκυκλοπαίδεια των καταδύσεων γραμμένη σε απλά και κατανοητή γλώσσα, ένα μοναδικό βιβλίο σε παγκόσμιο επίπεδο και ένα πλήρες εγχειρίδιο της φυσιολογίας της ελεύθερης για τα τρία επίπεδα εκπαίδευσης της ελεύθερης κατάδυσης.

"Ελεύθερη Κατάδυση: Ο Εξοπλισμός"

"Ένας Πλήρης Οδηγός Γνώσεων των Τριών Επιπέδων της Ελεύθερης Κατάδυσης".

Ένα έγχρωμο έντυπο και ψηφιακό βιβλίο, αποτελεί ένα πλήρες εγχειρίδιο των γνώσεων για τον εξοπλισμό της ελεύθερης κατάδυσης, των τριών επιπέδων εξέλιξης του ερασιτέχνη ελεύθερου δύτη.

Πρόκειται για ένα μοναδικό βιβλίο σε παγκόσμιο επίπεδο με ανάλυση όλων των υλικών κατασκευής, των χαρακτηριστικών και της λειτουργίας κάθε αντικειμένου του εξοπλισμού της ελεύθερης κατάδυσης.

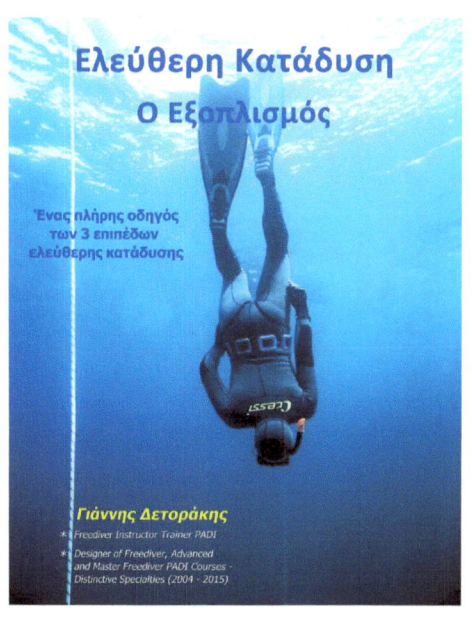

Πίνακες, σκίτσα και άφθονες υποβρύχιες φωτογραφίες περιγράφουν αναλυτικά τις απαιτήσεις κάθε επιπέδου γνώσεων της ελεύθερης κατάδυσης από τον εξοπλισμό με συμβουλές για τον τρόπο της επιλογής του. Από την μάσκα και τα πτερύγια, μέχρι τον πιο σύγχρονο υπολογιστή ελεύθερης κατάδυσης, ο συγγραφέας παρουσιάζει τα απαραίτητα χαρακτηριστικά κάθε κομματιού, τις απαιτήσεις λειτουργίας ανάλογα με το επίπεδο και την εμπειρία του ελεύθερου δύτη και προτείνει τρόπους αντικειμενικής επιλογής και βαθμολόγησης του εξοπλισμού από τον δύτη.

"Υποβρύχιο Ψάρεμα: Ακρότητες στο Βυθό" - "Είκοσι Απίθανες Ιστορίες Ψαροτούφεκου".

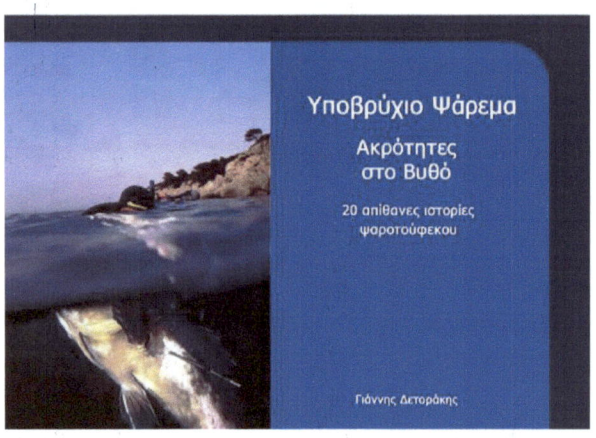

Ένα ψηφιακό βιβλίο (pdf), με μια γλαφυρή αφήγηση των πιο απίθανων περιστατικών υποβρυχίου ψαρέματος, μέσα από 30 χρόνια εξορμήσεων σε όλους τους βυθούς της Ελλάδας. Οι πραγματικές ιστορίες πλαισιώνονται από δεκάδες υποβρύχια στιγμιότυπα υποβρύχιου ψαρέματος εκείνης της εποχής.

Αποτελεί την συλλογή των είκοσι πιο φημισμένων ιστοριών που έχει δημοσιεύσει ο συγγραφέας την δεκαετία του 1990 στα καταδυτικά περιοδικά, ένα ντοκουμέντο, σήμερα για την υποβρύχια ζωή που είχαν οι βυθοί όλης της Ελλάδας, από την Σαμοθράκη μέχρι τη Ρόδο και από την Λακωνική Μάνη μέχρι το Μαθράκι της Κέρκυρας, όπως τους εξερεύνησε ο συγγραφέας και οι περιπέτειες του ίδιου και της παρέας του στις πιο άγριες θάλασσες του Αιγαίου και του Ιονίου.

"Υποβρύχια Φωτογραφία: Ο Μικρόκοσμος της Μάνης"

"Μια Εκπληκτική Συλλογή Μάκρο - Φωτογραφίας της Υποβρύχιας Ζωής στους Τοίχους των πιο Άγριων Βυθών του Αιγαίου: της Λακωνικής Μάνης".

Ένα ψηφιακό βιβλίο (pdf) με περισσότερες από 200 ολοσέλιδες μοναδικές υποβρύχιες φωτογραφίες μάκρο-φωτογράφησης.

Τα είδη της υποβρύχιας μικροζωής, φυτά και ζώα μέσα το μάτι ενός ελεύθερου δύτη που τα πλησιάζει αθόρυβα με την άπνοιά του, πετυχαίνοντας εκπληκτικά στιγμιότυπα, μέσα στους πιο άγριους βυθούς των γκρεμών της Λακωνικής Μάνης.

Υποβρύχια Φωτογραφία – Αρθρογραφία – Δημοσιεύσεις και Έρευνες

Υπήρξε συνεργάτης των ελληνικών περιοδικών της κατάδυσης, από το 1988 έως το 2004, όπως η "Κατάδυση", ο "Βυθός" και το "Greek Diver" και έχει δημοσιεύσει εκατοντάδες άρθρα, για την ελεύθερη κατάδυση, το υποβρύχιο ψάρεμα, την αυτόνομη κατάδυση και τη θαλάσσια έρευνα, πλαισιωμένα με υποβρύχιες φωτογραφίες του.

Τιμήθηκε δύο φορές για τη συμβολή του στη διοργάνωση των Φεστιβάλ Υποβρύχιας Φωτοκινηματογράφισης στην Αθήνα το 1986 και το 1988.

Το 2001 οι υποβρύχιες φωτογραφίες του Γιάννη Δετοράκη με θέμα το μικρόκοσμο του βυθού, τιμήθηκαν με το πρώτο βραβείο του Πανεπιστημίου Αθήνας , σε πανελλήνιο διαγωνισμό φωτογραφίας με θέμα "Το θαύμα της ζωής", για τον γιορτασμό των 30 ετών από την ίδρυση του Τμήματος Βιολογίας.

Το 2002 οι υποβρύχιες φωτογραφίες του μικρόκοσμου τιμήθηκαν με το τρίτο βραβείο (ελληνική χλωρίδα) και με ειδικό έπαινο (ελληνική πανίδα) σε πανελλήνιο διαγωνισμό φωτογραφίας για την ελληνική φύση, από την Ελληνική Εταιρεία Προστασίας της Φύσης.

Το 2008 δημιούργησε στο Atlantis Diving ένα Μουσείο - Έκθεση όλων των αμφίβιων φωτογραφικών μηχανών και συστημάτων Nikonos της Nikon που έχουν παραχθεί από το 1950 μέχρι σήμερα, μία μοναδική συλλεκτική συλλογή σε παγκόσμιο επίπεδο και ιδιαίτερα σημαντική για την καλύτερη εκπαίδευση των αυτοδυτών στην υποβρύχια φωτογραφία.

Επικοινωνήστε με το Γιάννη Δετοράκη στην ηλεκτρονική διεύθυνση: detorakis.yannis@gmail.com

www.ingramcontent.com/pod-product-compliance
Lightning Source LLC
Chambersburg PA
CBHW060809010526
44116CB00002B/23